创新与自律

——《中国支付清算》(2014) 选编

Innovation and self-discipline

中国支付清算协会　编

中国金融出版社

责任编辑：戴　硕　肖　炜
责任校对：潘　洁
责任印制：陈晓川

图书在版编目（CIP）数据

创新与自律——《中国支付清算》（2014）选编/中国支付清算协会
编 . —北京：中国金融出版社，2015.5
ISBN 978 - 7 - 5049 - 7944 - 5

Ⅰ.①创…　Ⅱ.①中…　Ⅲ.①支付方式—研究报告—中国—2014②货
币结算—研究报告—中国—2014　Ⅳ.①F832.6

中国版本图书馆 CIP 数据核字（2015）第 096562 号

出版
发行　**中国金融出版社**

社址　北京市丰台区益泽路 2 号
市场开发部　（010）63266347，63805472，63439533（传真）
网上书店　http://www.chinafph.com
　　　　　　（010）63286832，63365686（传真）
读者服务部　（010）66070833，62568380
邮编　100071
经销　新华书店
印刷　北京市松源印刷有限公司
尺寸　169 毫米 ×239 毫米
印张　21.25
字数　300 千
版次　2015 年 5 月第 1 版
印次　2015 年 5 月第 1 次印刷
定价　58.00 元
ISBN 978 - 7 - 5049 - 7944 - 5/F.7504
如出现印装错误本社负责调换　联系电话（010）63263947

序

　　《中国支付清算》是中国支付清算协会的会刊，秉承"服务协会工作，加强会员联系，展示行业成就，反映行业诉求，推动行业发展"的办刊宗旨，和"汇聚行业智慧，表达市场声音，记录成长历程"的办刊理念，在会员单位和业内领导、专家、学者的大力支持下，结合支付行业创新发展面临的新形势、新情况、新要求以及对支付的本质与创新、支付业消费者的权益保护、互联网金融等专题研讨，《中国支付清算》刊发了大量优秀的理论及学术研究文章，大致体现了近年来行业的发展轨迹和学术水准，在传播支付清算文化、提高支付清算行业科研水平、推动支付清算行业发展方面发挥了积极作用。

　　应广大读者的要求，2014 年，我们按照理论结合实践的原则，从《中国支付清算》2012—2013 年期间刊发的文章中，精选出部分优秀文章，结集出版了《创新与自律——〈中国支付清算〉(2012—2013) 选编》一书，受到业内专家学者和读者的广泛好评和充分肯定。今年，为继续满足大家的需求，我们又从《中国支付清算》2014 年刊发的文章中精选出 50 余篇，结集出版《创新与自律——〈中国支付清算〉(2014) 选编》。本书分为行业监管与自律、业务探讨与实践、行业创新与发展三个部分。分别汇集政策解读传导、行业规范与自律、消费者权益保护；互联网金融、二代支付系统、特许清算机构、跨境支付及风险管理等方面商业银行和支付企业在实际工作中的业务和技术创新以及理论分析、前景探讨等方面的文章。

创新，是支付清算行业快速发展的动力源泉；自律，是支付清算行业健康发展的基本要求。创新与自律，是支付清算行业持续发展面临的永恒主题。本书延续《创新与自律》这一书名，就是希望行业能够在创新与自律方面形成共识，促使我们对行业健康发展进行深入的理论研究和实践探索。今后，我们争取每年选取《中国支付清算》刊发的优秀文章结集出版，作为展示业内专家学者理论与实践成果的载体和社会各界人士了解支付清算行业发展的窗口，为行业留下一份可供阅读和研究的年度文本，并作为对一直以来关心支持《中国支付清算》采编工作和协会工作的全体会员单位、业内专家学者和广大读者的回馈。

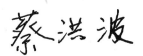

2015 年 5 月

目　　录

1

二代支付系统

特许清算机构

跨境支付

第三部分　行业创新与发展

第一部分　行业监管与自律

鼓励创新发展分类适度监管

潘功胜

近年来，科技的创新与进步，互联网信息技术的广泛运用，互联网金融产品、服务的供给催生了一个巨大的市场需求，以互联网支付、网络借贷（P2P）、股权众筹融资和网络金融产品销售等为代表的新的金融业务模式——互联网金融，呈现出爆发式增长。截至 2014 年 9 月末，我国共有第三方支付机构 269 家，前三个季度共发生支付金额 24.1 万亿元；全国 P2P 网络借贷平台大概 1 400 余家、融资余额超过 1 100 亿元，全国范围内活跃的股权众筹平台超过 20 余家。互联网金融在提高金融服务效率，降低交易成本，满足多元化的投融资需求，提升微型金融、农村金融的普惠性水平，发挥了积极作用。

党中央、国务院高度重视互联网金融发展。2014 年《政府工作报告》明确提出促进互联网金融健康发展。李克强总理在与出席首届世界互联网大会的代表进行座谈时强调，中国政府高度重视、大力支持互联网发展，以拥抱的姿态对待互联网，用市场的思维培育互联网。中国的互联网金融有着广阔的发展前景，鼓励互联网金融的创新和发展，营造良好的政策环境，是金融管理部门工作的基本基调。

金融行业不同于其他行业，风险性比较高，而且其风险在特征上表现为很强的隐蔽性、突发性、传染性、外溢性和广泛性，一旦经营失败

作者为中国人民银行副行长。

或出现风险，将会波及其他市场主体，甚至会波及整个金融市场，引发金融风险，其影响远远大于一般工商企业。相比于其他行业，国际上对这个行业的监管也是比较严格的。

马凯副总理在首届互联网大会上的致辞中指出，互联网是把"双刃剑"，用得好，它是阿里巴巴的宝库；用不好，它是潘多拉的魔盒。同样地，互联网金融运用得好，可以更好地发挥金融支持实体经济发展的功能，但它没有改变金融的风险属性，而且与互联网伴生的技术、信息、安全等风险更为突出。绝大多数互联网金融从业机构缺乏风险的洗礼，而且不少人员来自互联网企业，具有良好的技术背景、创新意识和创新激情。风险意识、合规意识、消费者权益保护意识的提升，对于支付清算、互联网金融的健康发展是至关重要的。

近年来，支付市场及互联网金融在中国的快速发展，与金融管理部门科学开放的包容态度是分不开的，同时金融管理部门也需要时间去观察、认知这个发展的过程。在鼓励创新发展的同时，规范监管，保证互联网金融的健康、可持续发展已成为社会各界的共识。适度监管，建立一个健康、运行有序的市场，防止市场上"劣币驱逐良币"，也是业界有识之士的共识。

目前，人民银行正在牵头制定促进互联网金融健康发展的指导意见。我们将按照"适度监管、分类监管、协同监管、创新监管"的原则，建立和完善互联网金融的监管框架。具体来说：

一是在监管规则和监管框架的设计上，坚持开放、包容的理念。冷静观察新的金融业态，要在明确底线的基础上，为行业发展预留一定空间。要在对互联网金融主要业态的业务模式进行充分研究的基础上，准确把握法律关系和风险实质，分类进行强度不等的监管。要注重监管的自我调整和自我完善，在行业发展的同时逐渐总结经验，对监管政策进行评估、调整和完善。

二是坚持监管规则的公平性，加强监管协同，防止监管套利。不论金融机构还是互联网企业，只要做相同的业务，监管的政策取向、业务规则和标准就应大体一致，不应对不同市场主体的监管标准宽严不一，引发监管套利。从业机构将线下业务搬到线上的，要在当前金融监管框架内，按照现有的金融监管规则进行监管。同时，发挥金融监管协调部际联席会议制度的作用，加强协同监管，形成监管合力。

三是市场主体要正确理解监管与行业自律的关系。行业自律水平与监管强度之间具有较强的负相关关系，实质上体现的是监管层面对效率和风险的平衡。一旦潜在风险过度累积和暴露，会迫使监管部门降低监管容忍度、强化监管刚性，采取更为严格的监管理念和监管措施，从而在某种程度上抑制行业发展。从国际金融危机的经验看，自 20 世纪 80 年代国际金融市场开始的市场驱动、去监管化和强烈的创新导向，在某种程度上助长了金融市场发展的无序性。而在应对危机的过程中，各国监管部门无一例外转而对金融市场和金融创新进行严格监管。观察几十年来国际金融监管的动态演进，大家可以观察到这样一个变化的轨迹。

由此可见，各市场主体需要深入理解效率和风险的均衡，合理认识市场驱动和政策环境的相互作用，既要注重创新和效率，也要提高自律意识，自觉维护市场秩序，推动市场自律建设，保证行业发展的有序和规范。充分利用中国支付清算协会、正在组建中的互联网金融协会平台，推动支付清算和互联网金融行业自律管理，发挥行业自律在行业治理中的积极作用，形成监管与自律的协同和均衡。

四是需要监管部门和从业机构之间保持良好的沟通。金融管理部门将加强对互联网金融发展宏观、战略层面的研究，鼓励从业机构按照市场化原则进行兼并重组，提升行业核心竞争力。在政策的制定过程中，金融管理部门需要积极主动与业界进行沟通，提升规则制定的科学性、民主性和可操作性。从业机构可以通过正常渠道，积极反馈对监管政策和措施的意见。建立管理层与业界和社会公众的良好沟通和互动机制，有利于找到"最大公约数"，有利于达成共识，有利于规则的进一步完善和有效实施。

五是要坚守业务底线，合规经营，谨慎经营。互联网金融业务的多样性、差异性特征明显，但每项业务都要遵守一定的业务边界，否则业务的性质可能会发生质的改变，甚至会触及法律的底线。比如，在网络借贷领域，平台本身不得搞担保，不得归集资金搞资金池，不得非法集资和非法吸收公众存款。希望互联网金融从业机构进一步提升合规经营水平，在坚守底线的前提下拓展自身的发展空间。

我们要谨慎经营。一些社会上所渲染的"互联网金融对传统金融业的革命"，将会"颠覆现有金融业"等论调，对这个行业的发展有害而无利。我们要清醒地认识到，一个行业如果过度自信（Overconfidence）和自满，这可能是一种不成熟和不理性的表现，无益于健康、可持续的发展。我国经济和金融的快速发展，形成了一个巨大的并且成长迅速的市场空间，各类金融机构合作共赢，共同推动市场的创新与发展，在更好服务实体经济的同时，也将为金融业自身带来更加美好的明天。希望互联网金融从业机构合规经营，谨慎经营，要向社会展现互联网金融业的良好形象，要善用社会各界对我们这个行业的良好期望和支持，这样我们才能行稳致远。在座的各位都是支付清算和互联网金融行业的领军人物，应该具有较好的大局意识和社会责任意识，引领和带动我国支付行业和互联网金融持续健康发展。■

互联网金融创新必须坚守底线

郑万春

当前，我国的经济处于转型爬坡期。经济结构的调整、发展模式的转变以及社会需求的升级既需要金融的参与和支持，同时也对金融服务的变革提出了迫切的要求。新兴支付与互联网金融的发展顺应了形势，推动了金融服务的创新发展，在服务实体经济、服务人民群众、服务社会民生等方面形成了自身特色和价值。

随着信息网络技术和移动互联网的发展，云计算、大数据、搜索引擎以及社交网络等的创新应用，新兴支付与互联网金融生机勃勃，发展趋势明显。以网络支付、移动支付为代表的新兴支付快速发展，活力十足。银行与第三方支付的合作更趋规范和顺畅。依托支付服务成长起来的大数据、精准营销、信用支付等新产品和新应用，与其他互联网金融业务相互融合。直销银行、互联网理财、互联网保险等互联网金融业务蓬勃发展。P2P、众筹等机构数量众多，交易规模达到了千亿级。

从未来发展趋势看，互联网金融将成为我国金融业创新与服务的前沿高地，对整个金融行业的生态和面貌产生重大影响，是未来金融服务业发展的重大课题和战略选择。首先，新的移动金融和线上交易活动日益活跃，巨大的市场空间、广泛的覆盖性、便捷及时的支付以及融资服务的便利性都赋予了线上交易突出的比较优势，也构成了互联网金融发

作者为中国工商银行副行长。

展的根基。其次，传统金融与互联网金融趋于融合，将显著增强金融的产业辐射度。互联网金融逐渐形成开放市场，银行、互联网企业以及其他金融机构都可以平等参与，公平竞争。商业银行在利用互联网技术、创新网络金融模式等方面在不断加速，从支付、融资、电商等多个领域不断改造业务条线，形成线上线下协同运营的格局。银行、证券、保险等传统金融主体的参与和推动，加快了互联网金融产业发展和市场扩张进程，提升了规范化发展程度。最后，新兴支付及互联网金融的普惠价值将不断提升。互联网用户相对于金融客户，更加广泛和多样，能够提高金融服务的渗透性和服务半径，助推普惠金融发展，使金融既为五脏六腑，也能为毛细末梢提供支持。

在行业发展趋势向好的同时，也存在不少发展中的问题和矛盾需要我们加以关注。比如规范和发展如何协调、线上线下业务如何统筹、创新和风险关系如何处理，这些问题在市场经营中衍生出诸如合规经营、收费定价、竞合关系、产业布局等方面的问题和矛盾，这些问题和矛盾都具有挑战性，也是行业发展必须面对的，需要政府、经营主体、行业自律组织，消费者、媒体等各方的大力支持和共同努力。

我们也看到，国家对于新兴支付和互联网金融的发展是肯定和支持的。各监管部门对行业做了大量深入的调研，对行业发展进行了政策指导和监管规范，鼓励与支持行业的创新发展，规范行业的经营行为，维护市场的发展秩序。这些政策红利推动了互联网金融行业的快速发展和创新格局。

根据国务院关于经济体制改革的总体精神和简政放权的要求，在行业治理的格局中，行业自律和市场主体的自我管理和自我完善越来越重要。行业自律有利于减少政府与市场的磨合成本，有利于更好地发挥市场的能动性，降低市场运行成本，也是国外发达市场经济中普遍采用的有效治理形式。我们要依托协会平台，加强行业自律，发挥看不见手的作用和市场主体的智慧，实现行业规范有序、高效均衡发展。

一是完善自律规则，维护市场秩序。 目前，依托各工作委员会，协会已经建立了较为全面的自律规范体系。下一步要通过加强宣传、风险评价、自律监督等形式加强落实，使自律真正外化于行，内化于心，渗透到企业经营和内控中去。另外，自律工作要从行业发展的迫切需求出发，突出重点，集中解决社会热点、监管部门难点、会员单位痛点的问题。针对创新产品的业务规则、定价机制的完善、风险事件的应对、监管政策的衔接等方面体现行业自我约束和自我管理，集中精力谋发展，促规范。

二是把握价值导向，做好对实体经济和小微企业的服务。充分发挥比较优势，利用互联网的连接广泛、互动性强、信息丰富等特点，找准突破口，在数据分析处理、线上信用评估、小额贷款等方面提供契合小微企业发展的金融支持，拓宽中小企业融资渠道，提供价格低廉、高效便捷的金融产品和服务，加大服务实体经济的力度。

三是推动行业合规建设，营造公平竞争的市场环境。会员单位要遵守监管政策及自律规范，加强业务合规性建设，提升公司内控治理水平和经营的规范化水平。推动创新的同时，必须坚守底线，守住不发生系统性、区域性风险的底线；守住不对国家宏观决策产生大的冲击的底线。

四是进一步提高金融消费者权益保护水平。要进一步加强信息披露，增强业务和产品的透明度，让消费者使得放心，用得安心。继续普及线上金融业务知识，做好对消费者的风险提示，提高消费者安全意识。建立并完善消费者投诉机制和事后救济、补偿机制，保护金融消费者合法权益。

五是加强研究交流与合作，促进行业共赢。加强对前沿问题、热点问题的研究，推出一批有影响力的研究成果，为会员经营和发展提供智库咨询服务。推动同业交流与合作，共同把市场蛋糕做大，共享发展成果。

中国工商银行作为中国支付清算协会的会长单位，将认真负责，尽职尽责，与广大会员单位一道齐心协力、凝聚共识、依托协会这个平台，汇聚行业智慧、履行社会责任，加强行业自律，切实维护行业权益，积极推动支付创新，促进互联网金融健康发展，更好地服务经济发展和社会民生。■

互联网金融监管的几点思考

王岩岫

随着我国互联网的深入发展，互联网金融在各个业务领域进行了积极的探索，这种探索适应了实体经济的发展需求，满足了互联网金融环境下的需求。应用互联网开创新的金融模式，是我们支持和鼓励互联网金融健康发展的核心诉求，但同时互联网金融创新活动基本上、本质上仍是金融，仍需遵守金融的内在规律，特别是涉及资金、涉及存款人利益的金融服务，其风险底线和监管规则不可突破、不可逾越，下面我谈几点思路：

第一是依法合规。互联网金融应当遵守金融法律法规的规则，对于法定特许领域应首先取得相应的许可。已有监管法规做出规定的，应遵守现有规定，尚无明确法规规则的，应遵循金融风险管理的一般规律和准则，服从行业操守，等待法律法规的完善和明确。从事金融信息服务的应明确自身的信息中介地位，不能违法集资、违规担保，或是异化为承担信用风险和流动性风险的信用中介。

第二是支持实体经济。互联网金融应围绕实体经济的需要进行创新，要注重发挥互联网的优势，顺应互联网的规律，有利于提高市场效率，有利于管控金融风险，有利于降低服务成本，有利于丰富客户选择。不要"以钱炒钱"、"资金空转"、追求虚拟价值。

作者为中国银监会创新监管部主任。

第三是信息充分披露。互联网的特征是信息公开透明，互联网金融的信息透明度应当遵从更高标准，服从更严要求。互联网金融机构的业务经营要经得起外部审计、经得起法律审查、经得起外部评级、经得起新闻监督。互联网金融从业机构在提供服务过程中，要做到了解你的客户、了解你的产品、了解你的风险。要向投资者提供风险承受能力评估，充分揭示风险，充分提供信息。把投资者的利益和资金安全置于更高的地位。

最后，最重要的是金融消费者的权益保护应处于核心位置。互联网交易的"非面对面"特性，一般投资者不易充分了解金融业务风险，只能按照产品提供者给出的提示进行操作，在消费活动中难以进行自我保护，集中体现在风险揭示、资金安全、银行账户信息安全和自身隐私信息保护等方面。互联网金融要以更严格的标准强化投资者保护、风险意识培养和金融教育等功能。特别是涉及借贷、投资等领域的业务，要更加倾向于维护出借人、投资人等资金所有权的合法权益。同时，要保护客户的合法知情权、个人信息等，任何机构不得利用自身优势地位擅自动用客户资产或泄露客户信息。■

合规经营　维护市场秩序

樊爽文

对于任何一个市场的参与者而言，合规经营是基本要求，这一点应该没有疑义。但是，在面对创新、面对发展、面对一个特定市场环境的时候，这一点似乎又会成为一个问题。合规经营的"规"，通常可以归纳为四个层次：第一个层次是国家法律法规，第二个层次是行政规定，第三个层次是行业规则，第四个层次是企业内部规定。对一些特殊行业来说，"规"的层次还要多一层次，就是介于行业规则和企业内部规定之间，暂时称之为平台规则。

所谓平台规则，狭义上可以理解为是一种企业规则，但不同于企业内部规定的是，这种企业规则的执行者不仅仅是制定者本身，而且包括其他认可并承诺遵守这些规则的其他企业。这方面的最典型代表企业有各类交易所、中国银联、淘宝天猫，等等。这些企业分属不同行业，功能上可能也略有差异，但有一个共性，就是其本身属于一个平台，商品或者服务的供需双方，通过平台才能达成交易。平台提供者，需要通过建立一套完整、安全、高效的规则，来吸引供需双方参与，并通过监督相关规则的实施，以保证所有参与者的利益不被侵害。

2014 年 11 月 12 日，中国银联业务管理委员会秘书处发布《关于进一步明确违规整改相关要求的通知》引发了支付行业的普遍关注和激烈

作者为中国人民银行支付结算司副司长。

讨论，中国银联也因此上了头条。讨论中有各种各样的观点，总体上支持中国银联的不多。一些观点认为，中国银联作为一家企业，不应该以整肃市场为名维护自身利益；一些观点认为，中国银联的行为背离了市场竞争原则，涉嫌突破法律底线；还有一些观点，对中国银联"既当运动员，又当裁判员"再次提出质疑。看了很多讨论和评论，总体感觉专业、理性的不多，意气用事的文章不少。

中国银联是银行卡清算领域的平台提供者，通过制定一系列银行卡业务、技术规则，实现发卡、收单、商户和持卡人的相互连接和信息传递，最终完成银行卡支付交易。为了维持这套系统的正常运转，按照平台经济的一般理论和实践，银联有权利也有义务制定平台规则，并监督所有参与方落实。无论是发卡行还是收单机构，加入这一平台的时候，一定是了解并承诺要遵守这些规则的。如果某些机构没有遵守，可能会损害其他相关方利益，作为平台提供者和维护者，银联自然有义务去纠正。这是一种很正常的商业行为。银联是一家企业，目前所做的是根据其既定规则（即平台规则），进行的追偿性清算，是纠错，不是罚款，更谈不上行政处罚。完全属于银行卡受理市场的商业行为。现行银行卡刷卡手续费的标准和行业分类，遵循的是国家发改委"发改价格[2013] 66号"文，属于政府定价范畴，对收单机构直接降低价格或者套用商户类别变向降低，行政层面的违规监督和处罚，适用的是《价格法》，执法主体当然不是中国银联或其他哪家企业。

尽管诸多原因造成目前中国银联作为国内唯一一家人民币银行卡清算机构的局面，但它的成立和发展对中国银行卡市场发挥了巨大推动作用。尽管中国银联在服务意识和服务水平方面有待进一步提高，其品牌建设和产品开发能力有待进一步加强，其公司治理和市场化程度有待进一步完善，但是这些问题不能成为否定中国银联清算平台规则制定者和维护者的理由。一码事归一码事，把所有问题搅和在一起讨论，只能越讨论越糊涂，对认识问题和解决问题毫无帮助，对银行卡市场健康发展也极为不利。

我国的银行卡市场，选择的是一条"政府主导、市场推动"相结合

13

的路径。正因为如此，从 1994 年金卡工程实施，至今 20 年的时间，走过了国外成熟市场百十年的路，实现了跨越式发展。但是，由于行政推动过程中，市场主体之间没有充分的磨合机会，各种规则的制定也难以深入反映市场要求，所以高速发展的同时也留下了许多问题，包括现在反映在中国银联身上的一些问题。2014 年 10 月 29 日，国务院常务会议已经决定，进一步开放和规范银行卡清算市场，银行卡清算市场将迎来新的发展机遇和局面。与此同时，人民银行已经会同国家发改委，开始了进一步完善银行卡定价机制的相关工作。目前市场存在的一些问题的深层次原因，有望得到逐步解决。

尽管现行不同层面的制度规则在一些方面已经滞后，不能适应银行卡市场发展的需要。但是，作为市场参与主体，大家要做的应该是针对不同层次的规则，在不同层面，去推动相关制度规则的修改完善，而不是公然的违反规则，去争相追求"违规红利"。如果各类市场主体能够从维护市场秩序和可持续发展出发，都多一点合规意识，多一点守规行为，银行卡市场一定能够继续又好又快发展。如此，受益的不仅是广大金融消费者，也是我们各个市场主体，以及我们的社会和经济金融发展。如此，"合规经营、谨慎经营、行稳致远"的目标就会顺利实现。■

打造开放服务平台
携手拥抱支付变革

葛华勇

习近平主席在致"世界互联网大会"贺词中指出，互联网日益成为创新驱动发展的先导力量，深刻改变着人们的生产生活，有力推动着社会发展。近年来，基于互联网的支付创新和金融创新在我国蓬勃发展，我国已经成为全球互联网支付和互联网金融发展最为活跃的市场之一，同时产业各方也在探索推动创新可持续发展的长效机制。今天，支付清算协会组织监管部门和产业各方，就支付产业发展中面临的一些问题进行研讨，我觉得非常有意义。借此机会，我结合中国银联的业务发展，就支付产业变革与发展谈些认识和体会。

首先应该向大家报告的是，在过去十几年发展中，中国银联积极参与和推动了我国支付产业的变革。支付是经济往来和金融活动的重要环节，是银行"存贷汇"三大业务的基础。从历史来看，支付方式的每一次飞跃，都对加速资金流动、优化资金配置、满足公众支付需求产生了革命性的影响。从某种意义上说，中国银联的成立和过去12年所走过的历程，推动了我国支付产业的发展和变革。

一是推动从现金支付向银行卡支付的演进和升级。中国银联成立以来，建立了银行卡跨行转接清算系统，创建了民族自主银行卡品牌，推

作者为中国银联董事长。

动了"联网通用"的快速实现，使得中国银行卡产业直接跨过了发达国家的个人支票阶段，将支付进程由现金支付带入了高效的银行卡支付时代。目前，我国银行卡已成为最常用的非现金支付方式，银行卡办理业务的笔数占非现金支付方式的比重超过九成，银行卡渗透率达到47.7%。在促进支付便利的同时，基于银行卡的中间业务收入在银行总收入中的比重不断提高，银行卡已经成为商业银行开展零售业务和中间业务的重要载体，极大地推动了我国个人金融业务的发展。

二是推动传统银行卡向互联网支付的演进和升级。中国银联不仅致力于推动传统银行卡业务的发展，也高度关注互联网支付的发展。早在中国银联成立之初就着手在互联网领域布局，是国内较早开展互联网业务的机构之一，2010年又提出了打造"线上银联"、"移动银联"的发展战略。目前，中国银联联合商业银行和非金融支付机构，建成了业内领先的"银联在线支付平台"和"银联移动支付平台"，实现了中国银联业务的全方位、立体式推进，为商业银行和合作伙伴开拓互联网金融及相关业务提供了支持。

三是推动境内支付向全球支付的发展。我国银行卡产业国际化步伐不断迈进，中国银联联合产业各方大力拓展国际受理和发卡网络，现已延伸至140多个国家和地区，基本覆盖了中国人经常到访的国家和地区，"中国人走到哪里，银联卡用到哪里"正逐步成为现实。同时，中国银联也加快境外发卡的步伐，目前境外发行银联卡已经超过3 000万张。

在推动支付创新的过程中，我们注意到，与传统线下刷卡相比，互联网支付和移动支付呈现出一些新的特征：

第一，用户导向更加突出。在互联网支付、移动支付时代，可选择的支付工具和支付方式变得更多，消费者在支付的时候更加强调体验和感受，注重个性化需求的满足。根据互联网监控平台数据显示，在互联网支付中等待时间超过5秒就会有四分之一的客户流失，支付已经与体验式经济模式紧密相连，"以人为本"的理念在新兴支付形式的发展中越来越得到体现。

第二，参与主体更加多元。传统的银行卡支付，主要参与主体是发卡机构、收单机构和银行卡转接清算机构。在互联网支付、移动支付领域，参与主体扩大到了互联网企业、通信运营商、手机厂商、芯片制造商甚至操作系统开发企业等。参与主体的增多，带来了战略诉求的差异化、账户体系的多元化和利益协调的复杂化。

第三，支付媒介创新更加多样。互联网信息技术创新，驱动支付媒介创新。比如，支付介质从有卡到无卡，从银行账户到虚拟账户，变得更加多样；受理终端从传统 POS 向便携式、可插入设备演变，变得更加智能；验证方式从传统的签名、密码向指纹、虹膜等生物验证方式演变，变得更加丰富。

第四，综合支付服务的趋势更加明显。互联网的兴起特别是新一代通信技术和智能终端的发展，促进了支付与社交平台、电子商务、金融业务等多种业态的融合发展。越来越多的消费者，希望以支付为纽带，满足其在娱乐、购物、社交、小额贷款、理财业务、信用评估等多个领域的需求。支付机构的价值，不仅体现在支付业务本身，还体现在其提供增值服务的能力和水平上。

与此同时，在支付创新的过程中，有些问题还需要产业各方高度关注，处理好相互之间的关系。

首先是便捷与安全的问题。近年来，一些支付机构特别是互联网支付机构，在改善支付便捷性方面做了许多尝试。但也有机构过于追求支付便捷，带来一些安全隐患，比如说，放松了交易安全验证、在商户留存客户信息等做法，容易被犯罪分子利用，危害很大。大家知道，支付的本质是资金的转移，但这种转移必须是安全的，只有做到支付安全与便捷的有机统一，支付创新才能够稳步地发展。

其次是创新发展和市场规范的问题。从支付产业发展的历史来看，创新发展与市场规范总是相伴而行，是发展过程中难以回避的问题。创新并不能打破行业规则，必须在严格的监管之下进行。这些年来，有些机构以创新之名，变造仿冒交易、套用商户代别码、入网商户资质审核不严等违规问题，这些做法不同程度地损害了银行卡组织、发卡银行和消费者权益。因此，鼓励创新与规范市场、加强监管必须并重。

还有就是业务与商业模式的问题。目前，互联网支付与移动支付商业模式较多。以近场支付为例，就有三种以上业务模式，哪种业务模式发展得更好，还不明朗，还有待进一步观察。因此，准确把握好新兴支付的独有特征，有序建立起良好的业务与商业模式，才能保证支付产业创新可持续发展。

展望未来，宏观经济稳定、技术快速发展以及消费能力提升三大要素将成为支付产业发展的主要动力。未来几年，支付产业发展的主要趋势是：互联网支付将保持较高增长，跨界融合趋势更为明显；移动支付有望实现全方位的提升，会迎来从量变到质变的飞跃；跨境支付需求增长强劲，同时支付市场开放程度将不断提高。

中国银联将顺应支付产业发展的上述趋势，强化市场化经营理念，完善市场化运作机制，提升市场化服务水平，全力打造具有全球影响力的开放式综合支付服务平台。

一是加快推进"网上银联"建设。互联网的本质是共建共享，多元主体共同参与。从国际经验来看，参与互联网支付的机构越多，就越需要有一个平台来减少机构间重复接入的成本，降低商业银行、商户的操作风险，中立客观地解决商户、消费者和支付机构之间的争议和纠纷，从而使接入机构能够更加专注自己的主业，更好地开展前端业务的创新。以美国为例，超过七成的互联网支付是通过国际卡公司转接的。中国银联将借鉴国际经验，学习国内非金支付机构的创新精神，联合各方，共同推进网上基础支付通道建设，设计推广更加安全、便捷的支付产品，提供更有竞争力和吸引力的行业综合支付解决方案，满足用户日益增长的多元化、差异化支付需求，服务和促进各行各业与金融业的跨界融合。

二是加快推进"移动银联"建设。大家可能已经注意到，近期中国银联与苹果联合推出了 App Store 支付服务，这是我们在移动支付领域的又一新的举措。今后，我们还将与国内外商业银行、金融机构、手机厂商、通信运营商、移动电商等产业各方，开展更加深度和广度的合作。结合金融 IC 卡迁移和非接受理环境建设，与各方一道，积极发展移动近场支付，整合银联线上线下资源，打造"空中发卡 + 远程消费 + 近场支付"的一体化服务平台，共同探索移动支付新模式，助力移动电子商务和移动金融的发展。

三是加快推进"跨境银联"建设。随着人民币国际化进程不断加快，跨境支付需求将更加旺盛。中国银联将进一步发挥国际网络优势，推进境外受理网络建设，加快业务本地化步伐，大力推动境外发卡，积极探索中国互联网、移动支付创新在跨境支付中的应用，更好地满足"中国人走出去"与"外国人走进来"的跨境需要，推动中国的支付创新走向全世界。

在支付活动正在快速互联网化、移动互联网化，支付产业正在经历新一轮变革的今天，中国银联和我们产业各方，应该携起手来，共同开拓中国互联网支付市场，共同构建互联网支付安全体系，共同建设规范的支付市场秩序，共同探索更为合理的商业模式。让我们本着"合作共赢、共享成长"的发展理念，共同推进中国支付产业的健康有序发展。■

从货币角度看支付清算创新与监管

温信祥

互联网金融以及第三方支付，从消费者的角度来看，确实是受益的，提供了更多选择。比如我刚参加工作时候往家汇款，是到邮局填汇款单，后来用银行卡汇款，现在互联网支付，更加方便，但是从银行角度来讲，他们更希望有一个公平的竞争环境，感受到压力，这也能理解。下面我讲一下我自己做的一个研究，从很小的角度来看待这个问题，即"从货币角度看第三方支付创新与监管"。选择这个角度主要理由有两点：第一，只要不动客户的钱，消费者权益就能得到保护，保护客户的资金安全是第一位的；第二，同央行工作有关系，看看有没有货币创造的功能。银行有货币创造功能，有存款功能，也因此全世界对银行监管是最严的。

数字货币的概念

回顾一下货币的历程，人类历史上经历了从实物货币到金属货币到信用货币再到电子货币四个演化发展阶段，各种货币形态主要是由各阶段的先进技术决定的，而电子货币是否具有合法地位取决于该种货币本身发行机构是否得到所在国或地区法律的认可。

对于电子货币、虚拟货币的概念现在有诸多的界定，我们在这里对

作者为中国人民银行金融研究所副所长。

这些概念不做争论，但为了本次问题讨论的方便，把数字货币区分为电子货币和虚拟货币。实际上电子货币又包括两种，一是法定货币的电子化，比如银行卡，二是电子化货币，比如支付宝等。虚拟货币主要以 Q 币、比特币为例。对于现金、电子货币和虚拟货币的区别，大家都比较清楚，我自己还做了一些分析（见表 1），比如以发行机构为例，现金是中央银行发行的，电子货币中的法定货币电子化是由金融机构发行的，电子化货币是由非金融机构例如第三方支付机构发行的，虚拟货币一般是由通信、软件公司发行的。

表1   不同货币形态比较

	现金	电子货币	虚拟货币
匿名性	较强	强	最强
交易方式	面对面	面对面/金融网络	互联网网络
资金转移速度	非及时	及时	及时
货币形态	有形	有形/无形	无形
发行机构	中央银行	金融机构、非金融机构	通信、软件公司
在线/离线	离线	离线/在线	在线
跨境交易	较大限制	限制较小	没有限制
案例	硬币、纸钞	银行卡、支付宝等	Q 币、比特币等

随着电子货币和虚拟货币的急速发展，各国都在加强相关监管。巴塞尔委员会以及国际清算银行对电子货币做了一些定义：巴塞尔银行监管委员会 1998 年提出，电子货币是通过各种类型的销售终端、电子设备、公开网络（如 Internet）上执行支付的储值产品和预付机制。国际清算银行（BIS）2012 年解释，电子货币的特质是发行人确认的货币价值存储在某种电子介质（如带芯片卡、电脑硬盘、手机）中。欧洲银行业监管局也对虚拟货币做过定义，认为虚拟货币是价值的数字化表示，既非央行或公共当局发行，也不与法币挂钩，但由于被自然人或法人接受，可作为支付手段，也可以以电子形式转移、存储或者交易。

典型的非现金支付方式

为了分析方便可以将非现金支付分为卡类支付、互联网支付和移动支付三种（见表2）。根据各自特点，从发行环节有没有发行量控制，清算环节是否和银行账户对接，以及监管、反洗钱和真实性鉴别方面难易程度如何，与货币量 M_0、M_1、M_2 有没关系等方面对三类非现金支付方式进行区别分析。

表2   **非现金支付种类**

典型非现金支付—非现金支付的类型 - 1						
非现金支付方式			纯数字环境	发行		
				发行/运营	发行量控制	发行途径
卡类支付	银行卡	POS 机	否	商业银行	商业银行	集中制
	信用卡	POS 机	否	商业银行	商业银行	集中制
	通用预付卡	资和信、公交一卡通等	否	预付卡公司	预付卡公司	集中制
	专用预付卡	购物卡	否	预付卡公司	预付卡公司	集中制
互联网支付	网络预付账户	支付宝、快钱	是	网络支付机构	网络支付机构	集中制
	虚拟货币	比特币等	是	去中心化	去中心化	去中心化
	专用虚拟货币	Q 币	是	虚拟货币发行机构	虚拟货币发行机构	集中制
	网络信用消费	京东白条	是	网络运营商	网络运营商	集中制
移动支付	APP 支付	微信支付、支付宝钱包	是	APP 运营商	APP 运营商	集中制
	短信支付		否	移动运营商	移动运营商	集中制
	近场支付	NFC	否	服务提供商	服务提供商	集中制

续表

典型非现金支付—非现金支付的类型 – 2

非现金支付方式		载体	清算方式		
			对接银行账户	与法定货币的兑付	最终清算人
卡类支付	银行卡　POS 机	实物卡	是	是	银行
	信用卡　POS 机	实物卡	是	是	银行
	通用预付卡　资和信、公交一卡通等	实物卡	是	否	运营商
	专用预付卡　购物卡	实物卡	是	否	商家
互联网支付	网络预付账户　支付宝、快钱	无	是	否	运营商
	虚拟货币　比特币等	无	是	否	系统
	专用虚拟货币　Q 币	无	是	否	运营商
	网络信用消费　京东白条	无	是	否	运营商
移动支付	APP 支付　微信支付、支付宝钱包	手机	是	依 APP 不同	依 APP 不同
	短信支付	手机	是	否	银行
	近场支付　NFC	手机	否	是	银行

典型非现金支付—非现金支付的类型 – 3

非现金支付方式		清算方式			与货币的关系		
		央行角色	反洗钱难度	真实性鉴别	M_0	M_1	M_2
卡类支付	银行卡　POS 机	监管	*	强	反相关	反相关	反相关
	信用卡　POS 机	监管	*	强	反相关	反相关	反相关
	通用预付卡　资和信、公交一卡通等	监管	*****	比较弱	反相关	反相关	反相关
	专用预付卡　购物卡		*****	比较弱	反相关	反相关	反相关
互联网支付	网络预付账户　支付宝、快钱	监管	***	强	反相关	反相关	反相关
	虚拟货币　比特币等		*****	强	反相关	反相关	反相关
	专用虚拟货币　Q 币		*****	弱	反相关	反相关	反相关
	网络信用消费　京东白条		***	较强	反相关	反相关	反相关

续表

典型非现金支付—非现金支付的类型－3								
非现金支付方式			清算方式			与货币的关系		
			央行角色	反洗钱难度	真实性鉴别	M_0	M_1	M_2
移动支付	APP 支付	微信支付、支付宝钱包	监管	****	较强	反相关	反相关	反相关
	短信支付		监管	***	较强	反相关	反相关	反相关
	近场支付	NFC	监管	***	较强	反相关	反相关	反相关

下面我们就 Q 币、支付宝和国外的 PayPal、Skrill 等几个典型的非现金支付案例来分析：

第一是 Q 币，大家都使用腾讯公司的微信和 QQ，但是腾讯公司最赚钱的业务是游戏业务。Q 币诞生于游戏业务，可以在腾讯社区里使用，Q 币仍属于一种中心化的发行方式，并且可以充值。Q 币有一个重要的性质，即单向兑换机制，根据 2009 年《关于加强网络游戏虚拟货币管理工作的通知》规定，仅允许用人民币兑换为 Q 币，禁止将 Q 币等虚拟货币回兑为人民币，如果需要兑现 Q 币，只能找一些论坛、网上交易平台等场外交易的市场。

第二是支付宝。从支付宝的电子货币属性来分析，改变了货币的表现形式，但是不具有独立完善的货币职能，其实质是一种基于传统货币的电子化支付机制。

第三是国外的案例。PayPal 公司成立于 1998 年 12 月，是目前全球最大的网上支付公司，美国 eBay 公司的全资子公司，致力于为个人以及网上商户提供安全便利的网上支付服务。PayPal 公司客户可以通过信用卡、借记卡、银行账户、其他 PayPal 账户或现金对 PayPal 账户进行充值。从监管角度提醒大家两点，PayPal 客户资金必须存放于其主办银行美国富国银行的独立账户中，只能按照客户指令进行划转，不能挪作他用，并且此类机构必须接受银行合作伙伴或银行发起人的间接监管，严格遵守银行关于客户背景调查、反洗钱、风险管理等方面的规章制度，如果不符合银行的这些要求，银行将不会与其进行业务往来。再来看英国的Skrill公司，Skrill公司是英国法律规定的电子货币机构和支付机构，需要向当地金融服务监管机构申请"电子货币牌照"和"支付机构牌照"，满足资本金、从业经验、风险政策文件、运营流程等方面的申报条件，并按规定提交年度审计和季度财务报表。

第三方支付创新的挑战与监管

数字货币对现有货币体系产生一定的影响，要考虑是不是会导致我们铸币税的流失，考虑清算体系的安全。对商家、消费者、第三方交易平台也都有影响，特别是安全风险，要特别关注反洗钱等方面的问题。

欧洲央行根据真实货币的转换能力，把虚拟货币、数字货币细分为三类，并分类进行指引。第一类是封闭性虚拟货币，与实体经济几乎没有关联；第二类是单向流入的虚拟货币，可以用真实货币按照一定汇率兑换为虚拟货币，主要用于购买虚拟商品或服务；第三类是双向兑换的虚拟货币，即用真实货币按买入卖出汇率与之双向兑换，可用于购买虚拟和实体商品或服务。

对于数字货币的监管，欧盟、美国都制定了相应的规章制度，比如欧盟先后颁布了《电子签名共同框架指引》、《电子货币指引》、《电子货币机构指引》等一系列法律法规。2014年5月29日美国政府问责办公厅发布了联邦政府所面临的虚拟货币挑战文件，该文件于6月26日正式公开，其中对各机构的监管职责进行了分工。欧洲银行业管理局于2014年7月4日发布了虚拟货币的建议，在报告中列举了虚拟货币带来的风险、特定风险的承担者、风险成真时承担者将面临的冲击、风险成真所需条件和风险的成因，并依据风险成真的可能性和风险成真带来冲击的严重性将风险按照高、中、低进行了排列。部分风险和传统金融产品和服务风险类似，部分风险则是虚拟货币所特有的，其中提到虚拟货币70多种风险，报告中讲了虚拟货币带来的风险、特定风险的承担者，并把风险分五大类，有几百项，比如用户风险、其他市场参与者风险、法币支付系统风险、监管者风险等。

我们整理了发达国家、金砖国家以及我们周边国家或地区的情况，都对风险进行了提示，可以作为我们研究的参考（见表3）。

表3　　　　　　　　　　国外数字货币风险提示分类表

类别	国家或地区	最新概要	进展	
			日期	事件
金砖国家	俄罗斯	在俄罗斯联邦法下，虚拟货币是货币的替代品，不是法定货币，被禁止使用。	2014.02.07	俄罗斯央行表示，根据现有法律，虚拟货币是货币的替代品，不是官方货币，因此是被禁止使用的。使用或兑换虚拟货币的机构将更容易受到洗钱或其他犯罪活动的怀疑。
			2014.01.24	俄罗斯前经济部长表示，禁止虚拟货币在俄罗斯的使用是一个极大的退步，并向俄罗斯政府、央行和财政部表达了此观点。
			2014.01.15	俄罗斯众议院安全委员会通过了关于反恐怖主义的草案，规定限制使用包括虚拟货币在内的任何匿名交易。
	巴西	巴西央行尚未对虚拟货币采取监管措施，但是发布了关于使用虚拟货币的警告。	2014.02.19	巴西央行指出根据巴西法律，虚拟货币不是"电子货币"。虚拟货币不是由中央机构发行或保证的，波动性大，安全性低，易使消费者产生损失，易被非法活动利用。巴西央行表示将关注虚拟货币的发展，并考虑采取相关措施。
			2013.10.09	巴西修改了关于电子货币的第12865号法律。法规中关于电子货币的定义似乎涵盖了虚拟货币，但巴西央行随后澄清了虚拟货币不是电子货币。
	印度	印度央行向民众发布了关于虚拟货币相关风险的警告，并表示正在印度法下研究虚拟货币。	2013.12.24	印度央行向民众发布了关于虚拟货币相关风险的警告，并表示目前正在研究使用、持有和交易虚拟货币的相关问题，包括虚拟货币的兑换、支付等问题。
			2013.12.27	据报道，印度执法指挥部对当地一家虚拟货币兑换所进行突然检查，原因是该机构违反了印度外币兑换管理法案。

续表

类别	国家或地区	最新概要	进展	
			日期	事件
发达国家或地区	美国	美国财政部金融犯罪执法网络（FinCEN）明确虚拟货币的三类参与者，并对虚拟货币的使用和兑换提出监管框架。	2014.05.07	美国证监会发出公告警示比特币的投资者，并声明根据美国国税局（IRS）的认定，比特币只是一种财产，而非货币。
			2014.03.25	美国国税局（IRS）把比特币等虚拟货币归类为财产宣布对比特币征税。
			2013.03.18	美国财政部金融犯罪执法网络（The Financial Crimes Enforcement Network，简称"FinCEN"）发布监管指引，将虚拟货币的参与者分成三类：User, Exchanger, and Administrator。User 不属于 FinCEN 的监管范围。虚拟货币的 Administrator 和 Exchanger 是"money transmitter"，受到 FinCEN 的监管，要满足注册要求、反洗钱、交易记录、报告义务等 FinCEN 规定的一系列监管要求。
	英国	英国税务局发布报告，对虚拟货币相关的税收缴纳做了规定，同时表示此规定不代表监管部门的监管方向。	2014.03.03	根据英国税务局发布的报告，（1）如用虚拟货币进行货币兑换业务，不需要缴纳增值税；（2）如用虚拟货币进行货物或服务交易，要缴纳增值税，税收基数根据交易时虚拟货币兑英镑的实时汇率计算；（3）虚拟货币涉及的其他税费，根据实际业务情况和参与方性质，缴纳公司税、所得税、资本利得税等税种。
	澳大利亚	虚拟货币交易属于货物和服务范畴，要缴纳所得税和资本利得税。近期无进一步监管措施。	2013.12.13	澳大利亚央行行长 Glenn Stevens 在接受采访时表示，他们看到了比特币交易的潜在风险和波动性，但暂不打算采取相关监管措施。
			2013.06.24	澳大利亚税务办公室确认比特币交易属于货币和服务范畴，要缴纳收入税；同时表示投机者要为资本利得税保存交易记录，比特币将可能成为电子支付的手段或电子货币。

类别	国家或地区	最新概要	进展	
			日期	事件
发达国家或地区	加拿大	虚拟货币在加拿大不是法定货币。虚拟货币属于货物和服务范畴，要缴纳资本利得税。	2014.06.19	加拿大政府通过修订了《2000年反洗钱和反恐怖融资法案》，将比特币等数字货币纳入监管。任何在加拿大开展比特币活动的公司，都属于货币服务机构，要满足交易记录保存、验证程序、可疑交易报告、注册备案等一系列监管要求。如相关机构没有履行注册义务，将受到相应的重罚。
			2014.01.16	加拿大金融监管机构相关负责人表示虚拟货币不是法定货币。
			2014.04.26	加拿大税务局表示用比特币购买货物或服务的活动要符合大宗交易规定并缴纳相关税费。同时，如果比特币被视同商品进行买卖，要缴纳资本利得税。
	欧盟	欧洲银行业管理局（EBA）向民众发出警告，揭示了虚拟货币相关的风险。	2013.12.12	欧洲银行业管理局就虚拟货币向消费者提出警告，（1）虚拟货币可能使消费者产生损失；（2）消费者的电子钱包可能被窃；（3）用虚拟货币购买的货物不受欧盟退货政策保护；（4）虚拟货币价值波动大；（5）虚拟货币易被犯罪活动和洗钱活动利用；（6）消费者可能被追缴税。
			2012.10.29	欧洲银行业管理局发布了关于虚拟货币及在欧盟体制下进行监管的详细报告。
	法国	法国央行也向消费者发布虚拟货币的警告。法国允许虚拟货币公司在法国法下作为支付服务提供商进行运作，但要事先获得业务牌照。	2014.03.04	法国财政部长呼吁在欧洲范围内对比特币进行监管。他提到两方面监管：一是为保护消费者权益，必须对数字货币兑换平台进行监管。二是法国反洗钱机构（Tracfin）应在比特币监管中发挥积极作用。

续表

类别	国家或地区	最新概要	进展	
			日期	事件
发达国家或地区		法国央行也向消费者发布虚拟货币的警告。法国允许虚拟货币公司在法国法下作为支付服务提供商进行运作，但要事先获得业务牌照。	2014.01.29	法国金融审慎监管局（ACPR）发布公告，提供虚拟货币兑换服务的机构属于支付服务提供商，必须获得ACPR颁发的支付服务相关牌照才能开展虚拟货币经纪服务。同时，ACPR同时提醒民众警惕允许进行虚拟货币兑换的兑换平台。
	德国	在德国法下，虚拟货币是金融工具，属于"私人货币"，要缴纳资本税。部分虚拟货币的使用要获得相关牌照或许可。此前德国监管部门的指引显示虚拟货币属于商品范畴。	2013.12.19	德国金融监管部门发布了虚拟货币相关风险的报告，并指出在某些情况下，比特币的商业化使用需要获得相关牌照和许可。
			2013.08.10	德国金融财政部长表示虚拟货币不是电子货币或者外国货币，而是德国金融法规内的一种金融工具。虚拟货币是一种"私人货币"（暗示要缴纳资本税）。
	瑞典	虚拟货币不是货币，而是被认为是一项资产。	2014.01.22	瑞典税务局官员表示，瑞典可能将虚拟货币看作是一项类似艺术品或者古董的资产，而不是货币。
	意大利	一项关于核实比特币交易方身份的议案被提交给意大利议会。	2014.01.18	根据该项议案，对于金额超过1 000欧元的比特币交易，要核实交易发起方身份。
	韩国	虚拟货币不是法定货币，具有波动性和风险性，没有内在价值。	2013.12.10	韩国央行等监管部门表示，网络货币不是法定货币，无论是通过互联网还是商业机构进行网络货币的交易，都不符合现行的货币交易法规的规定，同时警告比特币波动性大，没有内在价值。

续表

类别	国家或地区	最新概要	进展	
			日期	事件
其他国家或地区	新加坡	虚拟货币不是货币。根据非正式报告显示，新加坡对虚拟货币的买卖征收所得税，对虚拟货币的投资征收资本利得税，并可能征收货物和服务税。	2014.01.09	新加坡税务局表示，公司进行虚拟货币买卖，要缴纳收入税；公司用虚拟货币进行投资，要缴纳资本利得税。此外，由于虚拟货币不是"货币"，因此要根据实际情况缴纳货物或服务相关税费。
			2013.09.22	新加坡金融监管局提醒民众注意比特币相关风险。
	中国香港	监管机构正在监视虚拟货币发展，尤其关注反洗钱方面。	2014.01.09	香港监管机构发布非正式指引，表示比特币风险高，具有高投机性；同时表示香港正在密切关注虚拟货币市场的发展，尤其关注反洗钱方面。
	克罗地亚	克罗地亚中央银行在非正式场合表示支持比特币合法化。	2013.12.16	在一次非正式讨论中，克罗地亚央行表示在克罗地亚使用和买卖虚拟货币将不会被认为非法。
	土耳其	土耳其通过了支付服务相关法案，并且认定比特币不属于电子货币。	2013.11.25	土耳其银行监管机构表示，比特币不属于电子货币，不适用于"支付和证券登记系统、支付服务、电子货币机构法规"，因此不需要接受该法律的监管。监管部门同时向民众提示了比特币的相关风险。

我国对电子货币已经制定了相关法律法规，比如人民币管理条例、信用卡业务管理办法和我们发布的一系列规章制度。根据《中国人民银行法》，人民银行履行发行人民币、管理人民币流通职责，人民银行履行维护支付清算系统的正常运行的职责，法定货币是人民币。就监管建议而言，我们认为对于不同类型的电子货币应当采取不同的监管态度，第一，货币的电子化，发行机构是金融机构，诚信最高，比如银行卡和银行网银，受到的监管比较严，完全执行银行的监管标准，应该大大鼓

励发展。如果这块发展好了，其他的空间就小了。第二，电子化货币，是非金融机构发行的，存在规范发展的问题，但这仅仅是我个人的看法。第三，虚拟货币包括闭环内的虚拟货币和闭环外的虚拟货币，比如Q币、游戏币，美国、欧盟都在密切观测中，进行风险的提示。根据非银行机构支付服务管理办法，支付机构接受客户备付金的，应该在商业银行开立备付金专用存款账户存放备付金。互联网金融有关部门都提到了不允许形成资金池。我认为从货币角度看第三方支付也不能形成资金池。第一，严格执行当前的规定就不会形成资金池。第二，从国际监管经验来看，也不允许形成资金池。第三，如果形成资金池，我个人理解很有可能参与了货币创造的过程，它的账户就是资金账户，监管程度是不一样的，虽然不叫银行，但是实质上就是银行。■

完善人民币银行结算账户
退出机制的初步思考与建议

邵延进

2003 年起，人民银行先后制定并发布了《人民币银行结算账户管理办法》、《人民币银行结算账户管理办法实施细则》等账户管理制度，对加强银行账户管理，从源头上规范支付行为起到了重要作用。但现行账户管理办法在账户退出方面的规定较为笼统，操作性不强。因此，完善账户管理退出机制，促进账户开户规范、退出及时、流程优化就成为当前人民币银行结算账户管理工作的一个重要问题。

账户退出机制现状及存在的主要问题

现行银行账户制度从存款人主动申请销户和银行采取限制措施两个方面，提出了 4 种银行账户退出机制：一是存款人因自身经营活动地点改变或因更换开户银行，主动申请撤销银行账户。二是存款人因被撤销、解散、宣告破产或关闭以及注销、被吊销营业执照等形成的开户主体资格消亡而申请撤销银行账户。这种情形下，如银行发现存款人没有主动销户的，可以停止账户对外支付，也应限期存款人销户，逾期视同自愿销户，未划转款项列入久悬未取专户管理。三是银行在账户年检中，撤

作者为中国人民银行郑州中心支行副行长。

销不符合开户规定的银行账户。四是银行对一年未发生收付的久悬银行账户限期存款人销户，逾期视同自愿销户，未划转款项列入久悬未取专户管理。上述4种账户退出机制，虽然后3种均赋予了银行采取强制措施的权力，但是实际效果并不明显。以河南省为例，主要表现在：一是久悬银行账户占比较高。截至2014年6月底，河南省单位久悬银行账户23.7万户，较2013年底增加1.4万户，增长6.27%，占同期存量单位银行账户的15.1%；个别银行的单位久悬银行账户、长期不动户比例高达30%。二是大量久悬银行账户、长期不动户的存在影响同名注册企业新开立银行账户，而且也存在前一存款人冒用新存款人的名义从事经济活动的法律风险。三是大量的久悬银行账户、长期不动户既占用了人民银行账户管理系统和商业银行行内系统资源，提高了管理成本，也为不法分子利用账户从事违法活动留下可乘之机。

账户管理制度与现实问题累积，已暴露出制度设计，尤其反映在账户退出制度操作上存在的问题，主要表现在：一是人民银行与开户银行主动撤销账户在制度上可操作性不强。由于银行与工商管理部门管理信息的不对称，存款人因注销、被吊销营业执照等致使开户主体资格消亡时，银行账户有可能处于正常使用状态。对属于人民银行行政许可审批的核准类账户撤销项目，开户许可证还要在销户时缴回，如无法缴回开户许可证而进行销户，还需要登报声明。但在存款人非主动撤销该类账户时，开户许可证顺利缴回难度很大。二是久悬账户撤销的可操作性不强。现行账户管理制度未明确银行撤销账户的流程和存款人需出具的资料，各银行考虑操作风险，往往不会主动撤销久悬账户，致使久悬账户越积越多。三是销户要件不具备。企业撤销账户并非注销工商营业执照的前置条件，企业一旦在工商行政管理部门办理工商营业执照注销登记，印章、工商营业执照等就需要缴回，即便存款人愿意到开户行主动办理销户手续，由于缺少印章，银行也无法为其办理。四是存款人主动撤销银行账户手续繁琐。现有银行账户退出流程为"存款人提出撤销申请→开户银行行内系统撤销→人民银行账户管理系统撤销"，从银行受理存款人销户申请到实际办完销户手续一般需要3至5天，存款人在账户内资金支取后往往对后续处理不再过多关注。

这些问题产生的根本原因主要有四个方面:一是现行账户管理制度对单位银行账户退出规定较为笼统,缺乏刚性约束。二是现行账户管理制度的设计倾向于存款人主动销户,出于各种原因,部分企业缺乏主动撤销银行账户意愿。三是个别银行内部销户规定缺乏灵活性。如存款人销户时需要缴纳历史欠交的账户管理等费用,由于注销企业已基本上不可能再结清相关费用,导致银行撤销账户不能有所作为。四是银行主动撤销账户存在较大的法律风险。目前涉及账户管理的法律、行政法规、部门规章和规范性文件有 86 个,但银行主动撤销行政许可项目的核准类账户法律依据不足。

重塑账户退出机制设计思路与流程安排

重塑银行账户退出流程是解决当前久悬账户过多,释放管理资源,预防利用账户犯罪的根本途径。根据《中华人民共和国行政许可法》第七十条 "法人或者其他组织依法终止的,行政许可依法被撤销、撤回,或者行政许可证件依法被吊销的,行政机关应当依法办理有关行政许可的注销手续" 之规定,人民银行完全可以以行政许可为依据,以制度为手段,再造账户退出流程,以完善银行账户退出机制设计和操作。

账户退出流程设计

在目前现行账户管理制度和账户管理系统功能之下,可选择考虑的有两种账户退出流程设计方案:

方案一:先注销基本存款账户,再逐一撤销或注销其他账户。对于存款人不主动撤销所开账户,而由人民银行或开户银行主动注销或撤销其账户时,先由人民银行以行政许可手段注销存款人基本存款账户,去其 "龙头",使其开立的其他存款账户失去存在的基本条件或资格,再分别对其开立的其他账户进行注销或撤销。具体流程为:"人民银行采集工商管理局注销企业信息→人民银行发布注销账户核准类账户公告→

注销账户→开户银行通知存款人销户→备案类账户撤销。该方案的优点：一是注销基本存款账户后，账户管理系统会拒绝该存款人再开立除基本账户之外的其他账户，只要锁定其他已开账户，就可以逐个对满足销户条件的账户予以销户，遗留问题少。二是基本存款账户被注销后，其他已开立的账户则不具备继续存在的基本条件或资格，可以作为对其他账户进行注销或撤销的依据条件之一。该方案的缺点：一是先注销基本存款账户，如其他账户有存款余额在销户前可能需要转入基本存款账户，否则取现会受到影响。二是不符合现行账户管理制度要求，并受账户管理系统限制，在以非转户原因撤销基本存款账户时只能先撤销其他所有核准类和备案类账户，才能办理基本存款账户的撤销。如强制以转户原因撤销，出现新成立的同名企业开立基本存款账户后，原来企业的其他未撤销账户就会被账户管理系统默认为新企业的已开立账户，这样操作结果不仅造成管理紊乱，也会形成风险。

方案二：先撤销或注销除基本存款账户之外的其他账户，最后注销基本存款账户。具体流程为：人民银行采集工商管理局注销企业信息→人民银行核实注销企业开户信息→开户银行核查账户债权债务等信息→开户银行通知存款人销户→备案类账户撤销→人民银行发布注销核准类账户公告→注销账户→开户银行撤销行内核准类账户。该方案优点：一是先由了解存款人情况的开户银行通知存款人撤销账户，可以减小或避免出现误销同名存款人账户的情况出现，法律风险低。二是先对基本存款账户之外的其他账户进行销户，最后在账户管理系统进行基本存款账户的销户，符合现有账户管理制度的要求。该方案缺点是只要存款人有任何一个本地或外地账户未销户，其基本存款账户即使无任何问题，也不能在账户管理系统办理销户手续。

综合比较两个方案优劣，考虑法律风险且现有账户管理制度要求以及账户管理系统功能，选择第二套方案作为试行阶段账户退出流程较为合适。

账户退出管理对象的选择

账户退出管理的实施对象包括注销和被吊销营业执照的企业，但是注销被吊销营业执照企业的账户存在一定法律风险，因工商管理部门吊销企业营业执照仅仅是对企业做出的一种行政处罚，被吊销营业执照的企业不再具有经营权，但并不等于法律主体的消失，企业还存在以下法定权利：一是企业依法申请行政复议或提起行政诉讼，相应的行政处罚还存在被撤销的可能。二是根据《中华人民共和国公司法》、《中华人民共和国民法通则》等法律规定，被吊销营业执照的企业从法律角度讲还需要进行债权债务的清算，还有保留账户存在的需求。虽然法律明确了自清算组开始成立至通知债权人申报债权各项程序累计最长时间只需要130天，但被吊销企业债权债务的具体清算时间在法律上没有规定明确的期限。按照市场主体"法无禁止即可为"，政府部门"法无授权不可为"的行政法原则，法律没有明确规定企业债权债务的清算时间，现实中客观存在被吊销营业执照企业的债权债务清算工作经常被无限期拖延的情况，如果人民银行以行政许可方式注销其账户，一旦企业需要使用账户或涉及其相关利益，就可能出现一定的法律风险。而对已注销工商营业执照的企业账户进行撤销或注销则不存在以上问题。首先从法律上讲注销企业，其诉讼主体资格已经不存在，不能再成为民事诉讼的当事人；再就是注销企业在注销之前需要完成债权债务清理，并向工商管理部门提交债权债务清理的材料以及其他所需材料后，才能申请工商营业执照的注销登记，这意味着其对法定资格存续期间的法定权利终结的认可，注销或撤销其账户的法律风险基本可控。通过对被吊销和注销营业执照相关法律关系的比较，新的账户退出机制的实施对象应仅限于注销企业。

账户退出实施范围的限定

考虑账户属地化管理和采集工商营业执照注销信息渠道因素，在账户退出实施范围上应先限于在本地工商管理部门核准登记注册的企业所开立的银行账户。对外地企业在本地以及本地企业在外地开立的银行账户暂时无法操作。如：企业在异地开立有存款账户时，一是人民银行无法要求撤销异地银行开立的银行账户，无法注销异地开立的核准类账户。

二是账户管理系统中异地账户或其他账户不撤销，会导致基本存款账户无法撤销。三是本地企业在省级以上工商行政管理部门注册登记的，但实际经营活动还在本地，账户也大多在本地银行开立，但通过当地工商管理部门不能采集到相应企业的营业执照注销信息，无法将其开立账户纳入撤销或注销对象。对上述情况，可暂时不作为账户退出的实施范围，继续按现行管理办法办理，待制度完善时再纳入实施范围。

依据法律，建立账户退出管理的制度与机制

制定符合法律规范的账户退出管理制度

本着制度先行的原则，依据法规制定账户退出管理制度。一是制度在实施前要经法律部门审核同意；二是账户退出管理的整个实施过程中要有书面材料记录相关行为及过程，使依法退出具有充分证据；三是在做出账户退出决定时，开户银行要按既定制度执行和报告；四是在采集工商营业执照注销信息时要与工商管理部门相互配合，确保注销企业信息来源的合法、准确和后续注销账户过程的顺利。最后，在账户清理过程中，要确保程序合法，避免在清理账户时出现违法现象。同时，应尽可能告知存款人并为存款人预留足够的时间处理账户相关事宜，避免由此引发纠纷和招致法律诉讼。

建立跨部门注销企业账户撤销机制

现行《中华人民共和国企业法人登记管理条例》规定登记机关核准注销登记或者吊销执照，应通知开户银行。但实际操作存在：一是工商管理部门核准企业注销登记或者吊销企业营业执照后未能通知银行；二是《公司法》规定企业要清算结束后才能进行注销登记，如存在与开户银行的未清理债权债务，其账户自然也无法撤销。因此，在企业申请工商营业执照注销时，应当凭人民银行出具的该企业所有银行账户已撤销的书面证明，作为办理工商营业执照注销手续的必备材料，即成为改革

完善账户退出管理的关键。

明确实施账户退出机制的主管和操作层级部门

按照省级主管、属地操作的原则，可以探索以省级人民银行统一在省级工商行政管理部门采集全省注销企业信息，再由其将核实后拟注销的相关账户信息分送各市、县人民银行，按属地操作原则，由当地人民银行负责本地注销企业账户退出工作的实施。

统一久悬未取专户的会计处理手续，完善统计监测

各银行业金融机构省级管理行应统一明确行内久悬未取专户的会计处理手续，规范基层银行强制撤销存款人账户时会计操作，防范操作风险；按照省级主管、属地操作原则，省级行应加强系统内注销账户管理，操作行应加强日常监测，并及时将已注销账户信息报告当地人民银行和定期逐级上报至省级行，以完善注销账户的统计和制度执行的监测。■

我国支付体系风险评估构想

欧韵君　张　玲　刘占稳

支付体系是金融市场的重要支撑和组成部分，对金融稳定有重大影响。随着信息技术在金融行业的应用不断深化，支付体系正在经历巨大的变革和创新，也不断孕育着新的风险，并深刻影响金融市场其他相关组成部分。支付体系风险的复杂性、关联性、系统性以及溢出效应进一步增强，对金融体系稳健性状况的影响越来越大。从国际国内的经验与实践来看，监管部门纷纷加强了对相关金融行业风险状况的监测和评估，尤其在金融危机后，国际社会更加注重金融稳定的监测和评估，并迅速推出了新的监管规则和标准。通过研究建立科学有效的支付体系风险评估和监测预警机制，能够及时识别、防范和化解支付风险，维护金融稳定；促使支付体系监管由"合规监管、事后处罚"转向"风险监管、事前预防"，促使监管转型；并推动国际支付体系监管标准在国内的应用和实施。

支付体系风险评估概述

支付体系风险评估的概念

支付体系风险评估是运用一定的方法，对支付体系运行中存在的各

作者单位：欧韵君、张玲：中国人民银行支付结算司；刘占稳：中国人民银行杭州中心支行。

种风险和不确定性进行识别、度量、控制的活动，是中国人民银行履行支付体系监管职责的重要手段。支付体系风险评估主要包括风险识别、风险度量、风险控制三个环节。

支付体系风险评估有助于实现三大政策目标：一是维护支付体系安全稳定。通过支付体系风险评估，能够有效识别支付体系运行中存在的各类风险，查找支付体系运行的不安全因素，从而提高支付体系建设和管理的安全稳健性。二是完善支付体系监管手段，提高监管效率。通过支付体系风险评估，能够认清支付体系运行中的薄弱点，增加支付体系监管的针对性、有效性、前瞻性，提高支付体系监管效率。三是促进和引导支付服务市场主体依法合规经营。通过支付体系风险评估，向支付服务市场主体发布风险评估报告，传导人民银行政策意图，培育支付服务市场主体风险防控意识，引导其依法合规经营，营造"诚实守信、合规有序"的支付服务市场文化。

支付体系风险评估与现场检查、非现场监测等监管手段既相互联系，又相互区别。一方面，支付体系风险评估与其他监管手段目的相同，并互为支撑。风险评估的基础数据可以通过现场检查、非现场监测等手段获取；风险评估的结果也可以作为实施其他监管手段的参考基础。另一方面，支付体系风险评估侧重于对风险进行识别、度量，从而采取适当的控制措施来防范风险，具有前瞻性、引导性；而现场检查、非现场监测等侧重于合规性管理，具有滞后性。

支付体系风险评估的内容

支付体系风险评估的内容主要包括以下风险：

一是系统性风险。系统性风险是指支付体系中的一个或多个支付服务主体无法按照要求履行义务会造成其他支付服务主体到期无法履行义务，或系统发生破坏性事件而导致整个支付体系不能正常运行的风险。系统性风险对支付体系安全运行的影响大、涉及面广，是支付体系风险评估应首先关注的内容。

二是法律风险。支付体系的法律风险与支付体系的法律基础有关，也与支付体系的参与者、运行者、监督者的行为责任有关。比如支付体系法律、制度不健全，支付指令的最终性尚未获得法律认可；支付体系相关法律制度的法律层次低，有关规定与上位法相矛盾；支付服务组织侵犯相关法律制度等，都会给支付体系带来法律风险。

三是财务风险。财务风险是指支付服务组织面临的不能偿还到期债务、长期亏损等风险。当前，部分支付服务组织特别是第三方支付服务机构仍未找到可持续的商业模式，累计亏损较大且仍处于不断亏损阶段，财务风险是支付机构面临的行业性风险。支付体系风险评估应予以重点关注。

四是流动性风险。流动性风险是指支付服务主体没有充足的资金按照预期清偿金融债务产生的风险。支付清算系统流动性管理机制的完善性以及支付服务组织资金调拨等流动性管理能力，是影响支付体系流动性风险的关键因素。如在小额支付系统业务中参与者不能按期清算跨行资金，收单机构未按协议约定及时向特约商户清算资金等，均属于流动性风险。

五是信用风险。信用风险是支付服务主体或其他单位作为交易对手在到期日及其之后无法履行金融义务的风险。信用风险可导致重置成本风险和本金风险。重置成本风险指因与交易对手发生未结算交易损失未实现收益的风险。本金风险指交易对手损失全部交易价值的风险。另外，信用风险也可能源于结算银行、托管机构或相连接的金融基础设施未履行其金融义务。

六是运行风险。运行风险是指因业务或技术问题导致支付体系不能正常运行的风险。违规操作以及通信、信息、计算机故障等都能够导致支付体系运行风险。

七是信息安全风险。信息安全风险是支付体系面临的重要风险因素。支付体系风险评估工作要重点关注信息安全风险，重点从信息安全管理制度建设、系统软硬件配置等指标，评价其信息安全风险。

支付体系风险评估的可行性分析

从宏观层面上看，风险评估已经成为国际组织对成员国家风险监测预警的重要手段

国际上，实施评估是监管的重要内容，也是国际组织对成员机构进

行风险评价的重要手段，在反洗钱、金融稳定等金融相关领域得到广泛应用，实施评估的技术方法体系正在逐步成熟和完善。在支付领域，2012 年 4 月，十国集团支付结算体系委员会（CPSS）和国际证监会组织（IOSCO）联合发布《金融市场基础设施原则（PFMI）》，协调统一并适当强化了原有国际标准，并加强了国际标准的实施要求。CPSS 和 IOSCO 将定期监测 PFMI 实施情况，实施评估是监测的重要手段。世界银行、国际货币基金组织和金融稳定理事会（FSB）也将逐步采用新的标准开展新一轮金融部门评估规划（FSAP）和同行评估项目。

从微观层面看，风险导向的管理理念已经成为有效组织管理的核心理念，并且已经形成了比较成熟的风险评估理论和技术方法

全面风险管理是基于内部控制的风险管理理念。1992 年，COSO 公布《内部控制统一框架》，提出内部控制的三项目标（经营、财务报告、合规）和五个要素（控制环境、风险评估、控制活动、信息交流、监控）。在此基础上，COSO 于 2004 年又公布《全面风险管理整合框架》，增加一个目标（战略）和三个要素（目标设定、事件识别、风险对策）。目前，COSO 的《内部控制统一框架》和《全面风险管理整合框架》已经成为被普遍接受的企业管理理念和统一标准。

健全的内部控制系统是企业所有业务流程中必要和高效的风险管理基础。因此，评估内部控制系统是监管的必然要求；构建一套规范和完整的内控评价体系，已经成为监管部门和企业自身有效评估企业风险控制能力的重要手段。在实践中，也逐步形成了比较完善的内部控制风险评估理论技术方法。加入世贸组织后，面对更开放的市场环境，企业全面风险管理理念被引入到我国企业管理的实践中，相关行业主管部门纷纷借鉴 COSO 框架，就其所监管的行业领域发布了内部控制规范文件，引导企业内部控制建设和评价。例如：2006 年国资委正式发布《中央企业全面风险管理指引》；2008 年，财政部、证监会、审计署、银监会、保监会 5 部委联合发布《企业内部控制基本规范》；2012 年，国资委和财政部联合发布《关于加快构建中央企业内部控制体系有关事项的通

知》，建立了《中央企业内部控制评估指标体系》，要求用 2 年的时间在全部中央企业建立起规范的内部控制体系。

此外，在金融领域广泛运用的风险评估理论和技术手段也相当成熟，例如：概率论和数理统计理论、VAR 风险计量模型等。

我国内部控制体系建设情况一览表

文件名	发文部门	发文时间
《独立审计具体准则第 9 号——内部控制与审计风险》	中国注册会计师协会	1996 年
《内部会计控制规范——基本规范》 《内部会计控制规范——货币资金》 《内部会计控制规范——采购与付款》 《内部会计控制规范——销售与收款》 《内部会计控制规范——担保》 《内部会计控制规范——对外投资》 《内部会计控制规范——工程项目》	财政部	2001—2004 年
《商业银行内部控制指引》	人民银行	2002 年
《证券投资基金管理公司内部控制指导意见》	证监会	2002 年
《证券公司内部控制指引》	证监会	2003 年
《商业银行内部控制评价试行办法》	银监会	2004 年
《深圳证券交易所上市公司内部控制指引》	深圳证券交易所	2006 年
《上海证券交易所上市公司内部控制指引》	上海证券交易所	2006 年
《中央企业全面风险管理指引》	国资委	2006 年
《商业银行内部控制指引》	银监会	2007 年
《企业内部控制基本规范》	财政部、审计署、证监会、银监会、保监会	2008 年
《保险公司内部控制基本准则》	保监会	2010 年
《关于加快构建中央企业内部控制体系有关事项的通知》	国资委、财政部	2012 年

从支付体系监管实践来看，风险评估是丰富支付体系监管手段、提高支付体系监管效率的有效手段

随着支付服务市场分工细化和技术创新日益加强，支付链条越来越

43

长、支付服务主体越来越多，支付工具和业务创新也越来越丰富。仅仅依靠政府部门实施大规模、大范围的执法检查，会耗费大量人力、物力、时间和精力，监管效率难以提高。因此，充分调动各种社会资源，形成多层次、全方位的风险评估体系，可以培育市场主体的风险防范意识，形成持续性的风险监测与跟踪机制，同时可增强现场检查的针对性，提高监管的效率。

我国支付体系风险评估的整体框架构想

实施分层评估

支付体系风险评估可以分为三个层次：

第一，支付体系国际组织层面的评估。这种评估主要是国际组织站在第三方的立场，对一个国家支付体系的法律框架、监管体系、基础设施的完整性、有效性做出整体评价。随着经济全球化的发展，国家之间的相互联系和相互影响越来越紧密，国际组织越来越倾向于开展此种类型评估，例如金融稳定理事会组织开展的金融稳定评估（包括对重要支付系统的评估）。国际组织层面上的评估有助于国际组织及成员及时了解不同国家支付体系建设情况，防范一国风险在国际范围内的传播，相互借鉴学习成功经验，共同研究探讨支付体系发展中遇到的新问题，推动支付体系发展。

第二，支付体系行业层面的评估。这种评估主要是站在本国政府监管的角度对支付行业进行的整体评价。包括：国家支付系统的运行、各类支付工具和业务的发展、商业银行、支付机构和清算机构等市场主体的整体业务、经营状况和风险概况等。对支付体系行业层面进行评估，有助于监管部门全面掌控行业整体风险状况、各项政策的贯彻落实、行业突出风险点和重要风险集中领域、支付系统的稳定性等情况，进一步提升政策制度对市场的适应性和适时性，防范系统性风险。

第三，支付体系市场主体层面的评估（微观层面的评估）。这种评估主要针对单个市场主体本身，包括市场主体内部治理结构、系统和业务、经营和财务状况等，全面评价单个市场主体的风险状况。开展支付体系市场主体层面的评估，有助于加强对单个主体的风险判断和监测，增强执法检查的针对性，强化市场主体的风险意识与合规意识，并及时跟踪市场发展最新情况，提供政策制定的微观基础资料。

国际组织层面的评估是国际组织为防范因风险溢出效应而导致国际范围内的系统性风险，对成员国家开展的整体性评估。作为本国监管机构，可以配合国际组织开展自评估和互评估，但由于各国在法律基础、运行环境、业务运作等方面存在较大差异，国际组织的评估方法、结论和建议可以参考借鉴，但可能并不完全契合本国的国情和监管需要。

从本国监管角度看，监管机构应该高度关注和强调行业层面的评估与市场主体层面的评估，及时发现、判断、化解本国内行业性和系统性风险，培养市场主体合规意识和风险意识，规范其市场行为，推动市场健康发展。

建立完善的支付体系风险评估指标

完善的支付体系风险评估指标，是实施评估工作的基础。根据指标，对支付体系行业层面的运行情况和市场主体的运营情况进行评价和打分，并赋予不同权重得出评估结果，再由此确定需要进行重点关注、现场检查或者整顿改进的机构、业务或者行业风险点，可以大大提高监管效率。

支付体系风险评估指标分为业务类指标和管理控制类指标：

第一，业务类指标（包括财务指标、系统指标）属于静态量化指标，可以在充分采集信息的基础上，分类汇总运算，通过分析各项业务相互关联和比对关系、不同地域之间各项指标的相互关联和比对关系、不同时间内各项指标的相互关联和比对关系、不同机构之间的相互关联和比对关系设计风险指标，寻找风险点，并与标准的安全边界或者参考外部指标比较，对风险状况做出整体评估。

业务类指标既可以满足日常支付业务监管的需要，也能满足支付体系整体风险评估的需要。业务类指标的设计应确保统计口径一致、相关业务风险点的判断准确、标准赋值合理，并且能够根据新业务的发展持续完善。

第二，管理控制类指标（主要针对内部控制设计）属于定性描述指标，需要用科学合理的方式进行量化设计，然后通过听取汇报、查阅资料、个别谈话、问卷调查、实地抽查、业务测试等形式，给各项指标进行打分，再根据权重综合。例如：针对银行卡收单业务的内部控制设计相关指标，并根据相关风险点及相应内部控制措施，对不同管理层级分别设计调查问卷，不同层级间的调查问卷具有相互勾稽关系，能够综合进行评分。

管理控制类指标能够有效判断和评价支付服务主体的风险管理能力。具体可分为两类：一是针对商业银行。根据银监会和人民银行的职责分工，银监会对商业银行实施主体监管，人民银行对商业银行实施功能监管。目前，已有《商业银行内部控制指引》、《商业银行内部控制评价试行办法》等规范文件，对商业银行内部控制的建立和评估进行规范。因此，可考虑针对其支付结算业务的内部控制，设计指标并考核评价。二是针对支付机构和清算组织等其他市场主体。目前，人民银行对这些市场主体实施全面的机构监管，可以针对其内部控制，设计评估指标体系，进行全面评估。

业务类指标能够反映各项业务运行状态，机构的财务稳健性和盈利状况、系统运行状态，但业务指标是时点指标，是事后的信息反馈。而管理控制类指标能够反映市场主体对于过程的控制能力，以及对于过程中各项风险的发现、监测、应对能力，是对机构事前、事中、事后全方位能力的信息反馈。因此，需要将业务类指标和管理控制类指标结合起来，才能对支付体系风险做出较为全面的评价。

建立支付体系风险评估框架和工作机制

为保证支付体系风险评估工作客观、公正，有必要成立支付体系风险评估工作组，建立支付体系风险评估框架和工作机制，指导或实施评估工作。支付体系风险评估小组成员可来源于人民银行总行、各分支机构，支付清算协会，以及外部专家（例如：注册会计师、资产评估师），负责组织或指导支付体系风险评估，综合各类指标，根据不同维度，对支付体系行业层面、机构层面的风险进行汇总分析，并结合执法检查结果、风险事件和案件，按年度撰写支付体系风险评估报告。

先易后难、逐步推进支付体系风险评估机制建设工作

设计支付体系风险评估指标体系、建立支付体系风险评估框架和工作机制，展开全面评估是一项长期、系统的工作任务，不可能一蹴而就。

目前，在支付服务市场上，支付机构的资质、实力、风险与合规意识较弱，总体暴露出来的问题和隐患较多；而人民银行对银行机构的监管属于功能监管，相关监管部门也已发布关于银行机构内部控制的相关文件。因此，可按照"先易后难、先重点后一般"的原则，先针对支付机构设计风险评估指标，再逐步推广至整个支付服务市场，建立全面的支付体系风险评估指标体系和工作机制。具体工作可分两步走：

第一步：充分调动各方资源和力量，通过专业团队，针对支付机构设计全面详细的风险评估指标。

目前，人民银行已经建立并在逐步完善各项信息报送制度，业务类指标的基础数据已经具备。而管理控制类指标则可参考借鉴已发布实施的相关行业的内部控制评估指标体系，聘请专业机构（如会计师事务所），针对支付机构的整体运营和具体业务，按照 COSO 框架和理念，进行设计。具体的评估工作，在支付体系风险评估工作组的组织或指导下，既可以由人民银行实施，也可以由协会实施，还可以委托专业机构进行，并出具有公信力的内部控制评估报告。由此，建立灵活高效的支付体系风险评估工作机制。

通过设计全方位、多角度、多层次的支付机构风险评估指标体系，实施客观公正的风险评估工作机制，达到有效监管支付机构的目标，将突出风险予以预警、化解、消除。

第二步：待时机成熟，逐步将风险评估推广至整个支付服务市场。

借鉴支付机构风险评估工作经验，针对所有的支付服务组织和清算机构，以及所有的支付业务和清算业务，建立全面的支付体系风险评估指标和工作机制。届时，风险评估和现场检查将成为支付体系监管的左膀右臂，共同维护支付体系运行秩序，防范支付体系风险。■

以开放的心态
确保互联网金融健康发展

马明哲

当前，以互联网为代表的现代科技快速发展，并向传统经济不断渗透、融合，在服务大众、改善民生等方面发挥着越来越重要的作用，对人们的工作、生活，以及整个社会的文化、经济、各行各业都带来了巨大的变革，这是大势所趋，不可阻挡，金融行业也不例外。互联网与金融相互融合，相互促进，对金融行业降低成本、提高效率、改善服务等方面将持续发挥积极的作用。

互联网金融作为一个新生事物，在其发展的过程中，难免有许多不完善之处，需要社会各界的宽容和支持，但更需要行业内部以开放的心态，广开言路、集思广益，才能确保整个行业的良好发展趋势。而且互联网金融的本质还是金融，只有在"一行三会"的正确领导下，不断夯实平台建设，完善风险管控，才能确保行业的有序、健康、持续发展。因此，在人民银行领导下，牵头成立互联网金融的专业委员会，可以说非常及时、非常有前瞻性，必能将最广泛的互联网金融力量凝聚起来，为行业的健康发展作出积极的贡献，具有非常重要、深远的意义。

前期，在专业委员会的筹建过程中，中国人民银行总行和中国支付清算协会给予了高度重视，对专业委员会的定位、职责、功能给了很好

作者为中国支付清算协会互联网金融专业委员会主任、中国平安保险集团董事长。

的建议。经专业委员会成员初步的商议，主要有如下几点考虑：

一是研究咨询。通过深入研究、讨论行业相关理论和实际问题，为有关政府监管部门提供政策意见和建议，防范业务风险，不断创新开拓服务内容和领域。

二是沟通交流。组织开展对互联网金融发展趋势、发展规律以及前沿问题的研究，为行业提供信息服务和业务评估。通过研讨会、论坛、培训等方式，总结发展经验，凝聚发展智慧，促进行业的长期、健康发展。

三是行业自律。积极探索制定行业自律规范；督促成员单位自觉遵守法律法规；引导成员单位加强内控建设；促进公平竞争，维护市场秩序；倡导成员单位建立健全服务机制，保护金融消费者合法权益。

四是服务支持。积极与各级政府部门、媒体等沟通，反馈发展情况，反映行业诉求，维护成员单位合法权益；加强协调，协商解决成员间的矛盾和纠纷，形成发展合力。普及互联网金融业务知识，提高社会公众对互联网金融的认识水平。

中国的互联网金融行业前景十分广阔，大有可为，大有发展。希望在监管部门的领导和关心下，在社会各界的大力支持下，通过我们大家的共同努力，互联网金融可以更加健康、可持续地发展，更好地服务我国经济社会的发展！■

互联网金融创新要秉承合法合规利国利民原则

唐 宁

中国支付清算协会互联网金融专业委员会的成立，是互联网金融行业的一件盛事，为中国金融改革保驾护航。我们也非常荣幸能够参与到专业委员会的工作中，参与到交流、研究、服务、自律中，为推动互联网金融行业的发展与规范贡献力量。

互联网作为金融的渠道和工具，很好地解决了用户信息不对称的问题。从模式创新的角度看，普通个人可以借助互联网和移动互联网成为出借人、投资人，真正有助于普惠金融在中国的发展。使用互联网可以帮助有需求的人找到好产品，好服务。像余额宝这样的理财产品，标准化水平比较高，相对比较容易理解，容易操作，为用户带来更好体验。除了作为渠道和工具外，互联网和移动互联网也是金融的一个最重要的组成部分，例如说在信用评估方面，阿里金融有很多商家的交易信息，这些信息可以作为信用评估的重要依据，宜信也在信用评估之中大量使用互联网上的各种个人身份信息、各种行为特征来作为增信的重要来源。

互联网开放、共享、去中心化等思想，以及互联网平台和技术的进步，使得金融交易的成本得以降低，效率得以提升，可以使金融能够更好地惠及大众，传统上很难为金融体系所覆盖的小微人群能够更好地获得金融服务。我们讲发展普惠金融，小微人群是重点，信用是基础，能

作者为宜信公司 CEO。

够通过互联网技术更好地去服务小微，让这群金字塔底层人群更好地获取金融服务，我想这是互联网金融一个重要的理念和方向。

在财富管理领域之中，互联网、高科技也在扮演非常重要的角色。理财者能够通过互联网更低成本了解理财产品并获得财富管理服务，这样的理财产品需要标准化程度比较高，相对比较容易理解，容易操作。而比较复杂的理财产品，理财服务，财务规划等，还是需要线上线下相结合这样一个方式。

互联网金融在大发展的同时，也面临各种风险，包括信用风险。七年前，宜信创业，在中国做信用，我们讲信用有价值，当时被认为是不可能的。最近一段时间看来这样一种心理门槛被逾越了，我们和其他一些企业取得一定阶段性成果。但是中国现阶段，信用环境还是比较落后，在互联网金融领域仍旧是巨大的一个需要逾越的门槛。如何能够规避好信用风险？如何能够不断加强信贷技术这方面的创新实践？有了海量用户，有了好的渠道，可以推产品，推什么产品？这些产品是不是信用风险方面能过关，我想是重中之重。

互联网金融还需要防范欺诈风险，因为毕竟是新生事物，从业机构反欺诈的能力尚需建立。还有市场风险，我们的市场中也有害群之马，每天都在发生风险事件，如何能够让市场参与各方了解并解决这些害群之马？另外还有流动性风险，如果不能够很好地合法合规运营而产生了期限错配，也会相应地产生流动性风险。

基于这些风险，以及行业的高速发展，一方面讲积极鼓励创新，但是不触碰底线。具体 P2P 领域之中，在过去七年多时间里，有许许多多模式创新，我们要秉承合法合规，利国利民的底线。各种创新是基于利国利民的这样一个大方向，最终法律法规不断完善，最佳实践更加固化并落地。与此同时做好消费者权益保护工作，真正让互联网金融能够惠及大众，实现普惠金融理想。

今天在互联网金融专业委员会的倡导之下，各方把自律工作落到实处，真正做好落地。具体到对 P2P 行业自律和监管来讲，如果能够抓住资金走向这条主线，对于很多合同风险、信用风险、欺诈风险等来讲，就一目了然，是否可以从这些方面重点监控？同样，在其他方面监控是不是也可以有所突破？实现智慧的监管，避免过去一收就死，一放就乱的情况，使互联网金融行业能够长期稳健规范的发展，实现普惠金融。■

互联网金融需要法治化的监管

黄　震

互联网金融持续健康发展需要行业自律

互联网金融2013年的火热程度，大概是没有其他任何一个领域可比。上半年从资本市场互联网金融概念股爆发开始；之后不停地有各种论坛、讨论会、媒体跟进，舆论的热潮甚至赛过了资本市场的热度；现在进入一个产业布局关键阶段，全国各地纷纷推出互联网金融产业园区、基金等。我们相信互联网金融的未来趋势会高潮迭起，一浪高过一浪，即使浪潮有高有低，但是大势所趋，潮流所至，互联网金融一定会改变现有金融业态和生态格局。

互联网金融和其他的正规金融组织到底是什么关系？有人说互联网金融要颠覆传统金融机构，也有人说互联网和传统金融是相互补充的。我认为互联网金融在进入互联网2.0时代的大背景下互联网与金融的共同转型和相互融合，传统金融机构面临转型，一些新型金融机构、准金融机构，如小贷公司、典当公司、担保公司等也面临转型。互联网2.0时代到来，让金融机构加速互联网化，也让互联网快速渗透到金融领域，其实两者是从不同的领域入门，进的是同一个殿堂。互联网与金融的融

作者为中央财经大学教授。

合现在才刚刚开始，经过相互融合和渗透，将来会发现两者共同的基础是交易。许多银行要渗透进入电商平台，民生电商便是银行试图介入电商交易，随着 O2O 的发展，互联网金融将通过线上线下结合，更多渗透到实体产业中去。

互联网金融创新是风起云涌，还是野蛮生长？大家看到各界都在踊跃参与，从 2012 年"三马"合作开始创建众安在线，到 2013 年已是万马奔腾，几乎每一个稍有互联网知识或金融相关的企业，都想搞互联网金融。2013 年以来我至少接到 3 000 多家企业邀请，希望我讲讲怎么样进行企业转型金融做互联网等。应该说互联网金融从我们的网络支付第一枪打响以后，随后的 P2P、众筹等迅速红火，互联网金融在加速发展。

在一片繁荣的背后，互联网金融发展中的有些风险被忽视，甚至有些问题面临爆发。我觉得如果互联网金融的发展只是市场行为，那没关系，但是现在的问题是可能有一些其他的因素在干扰这种市场化的进程。我们一些人在舆论热炒时有一点头脑发热，容易失去理性判断，失去风险意识，这应该引起注意和警惕，我们觉得应该通过社会组织创新协同产业持续健康发展，加强行业自律，防范互联网金融的风险。

互联网金融将迎来黄金十年的发展机遇

关于 P2P 网贷是当下互联网金融领域最热的话题之一，有说法说 P2P 网贷是三无行业，现在人们拿三无说事，但我以前说，P2P 行业的现状与问题是"三有三无四集聚"。确实，现在 P2P 行业问题出在"三无"方面。诚然，这个行业确实现在面临着很多问题，很多人认为没有准入门槛，法律不健全，监管存在一些漏洞，有些企业不规范经营，声称自己打造 P2P 平台，实际上做的并不是 P2P 业务。在这种情况下，如何进行有效的规范和监督，是我们互联网金融行业发展的一个重大考验。但是，互联网金融的发展，更大的前提是"三有"，有巨大的资金供给和巨大融资需求，以及我们这些年民间金融已经发展出一个巨大的第三方服务市场，这"三有"使我们 P2P 行业今后还会有更强劲的发展，可能会产生更多新平台来。因为我国民间资金太多，我们还没有很好引导通道；同时大量小微企业和创业者得不到传统金融机构服务，他们希望借助互联网金融获得服务，这种背景下 P2P 作为第三方中介服务平台一定会继续迅速发展。我们 P2P 行业的交易量从几千亿元发展到超过万亿元，都十分正常。

当然以上这些问题应该放在更大背景下考虑，如果只是就 P2P 谈 P2P，就互联网金融谈互联网金融，一定没有出路。我们要看到今天的这个世界已经发生巨大变化，就是互联网世界的崛起，正像马云所说，不是他厉害，是互联网厉害。平安集团的马明哲先生呼吁大家要做互联网世界的新移民，拥抱互联网世界，这些都是与时俱进的杰出代表。互联网崛起，将颠覆整个传统世界观和方法论，虽然这个过程是渐进的，却是必然的趋势。

2013 年以来，特别是在党的十八届三中全会之后，互联网金融发展让人们看到更大的空间。三中全会决议提出支持金融创新，发展普惠金融，是互联网金融更快、更健康、可持续发展的政治保障。更重要的是，现在互联网技术的支持，互联网生态逐渐形成，信息消费成为一个内需拉动的热点，都会促进互联网金融的发展。

我认为继互联网门户创业、电子商务创业之后，正在出现第三次互联网金融创业热潮，互联网金融可能会迎来黄金十年发展。黄金十年的论断，是基于中国执政周期性和互联网产业发展周期性、规律性。过去从互联网门户，到互联网电商平台，再到互联网金融，每股创业热潮大约有 10 年周期。同时我国和平崛起的历史性战略机遇期依然存在，全球范围内形成了信息化、互联网化、移动化的潮流，中国领先的互联网金融技术将有机会转移和扩展到全球发展。现在我们千人会已经接到海外很多国家和地区的邀请，希望我们介绍中国互联网金融企业跟他们合作，这是巨大的发展机会。

互联网金融今后的发展如何跟实体经济、小微企业等产业相结合，如何与地方金融改革和地方经济转型相结合，是当前各地方政府非常关注的重点。在这一轮互联网金融创业热潮中，我们提出做互联网金融生态链和产业集群等想法之后，许多地方政府伸出橄榄枝，邀请我们过去做交流。现在一些地方提出设立互联网金融产业园，打造互联网产业基地，发起互联网金融基金，还出台补贴优惠政策，支持互联网金融发展，促进地方产业转型。

我相信，正是基于这些地方政府官员看到移动浪潮的到来，移动化、互联网化是一个大势所趋，几乎所有行业将来都要互联网化，接入移动互联网；所有企业都会线上线下相结合开展业务。金融为百业之王，任何一个产业发展到一定程度都要跟金融打交道，很自然就会通过互联网接口进入互联网金融领域。今后所有企业都有可能做互联网金融有关的业务。

在中国什么是大产业？我曾经提出过每个人都有参与机会的产业一定是大产业。为什么手机能成长为这么大产业？因为每个人都可以参与。互联网金融也一样，每个人借助手机都可以参与。在移动互联时代，互联网金融的各种产品和服务最后一定会设法渗透进入到每个人的手机。手机这个名称取得很妙，不是手提电话，而是手机；不光是机器的"机"，更是机会的"机"。当我们使用3G手机、4G手机时，手机就是与互联网世界连接的入口终端。所以，智能手机让每个人都互联网化，每个人都是互联网金融参与者。互联网金融这种大融合，让每个企业和每个人都可以作为参与者的时候，一定会成为大产业。

互联网金融需要法治化的监管方式

互联网金融给我们提供各种可能的便利服务过程中，将会创造和涌现很多新平台，基于互联网的第三方服务市场将形成极为广阔的产业生态链群。在各种交易和服务普遍发生的时候，一定会发生更多的法律问题。初步加以分析，互联网金融至少面临十大法律风险。第一是所有交易结构和设计合同，合同法律风险控制是经营者几乎每天都要处理的事情。第二是基于互联网上我们可能要注册用户，我们的个人的材料提交等个人隐私，在互联网金融时代的保护面临风险，一旦泄露将是大问题。第三是信息安全、网络安全，在互联网环境下随时面临考验。第四是交易过程中的保障措施如提供担保或保证等，就会形成连带责任风险。第五是 P2P 平台很多没有自己支付工具，所以他们通过走第三方支付合作，支付结算有巨大风险。有的平台在这个基础上，把客户资金转移到自己的账户里面，就形成可能出现资金池。第六是作为一个网站，工信部门要求备案管理。第七是互联网金融经营主体注册作为公司，公司可能出现经营风险。第八，税收是我们当前中国所有企业都可能要面对的风险，据说几乎大多数企业都有两本账，互联网的交易，比如说贷款收益是不是交税等问题，山东已经制定民间借贷税收办法。第九是还有诉讼法律风险，与客户打交道过程中产生利益冲突，可能更多，一旦没有采取很好的协调机制诉讼也可能会增多。第十是刑事法律风险，集资诈骗罪、非法集资等，这些法律风险控制是互联网金融发展必须解决的重要问题。

在当前出现数十家网贷平台倒闭跑路的背景下，很多人呼吁，要制定新法律，要设立新机构，加强对互联网金融的监管。是否应该立新法、设新机构，我认为应该进行一些评估之后判断。但至少应该考虑三个现有基础：第一在现有法律框架内来考虑是否有法律法规可以依据？第二要考虑在现有的职权范围中是否可以进行监督管理？第三现有技术条件下是否可能找到解决方案？

有人说互联网金融是新业态、新模式、新组织，没有主管机构所以没有办法管理等。其实，没有主管机构只是互联网金融中的部分行业，像我们第三方支付已经有央行进行牌照管理，传统金融机构开展互联网金融化业务，都是可以由监管机构进行管理的。现在发挥双重金融管理体制及其协调机制，就可以把互联网金融企业的业务进行有效地监督管理，特别是互联网金融可能会推动出现一个综合统筹的监管机制，因为互联网金融时代一个账户下可能有多个金融机构的多种金融产品，将来不再是分业经营，而是综合经营，也不再是机构监管，而是功能监管。

央行牵头的金融监管协调机制就是顺应这个潮流做出的调整。在央行管不到的地方怎么办？需要智慧处理这个问题，地方政府对于风险兜底处理处置责任，发生群体性事件，或者发生风险事件，谁家孩子谁抱走，由地方解决，让地方政府有一定管理金融权限和办法。再就是一些地方现在纷纷设立了行业协会，对于金融企业也进行一个联动、协调和指导，这是现有监管体制之下，有办法进行监督管理。当然，目前为止，我认为互联网金融更多的是需要强调规范和自律。

互联网金融行业怎么进行规范？从企业自律规范开始。第一，互联网金融企业设计交易流程、交易结构，就应该确立规范，制定标准。第二，企业跟客户之间必须签订比较规范的协议，通过契约形成规范。第三，行业自律，行业共同制定公约，由行业协会发布公约性内容，但是公约要有考核和认证才更加有规范效力。第四，社会监督，舆论监督和服务规范。

现有管理体系能否对互联网金融进行管理？回答应该是肯定的，现有行政管理机构可以对互联网金融企业进行管理，如工商管理部门可以对企业名字注册审核，年检功能，工信部门对网站备案管理，还有金融监管部门实行接口管理，对 P2P 行业的银行账户、征信查询都是管理接口，作为接口管理规范 P2P 业务。公安部门可以立案侦查，最后一道防线是司法和审判。司法机关可以通过司法解释对一些法律规则适用进行规范，目前我们很多案子没有得到及时的立案处理，导致人们对司法失去信心，所以需要重建司法权威来保障互联网金融发展生态环境。

这里不妨看一下美国的经验，美国 Lending Club 开始也是没有主管机构，美国证监会出来表示要监管，Lending Club 聘请律师团与证监会谈判，优先获得机构的注册，登记成为证券经纪商。在这之前更多的是在地方政府援引消费者保护、反洗钱犯罪等相关的措施进行监管和要求。

中国 P2P 行业，有人说应该马上管起来。但是这些说法都不现实，因为 P2P 行业发展到底有多少模式并不是很清楚，况且现在法律没有明文授权哪个监管机构进行监管，法无明文授权即是禁止。现在已经有地方政府进行了一些试点，对于包括 P2P、众筹等进行规范和引导，比如说温州民间借贷登记服务中心等，推进民间借贷阳光化、规范化。这些是地方政府对互联网金融创新的探索。

结语：未来互联网金融规范之路

对于未来互联网金融的规范和监督，有如下六点需要重点考虑：

第一，必须坚持以金融消费者包括投资者权利保护为出发点，重构金融监管体系，重新认识和规划互联网金融的发展路径。互联网时代强调"平等、透明、协作、分享"等精神，这一切又是以用户体验和消费者权利为逻辑起点。

第二，互联网时代其实已经出现五大权利的转移。由于互联网的兴起，知情权、交易权、话语权、结社权、表决权已经真正转入消费者手里，消费者的五大权利诉求都可以对应互联网金融的发展过程中，这一方面将来更多深入研究。

第三，互联网金融发展要进行"三线"建设，其一要把握权利界线，其二严守政策红线，其三不碰法律底线，坚守不发生区域性风险，这是对于互联网金融企业和我们应该关注的。

第四，加强行业自律，增强自律的有效性和约束力。互联网金融的行业自律已经谈很多年了，但是怎么样有效进行自律？除了成立自律组织之外，要制定明确的标准和具体的公约以及严格的考核机制，配套措施的可行性是非常关键的因素。

第五，要加强地方政府兜底处理风险事故的责任和能力建设。地方政府建设互联网金融的大数据、云计算平台，对于监测和防范集资诈骗等违法犯罪有着重要的意义，同时通过处置一些风险事件和违法案件，可以惩前毖后。现在一些事件没有得到及时处置，导致跟风者众多，觉得有漏洞可钻。

最后，互联网金融的法治化应该尽量在现有法律框架之内解决问题，不要动不动就提出要立法。立法不是万能的，问题在于我们已有很多现行法律被虚置和空转，没有落到实处，真正厉行法治，就要设法将现有法律资源激活和善用起来。

我相信互联网金融法治化的发展将会推动经济转型和产业升级，这是一个长期的过程，在这个过程中互联网金融将提高整个社会生活和文明智慧的水平。■

第二部分 业务探讨与实践

直销银行经营模式与互联网金融

任海龙

互联网金融具有低交易成本、尊重客户体验、强调交互式营销、主张平台开放等特点，互联网金融的出现，使得传统银行必须在经营模式和业务流程上进行深层次变革，进行大胆创新。近来中国民生银行加快互联网金融的布局，引入了直销银行经营模式。

什么是直销银行？直销银行是互联网时代应运而生的新模式，不发放实体银行卡，客户通过电脑、电子邮件、手机电话等远程渠道获取银行产品和服务。因没有实体网点，员工人数少，所以运营成本低。将节省的运营成本回馈客户是直销银行核心价值。

以德国市场为例，在400多家提供储蓄服务银行当中，约有20家直销银行，直销银行客户数超过千万，市场份额达到8%。大家都知道最著名的直销银行是ING，成立于1999年，没有固定网点，只有十个非常简单的金融产品，截至2013年年底其已经拥有780万客户，金融资产总额突破1 200亿欧元，资产规模名列德国零售商业银行前列。

2013年初，民生银行成立了跨部门规划小组，通过客户需求收集，

作者为民生银行电子银行部总经理。

国内外专家访谈，海外实际考察，国内外同行调研等多种方式对直销银行进行论证，2013 年 7 月民生银行正式成立直销银行部，开始直销银行筹备和建设工作。

民生银行直销银行到底做什么？怎么做？首先民生银行直销客户定位为忙、潮、精等客户。忙、潮客户，适应网络化生活方式，习惯使用网络银行、手机银行；精客户，容易被优惠和免费活动所吸引，有货比三家心态。在服务渠道方面直销银行采用线上自助服务，结合客户互联网使用习惯，提供专属业务网站。与传统服务渠道相比，直销银行服务渠道更加直接，服务内容更加简单，这些渠道是直销银行获取客户的主要方式，我们称为银行自主渠道；同时还将与各类互联网企业紧密合作，吸引客户，称为第三方渠道，2013 年 9 月 16 日，民生银行与阿里巴巴集团在杭州签署战略合作协议，其中直销银行是重点内容之一，后续民生银行将与更多知名互联网企业合作。

在产品设计方面遵循简单的原则，强化客户体验和价格优势，为客户提供简单优惠的存贷汇产品；在客户经营方面，民生银行直销银行搭建客户行为数据平台，围绕客户生命周期和数据进行客户开发维护，在大数据基础上开展精准服务与营销，提升客户满意度。直销银行账户根据客户身份验证方式不同，设置不同的服务功能和服务权限，通过资金在指定账户间划转，实施交易监控等手段，确保资金安全，另外还创新开展视频认证服务，客户上传身份证件，并通过在线视频与民生银行进行远程实时可持续交流，通过实时视频核对身份后方可办理；IT 建设方面直销银行有独立系统，提供更加互联网化的前端，更加灵活的产品，更加丰富的渠道支持。

互联网的高速发展是开展直销银行的前提，利率市场化的加快推进为直销银行发展创造条件。党的十八届三中全会提出加快推进利率市场化，将来直销银行可以为客户提供更高存款利率，更优惠贷款定价，将成本优势转换为价格优势吸引更多用户，利率市场化为直销银行提供了历史发展机遇。

民生银行直销银行是传统银行拥抱互联网的尝试，希望监管部门给予更多指导和支持，鼓励传统银行大胆创新。互联网金融兴起是这个时代发展的必然，将会给整个社会带来深远影响，同时互联网金融发展离不开规范有序的环境，互联网金融专业委员会必将促进传统银行与互联网企业的协作共赢，取长补短，共同为互联网金融健康、快速、有序发展起到促进作用。■

互联网金融的小微之美

高红冰

互联网金融具有小微之美，为什么叫小微之美？基于实践，我们发现，今天业界热烈讨论的互联网金融，真正的服务主体实际上是在线的小微企业和新一代的消费者。

在线交易为互联网金融开拓发展空间

如图1至图3所示，从2006年到2013年线上线下零售业增长速度比较可以看到：过去五六年时间，零售市场发生重大变化，在线零售增长保持50%~60%甚至100%以上的发展速度，而同期社会消费品零售总额为10%多一点这样的增长速度，在线交易作为新的市场增长点快速崛起。2012年工业消费品面向零售商在线批发也呈高速增长，整体消费品批发的增长速度为5.5%，而电子商务消费品批发的增长速度约为80%。金融要为实体经济服务，金融的本质是为经济活动筹措资金。因此，我们首先要看到经济形态的变化，这应该是讨论互联网金融的重要前提。

2013年，中国成为全球第一大网络零售市场，第一次超越美国市场。2013年年初，《经济学人》封面报道了"阿里巴巴现象"，阿里巴

作者为阿里巴巴集团副总裁。

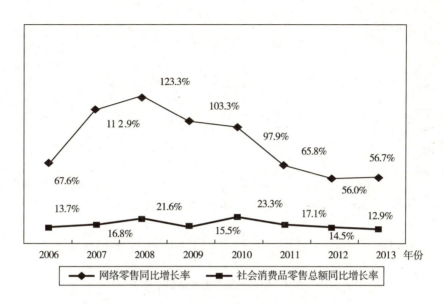

资料来源：国家统计局、中国商务部、艾瑞咨询、易观咨询、阿里研究中心分析。

图1　2006—2013年线上线下零售增长率比较

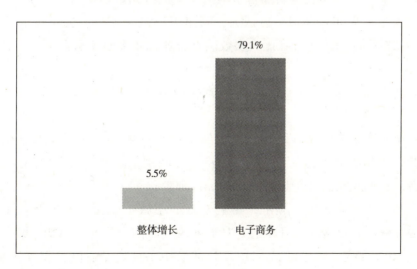

资料来源：商务部流通发展司中国商业统计学会。

图2　2012年中国工业消费品批发增长

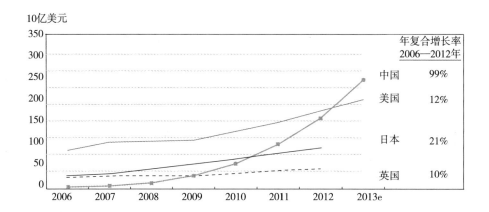

资料来源:中国商务部、艾瑞咨询、易观咨询 \ U. S. Census Bureau \ Forresler Research \ ME-
TI、阿里研究中心分析。

图3 中美日英四国网络零售规模

巴大淘宝平台交易规模第一次超过美国两家最大电子商务平台亚马逊、
eBay 的总和,表明在网络零售市场上,中国开始超越美国。哈佛大学中
国商业专家 William Kirby 也认为,阿里巴巴是一家具有变革性的公司,
是一家对中国的经济贡献比大多数国有企业都要多的民营企业。

新经济、新主体,需要全新的金融服务

电子商务对经济形态正在产生实质性的影响,在这一发展进程中,
小微企业和消费者成为了互联网经济、互联网金融产生及发展的主要推
动者。我们观察到几个显著变化的经济现象:

第一,互联网平台经济,为上千万的小微企业和个人创业者赋能,
使之能够实现创业和就业梦想,从而实现互联网时代的中国梦。据估算,
截至 2012 年底,阿里巴巴 B2B 平台涉及中小企业专业电子商务从业人
员已达到 1 520 万人;淘宝网创造的直接就业岗位达到 392.1 万个,间接
就业岗位达到 1 109.6 万个。一个能够创造成千上万个就业机会,为小
微企业和个人创业者服务的网络经济平台,它的商业价值和社会经济价

值是空前的，也是史无前例的，它是中国经济高速发展的成果。

第二，小微企业和创业者，成为开辟在线交易新空间的经济主体。阿里巴巴平台上汇聚和培育了上千万家小微企业，他们是实现中国网络零售上万亿元的主体。互联网帮助这些小微企业和创业者实现了他们的创业梦想，他们正在成为我国经济增长、就业、税收和社会发展的主力军。调研发现，97%的淘宝卖家只有5个人以下规模，95%的卖家初期投入在3万元以内，这类小微企业很小很小，他们很难获得传统银行机构的金融服务。如果今天他们能得到更好的金融服务，他们成长、起飞的步伐将会更快。如何为这些小微企业，特别是在线的小微企业提供金融服务，成为互联网时代金融服务的新课题。

第三，电子商务扩大消费，在边缘创造了巨大的消费增量。麦肯锡近期有项研究报告得出了一个结论，电子商务的存在和发展带来了39%的新增消费，甚至在三、四线城市带来了57%的新增消费。这个结论很容易理解，北京、上海、广州一线城市很容易在线下就可以购买到丰富的商品，可是三、四线城市就没有这样的便利了。而网络经济的好处是，只要能上网的地方，快递能到达的地方，人人都能平等拥有购买丰富商品的权利。在网络经济环境下，由于实现了信息高度匹配，供需匹配，激发了人们的消费需求，这就是今天中国网络交易市场的一个主要特点。网络交易市场中大量聚合的上千万家的小微企业，加在一起超过了任何的线下连锁业态，原来由于线下商业不发达，一系列原因导致整个中国的消费被压抑了，而网络经济释放了这个潜力，所以新增消费涌现出来。

第四，互联网已经成为经济的基础设施，消费者主权也在逐渐回归。电子商务的发展，改善了传统零售业、批发业发展的生态，推动了传统产业的转型升级，也推动了互联网金融的蓬勃发展。种种变革都是源自互联网，互联网已经成为社会的基础设施，同时商业也在发生重大转型，互联网技术革命和商业革命两大引擎叠加在一起，整个商业和经济业态随之发生重大转变。在过去工业经济时代，早期制造商主导，商品供不应求。后来商品足够丰富之后，进入了大众营销时代，变成了渠道商主导。但今天通过互联网，我们进入了消费者时代，在淘宝平台上看不到零售商能够垄断市场的任何可能，因为有几百万家网商同时在竞争，互联网把主权交还给了消费者。同时，互联网时代多品种、小批量、个性化变成主流，消费需求能通过互联网产生聚合，消费者主权回来了，这个时候我们看到互联网金融需要去服务的新业态，就是要服务小批量、多品种、个性化的零售商、批发商、制造商，这些都是网络经济时代的新主体，这些主体反过来也会推动传统制造业的转型升级。

第五，以互联网为中心的新一代消费者，正在推动生活方式的巨大改变。今天新一代人群的消费行为、消费过程、消费入口，甚至是消费者自身，对于企业而言都正在变成"熟悉的陌生人"。被信息技术高度赋能的消费者，其角色、行为和力量正在发生根本性的变化：从孤陋寡闻到见多识广；从分散孤立到相互连接；从消极被动到积极参与。今天的企业必须要"看得见、看得懂、学得会、跟得上"消费者的这些变化，并逐步学习如何利用互联网、云计算和大数据，面向海量消费者去提供个性化的产品和服务，这样才能真正实现"以消费者为中心"的愿景。

在可以预见的未来，互联网会将工业经济的主要部门：传媒业、零售业、物流业、制造业、金融业……全部碎片化、网络化、在线化。我们发现，互联网最先改造的是广告传媒业，接下来是零售业，2012年网络零售额是1.3万亿元，占到整个社会商品零售额的约6%，2013年网络零售额大概为1.8万亿元，将占到整个社会商品零售额的8%。总的来看，互联网对工业时代商业体系的改造，先从传媒业、零售业开始，再进入批发业，然后逐步向上下游渗透，最后整个经济活动，都会迁移至互联网，并完成流程再造，最终形成全社会范围的协同价值网络。

以创新金融服务支持小微企业

为了理解这个领域的变革与创新，我举几个案例：

支付宝：核心是信用制度创新

支付宝是从解决线上支付瓶颈入手，进入互联网金融领域。国内做生意，先给钱不发货，或是先发货不给钱，怎么办？永远扯不清，国内缺乏一种信用环境。所以在线下一般都是"一手交钱、一手交货"，但放到线上，如果还是"一手交钱、一手交货"，那么电子商务永远无法做大。支付宝创新性地做了担保支付，打开了在线交易的大门，让那些没有见面的陌生人很方便地进行交易，解决了电子商务交易中的信任问题。2013 年"双十一"支付宝产生了 1.88 亿次的交易，淘宝和天猫上支付宝交易额达到 350 亿元，靠的是什么，靠的是信任，这种信任源自担保交易。支付宝的担保交易让数百万诚信的小微网商发展壮大，已经成为中国新经济、新金融制度创新的范例。

支付宝通过与 200 多家金融机构紧密合作，服务于传统银行网点不能覆盖的在线小微企业和新的消费群体，形成了开放的支付清算网络。支付宝日交易笔数峰值突破 1.88 亿笔，约 80% 来自网银和银行卡快捷渠道，即 1.5 亿笔，2013 年的支付宝交易笔数将有望超过线下刷卡交易笔数，交易金额平均不到 300 元，为线下刷卡金额的 10% 到 20%，极大地满足了在线小微企业和消费者的支付需求。这些支付需求如果由传统银行来承担的话，要至少增加数十万银行柜台，数千亿元的运营成本，同时还面临着排队难、找零难等诸多问题。在这个领域，支付宝和银行通过高效的合作，节省成本、提高效率，缓解了服务压力，更好地为小微企业和消费者提供了服务。

阿里金融（也称阿里小贷）：以大数据支撑的小企业金融服务

阿里金融通过互联网数据化运营模式，为阿里巴巴、淘宝网、天猫网等电子商务平台上的小微企业、个人创业者提供可持续性的、普惠制的金融服务，向这些无法在传统金融渠道获得贷款的弱势群体提供"金额小、期限短、随借随还"的纯信用小额贷款服务。现有银行机构信用评估机制、风险评估机制难以满足海量的小微企业的融资需求，而阿里金融基于淘宝、天猫、支付宝等形成的庞大客户资源和数据，用云计算平台进行大数据挖掘，以实现对客户信用和还款能力的准确实时把控，为小微企业和网商提供了较好的融资服务。截至 2013 年 10 月末，阿里金融投入贷款总额已超过 1 300 亿元，累计贷款客户 53 万家，户均贷款额度 3 万元，不良率不到 1%，贷款额度远远低于传统银行，而不良率也远远低于普通小贷公司。

余额宝：一个有互联网味道的金融产品

余额宝是一个货币基金产品，这个货币基金产品稍微有点不一样：申购方便、流动性仅次于现金（T＋0 机制），没有最低申购额要求（一元钱也可以购买），同时支付宝实名认证用户不需要额外提供任何信息即能购买。余额宝这个产品充分体现了以消费者为中心的思想，体现了互联网人人平等的思想。这样"屌丝"也能参与理财，几十元、几百元的支付宝余额放到余额宝中，每天就能产生收益。经过 5 个月左右的发展，截至 11 月 14 日，余额宝用户数近 3 000 万，基金规模突破 1 000 亿元，成为国内基金史上首只规模突破千亿元关口的基金，同时在全球货币基金中排名第 51 位。

小微之美的背后

最后，我分享两点感受：

用户是根本——把简单留给用户，把复杂留给自己。在用户安全使用支付宝、余额宝等互联网金融产品的时候，阿里通过完善的风控保障机制确保安全，平均资损率约为十万分之一。以消费者为例，支付宝提供五级风险防控体系：终端环境保护、用户认证、隐私保护、账户保护、交易保护。同时推出了用户保障计划：你敢用、我敢赔，提供快捷支付补偿、余额宝补偿、小额急速补偿和余额补偿等多种消费者保障手段。

技术是保障——满足互联网时代海量金融交易需求。仅以云计算为例：2013 年 5 月 17 日，阿里集团最后一台 IBM 小型机在支付宝下线，紧接着不久，阿里云实现了单个集群 5 000 个节点的规模，单个集群可处理 15 万并发任务数。2013 年"双十一"，支付宝全天 1.88 亿笔的交易笔数，每分钟交易达 79 万笔，应对自如。同时阿里将云计算能力输入到十几家金融机构，在为这些金融机构节省成本的同时，很好地保障了其后台系统的平稳运行，得到了各合作金融机构的认可和好评。■

互联网金融发展现状、趋势及影响

陶娅娜

互联网金融的定义

目前，互联网金融尚未有统一、明确的定义，业界和学者对其有不同看法。马云（2013）认为，互联网企业从事金融业务的行为称为互联网金融，而传统金融机构利用互联网开展的业务称为金融互联网。谢平、邹传伟（2012）认为互联网金融模式是随着互联网为代表的现代信息科技，特别是移动支付、社交网络、搜索引擎和云计算等的发展，出现的既不同于商业银行间接融资、也不同于资本市场直接融资的第三种金融融资模式。万建华（2012）则认为，互联网金融不仅仅是融资，还包括支付和各类金融产品，互联网金融应定义为第三种金融模式。更准确地表述应该是互联网金融是信息时代的一种金融模式。林采宜（2013）认为，互联网金融只是金融服务的提供方式和获取方式发生改变，是直接融资和间接融资在互联网上的延伸，而非直接融资和间接融资之外的第三种金融模式。

但从根本上说，互联网金融是传统金融行业与以互联网为代表的现代信息科技，特别是搜索引擎、移动支付、云计算、社交网络和数据挖

作者单位：中国人民银行营业管理部金融研究处。

掘等相结合产生的新兴领域，是借助于互联网技术、移动通信技术实现资金融通、支付和信息中介等业务的新兴金融模式。不论互联网金融还是金融互联网，只是战略上的分类，没有严格的定义区分，互联网金融已泛指一切通过互联网技术来实现资金融通的行为。互联网金融目前的发展模式主要包括第三方支付、P2P 小额信贷（peer to peer lending）、众筹融资（crowdfunding）、互联网货币（如比特币、Q 币等）、电商金融以及其他网络金融服务平台等。

互联网金融发展概况及未来发展趋势

国外互联网金融发展概况

一是第三方支付日益成熟，移动支付逐步替代传统支付。自 1996 年全球第一家第三方支付公司在美国诞生以来，以第三方支付和移动支付为代表的互联网支付方式取得了较快的发展，涉及的交易金额和交易范围迅速扩大。肯尼亚手机支付汇款业务就已超过其国内所有金融机构的总和，并延伸到了贷款的金融服务。

二是 P2P 平台衍生多种模式，部分替代银行信用中介功能。P2P 是一种个人对个人的网络直接信贷模式，自 2005 年首家互联网 P2P 公司 Zopa 在英国上线以来，P2P 贷款部分替代了商业银行信用中介职能，大幅降低了借贷双方信息不对称及交易成本。总体来看，国外 P2P 借贷平台普遍只作为中介型机构存在，除提供相关服务并收取费用外，不在借贷过程中形成独立的利益关系。

三是众筹融资爆发式增长，逐步走向合法化与规范化。众筹融资是通过网络实现天使投资、创业投资和创业者撮合的融资平台，起源于 2009 年美国的创业众筹网站 Kickstarter，其经营模式是用捐赠资助或是预购产品的形式为中小企业或者小微企业在线募集资金。据 Massolution 公司研报显示，2009 年全球众筹融资额仅 5.3 亿美元，预计 2013 年全球众筹融资规模将达 32 亿美元。2012 年 4 月美国奥巴马政府签署了《促进初创企业融资法案》（Jumpstart Our Business Startups Act，JOBS Act），增加了对众筹的豁免条款，为创业公司通过众筹方式向一般公众进行股权融资提供了法律依据，进一步拓宽了投资者和创业者的募资渠道，众筹模式逐步趋于合法化、规范化。

国内互联网金融发展概况

20世纪90年代中期以来，随着互联网信息技术的发展普及，银行业互联网程度不断加深，各家银行纷纷推出网上银行、手机银行等电子银行业务，我国逐步跨入互联网金融时代。

2000年，第三方支付异军突起，很大程度上解决了互联网交易中的资金安全和资金流动问题，使网络支付在整体支付业务中的地位越来越引人注目。2010年中国人民银行发布《非金融机构支付服务管理办法》以及2011年非金融机构支付业务许可证的颁发，把第三方支付企业扩展为从事资金转移服务的各类支付企业。至2013年末，获得第三方支付牌照的企业已达250家。

得益于国内个人经营消费贷款以及个人投资理财的庞大市场需求，互联网金融逐步涉入信贷领域，2007年6月，首家P2P网络信用平台拍拍贷成立以来，我国P2P网络信贷行业增长迅速。据统计①，2013年，我国共出现约800家P2P网站，贷款存量268亿元，P2P行业总成交量1 058亿元。

2011年7月，众筹融资在我国刚刚起步，目前规模较小。现阶段我国众筹融资模式大致分为凭证式、会籍式、天使式三类，其中凭证式众筹具有圈子的性质，一般通过熟人融资，出资人不成为股东；会籍式投资者则成为被投资企业的股东，前两者均带有公益性质；而天使式则有明确的财务回报要求。但由于缺乏有效的监督和执行机制，我国众筹融

---

① 网贷之家。

资在资金使用、投资回报等方面欠缺规范；同时受《证券法》约束①，众筹网站上的所有项目不能以股权或是资金作为回报，项目发起人更不能向支持者许诺任何资金上的收益，而必须是以实物、服务或者媒体内容等作为回报。

此外，部分电子商务企业也开始涉足金融领域，以京东商城、阿里巴巴等为代表的电商系企业，依托其掌握的交易数据和信用信息优势，在互联网数据开发的基础上进一步加速挖掘金融业务的商业附加值，搭建出的不同于银行传统模式的业务平台，为小微企业提供可持续性的小额贷款，开启了小微企业金融服务新模式。各保险集团、基金公司也不断加强与平台公司的合作，保险、基金行业渠道电商化，保险、基金直销及第三方销售网站快速发展。

互联网金融四个重要发展趋势

一是互联网金融格局将呈现横向综合化与纵向专业化交错的矩阵结构。互联网金融的发展使金融业的分工和专业化被大大淡化，市场参与者更为广泛。未来互联网金融业态将呈现横向资源整合和纵向专业化经营并行的局面，一方面按照金融业务产品化、金融产品标准化、金融机构电商化，打造综合化、全能化、一站式的金融业务平台，形成规模化效应；另一方面凭借便捷、个性化、定制化的服务，形成以支付、结算、托管、评级、担保等专业化服务为核心的纵向一体化发展趋势。

二是第三方支付和移动支付逐步替代传统支付业务（如银行汇款、信用卡），移动化与"自金融"成为主要发展方向。随着移动通讯设备的渗透率超过正规金融机构的网点及自助设备，移动支付发展态势迅猛。据美国市场研究机构高德纳（Gartner Group）估计，2012—2017 年，全

---

① 《证券法》第十条：公开发行证券，必须符合法律、行政法规规定的条件，并依法报经国务院证券监督管理机构或者国务院授权的部门核准；未经依法核准，任何单位和个人不得公开发行证券。有下列情形之一的，为公开发行：（一）向不特定对象发行证券的；（二）向特定对象发行证券累计超过二百人的；（三）法律、行政法规规定的其他发行行为。

球移动交易总量和价值年平均增长率将达 35%，到 2017 年，预计市场规模将达 7 210 亿美元，用户数将超过 4.5 亿，互联网支付方式对传统支付方式的替代愈发明显。

三是 P2P 网络信贷市场空间巨大，将逐步替代部分传统存贷款业务。从全球发展趋势看，P2P 模式在解决银行信息不对称和成本难题方面提供了一种较为有效的途径，为中小微企业和低收入群体提供了方便快捷的金融服务，进一步提高了金融普惠性。随着行业模式的认可度日益提升及监管的逐步规范，P2P 网络信贷未来将逐步替代部分传统存贷款业务。2012 年 12 月，英国财政部对 P2P 行业表示认可，宣布将进行监管，鼓励人们信任这个行业，以促进其发展①。据悉，到 2014 年，英国有望实现相关立法，届时，Zopa 等 P2P 网贷机构将成为英国官方认可的正牌金融机构。此外，大量风险投资看好 P2P 行业并纷纷注资，为 P2P 发展提供了有力后盾。从我国情况看，由于绝大多数中小微企业仍无法通过直接融资方式获取资金，间接融资渠道资金成本偏高且存在较高的隐性进入门槛，中小微企业融资难问题尚未得到有效解决；而从资金供给方看，投资渠道匮乏使低利率与高储蓄率长期并存，数以万亿计的资金在寻求相对安全和高收益的投资渠道，这种资金需求旺盛而供给不足的矛盾，为我国 P2P 网络信贷发展提供了广阔的市场空间。随着我国信用体系建设的持续完善和行业监管的逐步加强、客户互联网使用习惯的成熟和 P2P 平台自身实力的加强，借贷流程将趋于透明化、规范化，进一步带动 P2P 行业健康发展。

四是众筹融资将替代部分传统证券业务，但国内外发展模式存在差异。美国 JOBS 法案的通过，使众筹融资替代部分传统证券业务成为可能，未来众筹融资将逐步替代部分传统证券业务。但由于法律体系及监管原则存在差异，我国众筹模式发展不能简单复制美国模式，目前尚不能突破非法集资的底线。2013 年 5 月，证监会已将部分公司利用互联网

---

① 目前，英国政府虽然认可 Zopa 等公司的合法经营，并有一些机构对其进行监管，但金融监管机构尚未将其纳入监管对象范围，主要由于金融法律中还没有对这类新兴行业做出具体规定。由于没有权威的监管机构，网贷公司无法赢得广泛信任。

平台擅自向公众转让股权、成立私募基金等行为定性为一种新型的非法证券活动。

互联网金融的影响

对传统金融的影响

互联网金融从诞生到呈业态发展，对传统金融业已经形成了相互博弈、相互融合、共同发展的态势，成为金融体系的有益补充。

一是互联网金融和传统金融加速融合。一方面，传统金融机构不断加强信息化建设，借力互联网平台形成新的营销渠道、业务整合平台、产品服务平台、风险控制平台等，不断拓展客户规模、精准客户匹配、提升资源适配、加强风险管控、降低运营成本。另一方面，互联网企业借助与金融机构的合作，利用金融机构产品丰富、资金实力雄厚、认知和诚信度高等优势，不断提升跨领域经营能力。

二是互联网金融和传统金融相互博弈。互联网金融目前已从单纯的支付业务向转账汇款、跨境结算、小额信贷、现金管理、资产管理、供应链金融、基金保险代销等传统金融业务领域渗透，倒逼传统金融机构转变业务发展模式、运营管理模式、产品服务模式、风险管控模式，提升金融服务水平。尤其在传统金融服务存在供应不足的个人和中小微企业贷款等领域，互联网金融正逐步拓展市场空间，为发展农村金融、社区金融、普惠金融提供了新的路径。

对货币政策有效性的影响

互联网金融的不断发展使人们的交易和支付方式发生潜移默化的变化。作为一种便捷高效的支付手段，互联网货币提高了资金融通效率，并在一定领域内执行了货币的价值尺度和流通手段职能，代表着货币形态的变化，它改变了货币供给结构，模糊了各层次货币间的界限，进一步加大了货币层次划分的难度。同时，由于互联网货币的发行由互联网服务商自行决定，无对外公开的数据，目前央行还无法准确掌握互联网货币的流通、发行规模等情况，而互联网货币的发行会通过替代流通中的现金和存款、降低存款准备金余额使货币乘数显著加大，增加中央银行调控货币供给的难度，影响货币政策有效性。

对金融监管的影响

一是互联网金融导致不同金融机构之间、金融机构与非金融机构之间的界限趋于模糊，金融业务综合化的发展趋势不断加强，金融工具和融资形式日益多样化复杂化，风险跨机构、跨市场、跨时空关联和交叉感染的可能性显著上升，金融风险扩散速度加快，在现行"分业经营、分业监管"体制下，金融监管难度大大增加。二是互联网金融交易的虚拟性使金融业务突破了时间和地域的限制，交易对象的广泛性和不确定性使交易过程更加不透明，资金的真实来源和去向很难辨别，大量无纸化交易给监管机构进行稽核审查带来困难。三是互联网金融处于互联网、金融、科技以及通讯多个行业的交叉领域，现有金融监管法规体系尚无法完全覆盖，滞后于互联网金融创新发展，存在一定的监管缺位。四是互联网金融违法犯罪日益增加，利用互联网进行洗钱、套现、赌博、欺诈等非法活动的案件比例逐年攀升。

对金融消费者权益保护的影响

互联网金融作为金融模式的创新，其金融交易内在的复杂多样和专业性仍然存在，再与技术密集的互联网行业结合在一起，进一步加大了金融消费者准确理解和掌握互联网金融产品和服务的难度。而目前我国社会信用体系尚不完善，对于金融消费者教育和网络交易安全性方面的知识普及力度还不够，金融消费者风险防范意识、网络安全意识和自我保护能力较弱，个人信息泄露、被不法分子以钓鱼网站骗取钱财、被植入木马病毒获取账户密码、支付数据被篡改等风险也日益暴露，金融消费者权益保护工作任重道远。

政策建议

健全互联网金融法律法规框架

一是加强互联网金融发展研究，跟踪国内外互联网金融发展动态，充分认识和合理评估互联网金融发展的特点及潜在影响。二是加快互联网金融相关法律法规体系建设，制定或完善与互联网金融相关的知识产权保护、消费者权益保护、网络征信管理、金融监管、公平竞争等方面的立法，严厉打击借助互联网平台进行的欺诈、赌博、非法避税、洗钱以及其他金融违法犯罪活动；加强跨国法律适用与司法管辖权的国际合作与协调，努力营造权责分明、法理明确的互联网金融市场。

完善互联网金融监管

一是科学合理把握互联网金融创新风险容忍度，既要充分尊重互联网金融发展的自身规律和互联网从业人员、金融从业人员的创新精神，为互联网金融发展创新提供空间；又要坚决守住风险底线，确保监管到位，促进互联网金融健康有序发展。二是着重加强对互联网金融市场准入、市场竞争、服务真实性、系统安全等方面的监管，建议将互联网金融纳入工信部 ICP 网站备案系统进行监控，要求互联网金融企业在向有关政府部门申请 ICP 时，应如实登记所涉及金融业务的种类，并建立充分的信息披露和风险提示；制定行业准入标准，确保从事互联网金融业务的机构具备足够的资本金和资本补充机制；对互联网金融的系统安全进行实时动态监测，要求互联网金融业务机构应重点保障网上交易安全，从技术上、法律上保证在交易过程中能够实现身份真实性、信息私密性、信息完整性和信息不可否认性，并确保从事互联网金融业务的机构具备必要的风险预警、甄别和管控能力。三是完善金融宏观调控手段，加强对互联网货币的预警和监测，进一步优化流动性管理。四是加强互联网金融监管协调，避免各部门监管规则、监管行动、监管力度不一致导致监管套利、监管重叠和监管空白。

加强互联网金融行业自律及对金融消费者的教育和保护

一是积极发挥行业协会在推动互联网金融行业发展及自律规范方面的作用。行业协会的成立，一方面可以整合互联网金融行业发展资源，加强企业间的沟通交流，实现优势互补、合作共赢、协同创新、规范自律；另一方面可以加强与金融监管部门和相关主管部门的对接交流，研究互联网金融行业发展规律，推动制定互联网金融行业发展规则和标准，引导行业健康规范发展。二是完善对互联网金融消费者的教育和保护，提高消费者风险意识和自我保护能力，畅通互联网金融消费的投诉受理渠道。■

参考文献

1. 刘爱萍. 如何促进互联网金融规范发展 [N]. 光明日报，2013 - 07 - 29.

2. 马云. 金融行业需要搅局者 [N]. 人民日报，2013 - 06 - 21.

3. 秦成德，麻元元，赵青等. 网络金融 [M]. 北京：电子工业出版社，2012.

4. 上海新金融研究院. 新金融评论 [M]. 北京：中国金融出版社，2012 (1).

5. 王春梅，王丽娟，徐英. 刘士余对话王建宙：当金融遇到互联网 [J]. 财经国家周刊 [J]. 2013 (16).

6. 王倩. 网络经济时代的货币理论 [M]. 北京：人民出版社，2009.

7. 温信祥. 互联网金融的中国道路 [N]. 证券时报，2013 - 08 - 14.

8. 谢平，邹传伟. 互联网金融模式研究 [J]. 金融研究，2012 (12).

9. 杨涛. 互联网金融挑战大财富管理 [N]. 上海证券报，2013 - 07 - 23.

10. 曾刚. 积极关注互联网金融的特点及发展——基于货币金融理论视角 [J]. 银行家，2012 (11).

11. 曾志耕. 网络金融风险及监管 [M]. 成都：西南财经大学出版社，2006.

12. 郑重. 互联网金融的风险管理与协调 [N]. 金融时报，2012 - 10 - 22.

浅析互联网金融对传统商业银行风险管理的新挑战与应对

陈 俏 王晓笙 左爵希

商业银行是以信用为基础，以经营货币借贷和结算业务为主的高负债高风险行业。人们常说"承担和管理风险是银行最重要的经济职能，也是银行存在的根本原因"，风险管理能力是金融企业的核心竞争能力。随着现代金融业的不断发展，银行所面临的风险对象与性质早已超出了最初的内涵，银行风险管理理念和技术也不断深化提升。尤其是近几年来，在技术创新和商业模式创新的驱动下，互联网金融服务快速发展。一方面是商业银行自身通过互联网向客户提供综合性金融服务，另一方面是互联网企业凭借快速创新与良好客户体验逐步向金融领域渗透的一系列市场举措，从网络支付到小额信贷、供应链金融、资产管理等领域，给传统商业银行带来了极大的"脱媒压力"。

互联网金融给银行竞争格局、经营模式等带来了巨变，对银行风险管理理念与方式也形成了巨大冲击。互联网时代，传统金融服务的风险管理究竟面临哪些变化？银行应该如何应对？围绕这些问题，我们开展了一些探索与分析。

作者单位：中国银行电子银行部。

传统商业银行风险管理的特点

商业银行风险是指银行在经营活动中由于各种不确定因素的存在而招致损失的可能性，其来源包括来自国内、国际政治经济环境的宏观因素，也包括同业竞争、利率、汇率、金融创新，以及银行自身内部经营管理等微观因素。风险管理是指进行风险识别、风险估测、风险评价、风险控制以减少风险负面影响的决策及行动过程，风险管理的总体原则是以最小的风险获得最大的收益。根据《巴塞尔新资本协议》全面风险监管的理念，国际上商业银行风险管理的内容已逐步扩大到了信用风险、市场风险和操作风险的各种因素，基本涵盖了现阶段银行业经营所面临的风险，并在风险识别、计量和控制上采用了多种方法。

根据国际、国内对于银行业的监管要求，我国商业银行经过数十年的发展建设，在风险管理方面已取得了一定的经验和成就，目前各家商业银行基本上都建立了风险管理的组织架构，实行了包括信用风险、市场风险、操作风险、流动性风险在内，贯穿风险识别、计量、监测、控制、处置、补偿全过程的风险管理。但由于我国商业银行风险管理起步较晚，同时受制于国内法律、征信体系现状，目前我国商业银行风险管理呈现出以下特点：

全面风险管理的机制尚待完善

随着金融业的不断发展，银行风险管理对象已经从最初单一的信贷产生的信用风险演变为包括信用风险、市场风险、操作风险等在内的多类型风险。但在长期经营中，银行风险管理仍以信用风险管理为主，对于市场风险、操作风险管理的投入与重视相对不足。

"风险—收益匹配"的风险管理认识仍需加强

我国商业银行的风险管理意识已逐步提升，但在实际业务操作中，还是会出现把风险管理摆在业务发展的对立面的现象，采取的风险管控措施往往影响客户体验与实际可操作性，从而造成了风险控制与业务发展、客户体验存在一定的冲突和矛盾的局面。

风险量化及技术管理手段需进一步丰富

由于银行自身以及社会基础的信息系统建设滞后，我国商业银行风险量化能力相对偏低，往往只能更多依赖于定性分析；在具体的风险管控手段上，由于 IT 技术能力相对不足，很多关键环节的风险控制依靠人工干预控制。而不少大型支付平台已经基于强大的数据分析处理，建立了实时性较强的事中监控系统。

互联网金融的特点及其对商业银行风险管理提出的挑战

互联网的开放性及生态圈发展模式提高了风控复杂性

开放与共享是互联网的最本质特征，信息技术的粘合作用使互联网金融产业链变得复杂、利益相关方增多，银行单靠自身求得生存发展愈加艰难，这促使银行不得不从相对封闭的业务经营管理模式向聚合了银行、互联网公司、商户、IT 服务公司等多方的互联网金融生态圈模式的根本性转变。以支付宝推出的"余额宝"为例，支付宝借助与货币基金公司的跨界合作，实现"余额宝"账户资金流动性等同于银行活期存款，但资金收益高于银行活期存款利息回报，此类互联网金融创新正是生态圈概念的典型体现。金融生态系统将成为未来银行竞争的主战场，但也为互联网金融风险防控带来了挑战：一是风险管理范围由银行自身扩大到互联网金融生态圈，二是风险管理对象从传统的线下金融服务向灵活多变的跨平台线上金融服务的转变，三是由于金融生态圈各方面临的监管不对称及整体信用和法律环境的不健全等原因，导致互联网金融创新关联风险防控及协作的复杂性增加。

客户的便捷性需求要求风控意识从"银行主控型"转向"客户体验导向型"

互联网创造了更加便捷高效的生活模式，人们获取信息资源、处理日常事务的主要方式已经发生了深刻改变，客户"自管理"的特征凸显，并对互联网金融服务的丰富、灵活、便捷性提出了更多要求。而传统银行风险管理基本以满足银行自身经营管理需要为出发点，在管理成本、客户体验与效率等方面的考虑相对欠缺，已不能满足互联网金融模式下客户服务需求。以支付宝快捷支付为例，只需在首次签约时验证客户及关联银行卡信息，今后输入支付宝密码和手机校验码即可完成付款交易，对于客户而言十分便捷。针对银行及客户对互联网金融安全与效率目标的双重追求，如何转变风险管控的思路、平衡安全与效率的关系，不仅成为当前对互联网金融风险控制提出的重要挑战，而且关系到巩固和拓展客户关系、增强客户粘性，甚至是决定未来银行竞争的制胜之道。

业务虚拟化的特点对客户身份及交易认证方式提出了创新要求

互联网金融模式下银行更有可能通过非面对面的在线准入方式获得客户，更加适用于互联网的在线虚拟账户及其支付需求也将愈加迫切。例如，支付宝通过支付宝账户实现了虚拟账户在线开通、出入金及支付等一系列虚拟账户体系管理，许多互联网公司的用户登录认证也支持跨平台相互认证的方式。业务虚拟与非面对面特点决定了互联网金融风险管理要求与传统的银行针对真实客户与实体账户的管理要求必然存在较大差异。相对于银行柜面审核客户身份证件及预留印鉴的传统认证方式，互联网金融对客户身份及交易认证方式提出更高的创新性要求：一是如何充分利用新技术和智能化的人机交互方式对认证方式进行创新突破，二是如何针对虚拟化的金融服务设计应用更加便捷有效的认证流程。

大数据应用为银行风险管理提供了新的手段

互联网大数据与云计算技术的日趋成熟，将使互联网金融模式下银行从数据中快速获得有价值信息的能力发生根本性变化，并为银行风险管理提供更多的资源和运用手段。银行要突破主要服务中高端客户的"二八理论"发展模式，进军更加平民化的互联网大众"长尾"市场，服务于更多的中、小、微客户，单靠原有的风险管理手段已远远不能满足效率要求，而大数据应用恰好能为银行风险管理提供更加客观可靠的支持。以信用风险管理为例，在互联网金融到来之前，授信客户信息主要来自线下人工采集，授信获批与否主要靠人工审核干预；互联网金融模式下，阿里巴巴将相关平台上商户和消费者的网上经营、消费行为及信用数据汇集构成可供分析运用的大数据中心，对客户信用进行自动评估，采取"量化放贷"的模式，大大降低了传统信贷尽职调查成本、放贷成本和催收成本。

技术的快速发展对风控技术提出了更高要求

随着宽带传输技术的革命性突破和移动互联网的广泛应用，信息技术进入了跨越式发展的新时代，也对传统金融行业产生了巨大的影响。例如，外汇自动交易即是伴随技术进步应运而生的一种新型外汇投资方式，这种方式通过建立交易策略模型，实现系统自动进行外汇买卖，已在纽约、伦敦等金融市场交易上得到了较大范围的应用，从根本上改变了传统依靠人工盯盘与手动操作的交易模式。与此同时，在互联网金融服务不断发展的过程中，由于网络黑客入侵、互联网新技术应用不及时、基础设施不完备等原因造成的金融交易中断、客户信息与资金损失等事件发生概率将大幅提升，可能给互联网金融参与方带来较大损失。传统银行业务对于互联网技术的依赖性较小，主要依靠业务管理手段满足风险管理要求，而在互联网金融模式下，要积极与技术风险抗衡，除了常规业务管理外，还必须依赖强大的互联网技术、IT系统和基础设施的支持，并以此保护客户信息、资金和交易安全。

商业银行互联网金融的风险管理发展建议

互联网金融公司和银行之间的竞争，是对互联网信息技术应用水平的竞争，也是互联网金融服务与传统金融服务风险管理模式的竞争。商业银行在积极拓展互联网金融业务时，应在风险管理偏好、风险识别与计量、风险控制与缓释等方面推进风险管控思路的创新与变化。

建立以客户为中心、风险与效益平衡的风险管理价值观

转变风险管理思路，培养风险与效益相匹配的风险管理意识。风险与效益是一枚硬币的正反面，彼此不能分离。应转变传统风险管理中逃避承担风险的意识，将风险控制与利润创造作为同等重要的事情，通过对风险的管理与经营，实现风险与效益的平衡，进而获得更大化的收益。

建立以客户为中心的风险管理价值观。衡量风险管理的效益应权衡风险管理的成本与用户体验。互联网金融服务的风险管理成本不仅表现为银行的人力或技术投入，更需要考虑风险控制措施是否增加了客户的使用成本，是否影响了客户的体验。银行应积极学习互联网公司以客户为中心和对客户体验响应极致追求的风险管理价值观，将用户使用和体验成本作为风险成本的重要考量维度，并以此促进业务规模和收益的快速增长，进而覆盖整体业务的风险成本。

同时，在互联网金融产品设计中，银行应加强风险环节的预研和事前控制，将风险控制点内嵌到产品和业务流程设计中，提升整体业务流程风险控制效率，避免"亡羊补牢"式的风险补救思路。

建立以大数据为基础、线上线下相融合的风险识别与计量模式

利用数据优势，构建以数据为核心的风险管理库。客户与经营数据是电子商务时代难以复制的核心竞争力，也是客户风险分析和定制化服务的基础。银行应积极向互联网经营模式渗透，通过电商化的服务积累客户在线交易与行为数据，同时银行可在合乎监管规定和保护金融消费者利益的前提下，与海关、工商、税务和互联网公司等开展数据互换与共享，提升客户数据价值。通过数据收集与分析，建立银行互联网金融合规标准库、风险事件库和全流程风险库，形成互联网金融风险管理工作流，将风险数据收集、整理、更新和检查工作标准化和长期化，为互

联网金融风险管理奠定数据基础。

建立线上线下融合的风险评估与计量模式。以不断完善的线上线下客户数据仓库为基础，银行可进一步运用数据挖掘工具，对客户传统金融交易、网上经营与消费行为等多维度海量数据进行分析，构建全新互联网金融服务风险评估与计量方法。一方面，对客户信用风险评估方式的创新可大大降低传统金融服务中客户信用评估的成本，提升风险和信用违约管理的可靠性，并使得针对分散的小微企业进行"量化放贷"模式成为可能，极大拓展银行在小微融资等利基市场的服务能力；另一方面，以互联网金融风险事件的积累为基础，运用损失分布、打分卡、情景分析等操作风险高级计量方法，持续提高对风险的分析量化及管控应对能力，并逐步建立互联网金融业务风险补偿与拨备机制，通过计提风险准备金、购买保险等形式覆盖业务风险，有效化解由信心危机而引发的信任风险。

加强互联网金融风险动态管理。互联网金融风险类似于病毒，而风险管理体系类似于杀毒软件。随着病毒的不断变形和行为模式的改变，杀毒软件也需要不断更新换代。银行应持续做好风险数据库的更新、风险评估模型的改进等风险动态管理工作，确保风险控制的有效性。

以技术为支撑，实现主动型的风险控制模式

以技术手段创新客户身份识别与验证方式。客户身份识别是传统金融服务开展的基础，也是互联网金融服务风险控制的核心。应进一步运用互联网在线视频、在线联网核查及客户工商、税务、信用数据在线共享等技术，解决传统金融服务中的客户身份识别难题，并实现在线开户及交易流程的突破，最大限度满足客户在线便捷支付和融资等金融需求。同时，随着移动互联网的迅猛发展，应进一步创新与优化身份认证技术，研究适合移动支付的安全认证手段，满足移动支付对交易便捷性和安全性的双重要求。

以客户行为分析为基础建立交易风险事中监控体系。通过引入客户行为与交易分析系统，全面采集客户在线交易数据、积累客户行为信息，研究在线交易筛选的监控规则和模型，实现基于客户行为的风险事中监控体系，并对监控中发现的高风险交易进行事中拦截或加强认证。同时，将在线交易客户行为与传统金融服务客户行为相结合，构建以客户为中心的全面风险评估体系，实现传统渠道与电子渠道相协同的统一风险控制机制。

打造跨界合作的互联网金融业务生态圈，共建互联网金融风险缓释机制

加强客户安全教育。互联网金融服务中客户自主交互的"自管理"特点决定了客户的自我安全意识对提升互联网金融服务安全至关重要。应进一步倡导监管机构、行业协会和互联网金融服务参与方在内的社会各阶层，持续加强网络金融安全知识宣传教育活动，明确告知客户在互联网金融服务中的义务与责任，强化客户的安全防范意识，在全社会打造安全使用网络金融服务的良好氛围。

共建互联网金融业务生态圈。银行应联合互联网金融产业链中的互联网公司、安全厂商等参与方，实现优势资源的有效整合，打造共创、共享、共赢的互联网金融生态圈。通过生态圈的建立，实现产业链业务和技术协作的标准化，形成理性竞争的规范市场，促进互联网金融各参与方的开放与融合，推进各参与方在钓鱼网站共享、案件协查与资金止付等方面的合作，形成生态圈各方共同抵御和缓释风险机制。■

互联网金融还是大数据金融

殷剑峰

一个共同的看法是，自 18 世纪以来，人类经历了三次重大的技术革命：18 世纪中叶到 19 世纪中叶的第一次工业革命、19 世纪中叶到 20 世纪中叶的第二次工业革命和 20 世纪 80 年代末以来的信息技术革命。在前两次技术革命中，通过有形的实物资本积累推动的资本深化进程构成了经济增长的主要动力，而两次革命中全要素生产率的提高实质上也是依附于实物资本积累的"实物资本表现型"技术进步。

信息技术革命的核心技术是计算机技术和基于计算机技术的互联网。然而，在人类生产、贸易和生活方式的改造上，信息技术革命的典型特征是什么呢？现在的互联网似乎也仅仅是第二次工业革命中经济社会"网络化"的延续。换言之，这些技术与之前的技术只是程度差异上的技术进步，而非本质差异上的技术革命。更为关键的是，如果这是一场革命，那么，我们应该观察到单位劳动时间上的产出增长。可是，根据很多研究（例如 Robert Gordon 于 2014 年的文章），过去数十年来生产率的提升远未遵循计算能力指数增长的"摩尔定律"，相反，20 世纪 90 年代以来的单位产出增速实际上要大大慢于第二次工业革命时期。

所以，著名经济学家索洛（Robert Solow ）早在 1987 年就说："我们可以在任何地方观察到计算机革命的发生——除了生产率的统计。"

作者为社科院金融研究所副所长。

与如今 IT 界普遍的技术乐观情绪不同，经济学界看起来更想提出一个冷静的问题：信息技术革命是"革命"吗？

不过，如果将技术发明与技术的普遍运用区别开来，我们或许就能调和一下大家各自不同的情绪。重大的技术革命，按照熊彼特的创新理论，那是一种对社会经济组织管理、生产生活方式的"创造性的毁灭"，即一种从来没有的关于生产要素和生产条件的"新组合"被引进经济社会体系中，从而取代了旧产品、旧方法和旧的组织管理形式。因此，技术革命并非简单的技术发明，而是这种发明在经济中的广泛运用，并最终全面、彻底取代了一切陈旧的东西。对此，在两次完整的"创造性毁灭"、即第一次和第二次工业革命中，我们都可以观察到一个重要的现象：技术的发明与这种技术的广泛运用之间存在着明显的时滞——短则几十年，长则上百年。例如，蒸汽机早在 1698 年就发明出来，但只是从 18 世纪晚期起，蒸汽机才开始在采矿、冶炼、纺织等领域得到广泛应用；德国发明家奥托（Otto）在 1866 年发明了第一台往复活塞式内燃机，1885 年德国工程师本茨（Karl Benz）制造了第一辆有两冲程内燃机的汽车，但以内燃机为动力的汽车直到 20 世纪 20 年代才开始大规模生产。

既然技术的普遍运用要滞后于技术发明本身，那么，以计算机、尤其是互联网为核心技术发明的信息技术革命究竟何时才能在经济、社会发展中引发真正的革命呢？正如第一次工业革命是"机器对人力和畜力的替代"、第二次工业革命是"用机器生产机器"一样，回答这个问题的前提是找到信息技术革命改造人类生产、贸易和生活方式的典型特征——这就是"用数据（data）生产信息（information）和知识（knowledge）"。

现代电子通讯技术和网络（互联网、物联网、移动网络等）与工业革命时期的电报电话技术及经济社会网络存在一个根本性的不同：虽然都是技术进步推动的网络化，但是，前者除了在网络化的程度上远非后者可比之外，更是通过从模拟技术到数字技术的转化，实现了数字化（digitalization）——有人称为"数字革命"（digital revolution）。随着传感技术、存储技术和计算技术的发展，在现代网络中，个人与个人之间、组织和组织之间、物与物乃至物与人之间的所有相互作用都会留下可以存储、处理的数字足迹。这些数据在规模和种类上远远超出了常规技术能够存储和处理的能力，从而被称作所谓的"大数据"。

"大数据"是近几年来才愈发时髦的概念。对此，虽然并无统一的定义，但其特征可以用四个"V"来界定，即数据量大（Volume）、数据处理速度快（Velocity）、数据类型多样（Variety）、数据真实性强（Veracity）的"4V"特征。对于经济金融理论界和实务界来说，对大量（Volume）、实时（Velocity）数据的处理和分析并不陌生，但是，大数据在规模和速度上与以往的数据类型存在量级的差异，且这样的差异在不断扩大，更为不同之处在于数据类型的多样性：大数据需要处理的对象不仅包括传统的结构化数据（如股市交易时间序列、GDP 等），还包括许多非结构化数据（如视频、音频、文本信息等），后者的数据规模和增长速度远高于前者，而且，处理这两类数据的技术和理论都是不一样的。

如同几百年前欧洲人"发现"了新大陆和新大陆上令人垂涎的金矿资源一样，数字革命的结果就是新大陆上的新金矿——大数据。在所有人和物都可能被网络化、并在数字空间留下数字足迹的时代，需要始终记住的一个基本观念是：数据是资产。不过，就像发现一个金矿一样，如果没有挖掘和处理技术，金矿并不能自动生产出黄金。获取大数据的目的首先在于通过分析产生信息，而从数据到信息的过程需要有 IT 技术的支持，这包括：第一，数据存储和查询技术，如分布式文件系统和非关系型数据库；第二，数据处理技术，如以实时处理海量、非结构化数据为目的的 MapReduce、网格计算、数据流技术、云计算等；第三，数据应用技术，如自然语言理解、图像识别、各种数据可视化技术等。

信息是加工过的数据，它并不具有做出决策所需要的逻辑结构——知识，因此，从信息到知识的进一步加工还需要有理论的支撑。在过去十年中，一种以各种形式的网络为分析对象的学科逐渐发展起来——这就是社会学中的社交网络（Social Network）理论与经济学的结合，从而产生了所谓的"社会经济学"（Social Economics）或者"经济社会学"（Economic Sociology）。无论名称如何，这门新兴的学科都是要去分析和理解现代经济社会中复杂的"连通性"（Connectedness）。与诞生于第一次和第二次工业革命时期的传统经济学相比，这门学科存在两个极大的不同点：第一，网络思维和原子思维的差异。以图形理论和博弈论为基础，社会经济学将研究的对象（居民、企业、国家等）视为网络中相互连通的节点，而传统经济学则常常将研究对象视为没有多少相互关联的原子。第二，异质性和同质性的差异。由于以网络思维为基础，在社会经济学那里，每个研究对象都是异质的网络节点，从而都是个性化的。但是，在传统经济学那里，研究对象通常是同质化的，经济总体的行为常常被同质化的所谓"代表性当事人"所刻画。

那么，既然信息网络技术已经发展了几十年，为什么直到近几年才出现大数据的热潮呢？这就归因于技术发明和技术普遍应用之间存在的时滞。比如在第二次工业革命中，只有当产品标准化生产体系出现之后，才会将内燃机的发明变成大规模的汽车制造，过去数十年的信息和网络技术进步也只有在数据的存储、处理和应用技术以及网络分析理论得到进一步发展之后，才会变成切实的生产力，才会使得信息技术革命的"革命性"最终表现出来。

与以往以有形的实物资本积累推动的资本深化和"实物资本表现型技术进步"不同，信息技术革命的"革命性"集中表现在数据能够被大规模、迅速地转变成信息和知识的过程，或者说，是数据资产大规模累积、并变成能够直接加入到生产函数中的数据资本的过程。从数据资产的积累到数据资本的形成，至少从三个方面形成了降低成本、提高生产率的效应，甚至会彻底改变既往过时的生产函数：第一，信息透明度的可得性大大提高，从而极大地降低了交易成本，使得企业识别客户、管理内部流程的效率得到极大地提高，宏观经济的管理能力也将出现飞跃式的上升。在零售业、电子商务和制造业，客户分层、客户体验、量身定制正在成为潮流。而在宏观经济层面，随着实时、大量的数据的产生和加以运用，过去基于月度、季度甚至年度的过时经济预测（forecasting）将会变成对经济总体状况实时把握的即时播报（now – casting）。第二，将会极大地提高企业和社会的风险管理能力。在企业层面，风险管理能力的提高显然是降低错误投资的概率、提升生产率的有效手段。在宏观经济层面，一个典型的例子是 2008 年雷曼兄弟公司倒闭引发的国际金融危机，这场危机让全球经济丧失了数以十万亿美元的 GDP。在未来，如果能够利用大数据，将雷曼兄弟公司这样的企业视为一个网络关键节点或者连接不同子网络的关键"桥"（bridge），来分析和把握其系统重要性，或将可以避免危机带来的巨大损失。第三，正在并将继续形成新的生产、生活和交易方式。贸易和生产制造领域已经演化出了以网络为基础的新的营销、仓储、供应链和市场组织形式，而基于"实体经济"的金融业也在发生深刻的变革。例如，过去几年在我国诞生的所谓"互联网金融"，如果摒弃其中"网上高利贷"的泡沫，可以发现，诸如阿里巴巴这样的企业正是利用了电子商务过程中产生的大数据，让这些数据成为企业增值的数据资本。

在数据资产的积累和数据资本的形成过程中，两个自然的问题是：第一，谁拥有这样的数据资产？第二，谁能够将数据资产变成数据资本？从国家层面看，这涉及 21 世纪全球实力格局的再造。根据麦肯锡的统计（Big Data：The Next Frontier for Innovation，Competition，and Productivity，2011），2010 年北美、欧洲、日本新储存的数据分别达到 3 500 拍、2 000 拍和 400 拍字节（petabyte），我国只有 250 拍字节。作为全球名义 GDP 的第二大经济体、基于购买力平价 GDP 的第一大经济体，我国在数据资产的积累方面处于大大落后的状态。数据处理和分析能力是数据资产变成数据资本的前提，就此能力而言，人才是重中之重。同样根据麦肯锡的统计，在 2008 年，具有深度分析训练的毕业生人数在美国是 2.5 万人；中国居于第二位，达到 1.7 万人。但是，从人均角度看，每 100 人中这样的毕业生在美国是 8.11 人，中国只有 1.31 人，中国的人均数量低于绝大多数高收入国家。在国家战略层面，号称世界上第一个"大数据总统"的奥巴马于 2012 年 3 月指示美国政府发布了《大数据研究和发展规划》，将大数据提升到国家战略层面。其他国家，如印度、英国、日本等，都提出了以大数据为核心的国家发展战略。而我国，虽然也有一些部委、省市提出类似规划，但在国家层面，还在拘泥于鱼龙混杂、没有广泛和实质经济技术含义的所谓"互联网金融"。

未来是属于大数据时代的。数据资产的积累、数据资本的形成及其推动的数据资本深化和"数据资本表现型技术进步"将成为人类经济社会发展的新大陆。在《万历十五年》中，黄仁宇说中国人不擅长"数目字管理"。希望在这一次，我们能够吸取教训。■

支付：互联网金融
对商业银行的底层冲击

陈　璐

20世纪七八十年代在美国金融自由化潮流的背景下，直接融资对间接融资产生的强烈冲击导致银行业的资产和负债双向脱媒。而近几年，以第三方支付机构等互联网公司的兴起和发展将使商业银行与市场从最基本、最底层的支付结算环节发生脱节。在互联网金融大潮中，归根结底，客户的争夺最主要体现在谁的账户更被客户认可、更占优势。

非金融机构账户体系的形成是步入互联网金融的基础

与金融市场上的其他金融机构相比，银行之所以能够久经时间考验稳居金融市场的中心，最关键的因素就在于银行具备其他金融机构所没有的"支付"功能。由于银行的支付功能蔓延在整个经济生活的方方面面，与人们的生活紧密相关，于是人们所有的交易行为都离不开银行，客户也就自然成为了银行的客户。随着第三方支付机构的身份得到了央行的认可，第三方支付机构的账户体系逐渐成熟，同时再加上快捷支付产品的快速发展，第三方支付机构的账户有效地实现了实名认证，从而使第三方支付机构等非金融企业为个人或小微企业客户提供金融服务打

作者单位：中国邮政储蓄银行电子银行部。

下了非常重要、扎实的基础。

非金融机构账户体系的形成对商业银行的冲击

渠道剥离，形成资金循环体系

经过十几年的发展，一方面，非金融机构账户大都与银行账户建立了直连对接，客户能够自主实时地把货币从银行账户转入到非金融机构账户用于支付或提现；另一方面，非金融机构账户在互联网上覆盖了丰富的商户，为客户提供了丰富的资金结算场景，从而为客户资金在银行账户体系外循环提供了可能性。事实上，很多第三方支付机构已经在银行账户体系外建立起了一套自己的支付账户体系，并实现了资金在该账户体系内的结算、清算甚至授信、融资功能。

实名认证，步入专业服务领域

第三方支付自 2010 年下半年推出了快捷支付产品，简便顺畅的使用体验让各家商业银行再次陷入被动地位。这次，不仅更加强化了银行的通道作用，彻底地拉开了银行与客户之间的距离，更是利用了银行最宝贵的客户信息将第三方支付账户进行了有效、可靠的实名认证，这意味着该账户可以为客户提供更多的专业服务，甚至银行或非银行金融机构的金融服务，实现了质的飞跃。

灵活高效，更适应互联网节奏

第三方支付账户体系是随着互联网电子商务应运而生的，与生俱来的互联网思维模式对互联网渠道的解读更加深刻，能够及时准确地把握住互联网平台的资源优势和高效共享的特性，再加上监管暂未有所动作，第三方支付账户的创新性和灵活性相较传统金融机构具有得天独厚的优势。目前第三方支付机构都在积极地寻求与金融机构合作，针对渠道特性重建金融产品营销组合，适时便捷地将金融服务推送至前端所有客户。

不仅给客户凸显了自身的专业性，有效提升了客户的粘性，同时也将专业的金融机构屏蔽在互联网的后端，成功将客户进行了分流。

商业银行的后发制人之道

由于在互联网的部署落后一步，在互联网市场上商业银行较为被动，第三方支付账户与客户结合得越来越紧密，商业银行账户在客户心目中的作用及地位正悄然发生着变化。面对互联网对商业银行账户体系的强烈冲击，如何做到"致人而不致于人"是每家商业银行面临的问题。"水之形避高而趋下，兵之形避实而击虚"，在这种情况下，差异化的市场策略就显得尤为重要，商业银行应避开与互联网企业或第三方支付机构做同样的定位、同质化的产品，陷入对方的战场不可自拔。此时最关键的是要凸显银行自身优势，开辟自身的主战场去对抗竞争对手的挑战。

定位精准

在互联网金融层出不穷的创新中，不断变化的是将产业价值链的某个或几个甚至是全部环节根据互联网渠道特性重建了4P营销组合，然而有两点是稳定不变的，一个是资金融通的金融本质，另一个就是金融的基本形态。每个市场都需要细分，每个市场参与者都需要在不同的细分市场中采用不同的市场策略，互联网金融市场也不例外。商业银行作为现代金融的核心，在互联网市场上应该回归金融的本质，针对不同的互联网金融销售渠道和金融获取渠道，采取不同的策略，突出强调银行账户的差异化优势。

对自有互联网渠道（网银、手机银行、电话银行、微银行等电子银行），应突出银行的专业品质，将银行账户定位为客户的定制财务管家。与其他互联网金融市场参与者相比，无论是从平台到数据，从监管到风险，银行都几乎毫无优势可言，大都通过模仿或复制他人的模式被动地跟随市场的步伐，陷入了"致于人"的局面。要想"致人"就需要做到避实击虚。银行最独特也是最宝贵的优势便是几百年在客户心目中积累起来的深刻的专业形象与精神，而这一点是任何一家互联网企业或第三方支付机构无法比拟的，所以银行可以通过将自身的电子银行定位为客户的定制财务管家来凸显这个优势。一方面可以通过行内或央行超级网银系统实现客户所有银行账户在一个电子银行账户内的集中管理，资金的流入流出及资产状况可以一览无余，后台对客户的资产、资金流、投资偏好等因素进行综合数据分析，深入可靠地了解客户财务需求，从而能够为客户定制出个性化的理财方案并给出合理的建议；另一方面也可以与基金、保险、证券等金融机构探索更深入的合作，探讨金融机构账户互联互通的可能性，实现一点接入全账户整合，提高客户跨市场投资的效率和综合理财的服务效率。

对银行非自有互联网渠道，应强调金融服务的延展性，将银行账户与互联网渠道终端进行灵活多样的结合，将金融服务便捷、实时地提供给客户。一方面银行可以在线上线下部署自己的互联网渠道，搭建相互交互融通的网状互联网平台；另一方面银行也可以采取与第三方机构合作，通过借助他人的互联网渠道将金融服务提供给终端客户。

产品精致

这里所指的产品是指围绕着人性化、简易化、便捷化为核心的产品设计和客户体验两个方面。对于银行自有互联网渠道的账户，在功能上，多账户管理要操作简易、资产及流水分析要清晰易懂、投融资理财建议要中肯充分。在展示上，应尽量使用图表进行展示，并减少元素，简洁明了地对客户财务状况进行分析总结。在提示建议上，要有依据地阐明给客户制定的投资理财方案及建议，避免用繁冗专业的词汇，降低客户理解的难度。对于非银行自有互联网渠道的账户，遵循灵活便捷的原则，尽可能多地与其他平台或门户开展合作，针对每个合作方的群体特性、平台特征制定独特的合作方式及合作内容，将某个或某几个金融服务功能融入到对方的服务中。

分析精准

不管是上面提到的客户财务管家还是借助其他渠道为客户提供金融

服务，这种个性化服务的落地都是要在对数据精准的分析前提下才能实现的。但这并不意味着我们需要盲目地追从大数据。因为，一方面，庞大数据有含金量之分，同样的数据从不同的角度去分析得到的结论是不同的，所以当面对数据时，有着非常清醒的目标是至关重要的；另一方面，数据越杂有时反而会使分析的目标越不明确，所以数据维度不在于多而在于各维度之间是否有较强的关联性。所以，事实上，银行自身已经拥有了大量的客户金融数据，这才是互联网金融大数据的核心数据，这些数据基本能够实现对于客户的信用评分、欺诈检测、金融定价、程式交易、索赔分析、客户利润等需求的支持。现在忽略了自己手中的宝藏而盲目地去追求客户交易行为数据，有失偏颇。所以，如果银行在互联网市场上有非常明确的定位以及非常清晰的目标，就是要做客户的定制财务管家，要为客户提供个性化、定制化、专业化的金融服务，那么要做好数据上的支撑，关键在于两点：一点是集中力量尽可能多地打通客户所有金融账户搜集客户金融数据，包括行内自有数据、其他银行及其他金融机构的账户数据；另一点就是要以清晰的目标为目的进行数据的整合清洗及分析工作，并结合自有产品给出投资理财建议或了解潜在需求做产品研发。■

中国邮政储蓄银行践行"一点接入一点清算"模式的效果与体会

龚晓坤

中国人民银行第二代支付系统于 2013 年 10 月 8 日正式上线运行,标志着我国支付清算体系迈上了一个新的台阶。在社会经济快速发展,经济规模不断扩大,交易活动日益频繁,金融市场体系逐渐完善的背景下,第二代支付系统的运行必将对加快社会资金周转,提高支付清算效率,促进国民经济健康平稳发展发挥重要作用。同时,第二代支付系统为商业银行提供了更加灵活的接入方式和清算模式、更加全面的流动性风险管理功能,并且支撑日益蓬勃的电子支付业务的发展,支持外汇交易市场交易的 PVP 结算,为商业银行的清算资金管理、支付业务发展创造了更为广阔的空间,必将产生深远的影响。

商业银行在经历了 2013 年银行间市场的风云变幻,特别是 6 月份"钱荒"的洗礼之后,流动性风险管理得到了商业银行进一步重视。按照人民银行的时间计划表,各家商业银行将在 2015 年 6 月以前全部以二代身份接入现代化支付系统,所有商业银行都将以"一点清算"的模式

作者为中国邮政储蓄银行会计与营运部总经理。

开展跨行业务,并可充分发挥系统中流动性管理功能的作用,这对许多商业银行来说都是一个创新和挑战。

2008年3月中国邮政储蓄银行在人民银行的大力支持下,作为唯一一家以"一点接入"方式的商业银行,率先通过北京CCPC接入第一代现代化支付系统,实现邮储银行各级机构存放央行资金的"一点清算"。而在此之前,邮储银行的各级机构一直以间连的方式通过手工来处理支付清算业务,支付清算业务的管理手段落后。"一点接入一点清算"的实现,对邮储银行支付清算业务发展来说是一个质的飞跃。近几年,邮储银行依托"一点接入一点清算",结合自身特点,在行内资金调拨、支付结算、头寸管理、资金清算等方面取得了长足的发展,为全面支撑邮储银行的业务发展奠定了坚实基础,并且在业务创新、系统维护方面提高了效率、降低了成本。

邮储银行"一点接入一点清算"的实践成果

从邮储银行实践的经验来看,"一点接入一点清算"本身的功能上具有有四大特性。一是支付交易通过一点接入现代化支付系统;二是结算资金统一由一个央行账户对外清算;三是结算交易统一控制;四是系统集中维护。

"一点接入一点清算"有利于减少银行超额储备资金,提高资金的使用效益

"一点接入一点清算"最大的特点是全行的资金通过一个存放央行账户进行收付,这个央行账户就是邮储银行统一的资金池,大大减少邮储银行使用央行账户的数量。在2008年3月之前,邮储银行市县及以上机构都需要使用在当地的人民银行开立的央行账户用于资金调拨和支付结算,各级机构都需要在账户内留存本级的备付资金,造成全行超额备付过高,资金效益较低。

"一点接入一点清算"后,银行资金在统一的资金池内,形成全行

资金的集合优势，使金融市场部门对资金使用达到最大限度，提高银行资金的整体收益水平。总行资产负债管理部门根据全行头寸的匡算，留足总行的央行账户头寸，行内机构只需要留下现金备付和同城备付资金。目前邮储银行全行的央行超额备付资金日均仅在 60 亿～70 亿元，全行的超额备付率（含现金）约在 1% 的水平，低于同业平均 2% 的水平，每年节约近几十亿元的资金成本。

"一点接入一点清算"有利于提高银行支付结算服务水平，保证企业客户正常资金支付结算

在接入现代化支付系统以前，邮储银行各机构一直通过同业银行的结算通道，对外结算方式多种多样，结算渠道也各有不同，无法控制资金结算风险，并且绕道不同渠道进行结算，效率低下，风险分散，影响对客户的服务质量，无法很好地满足作为一家商业银行的发展需要。

2012 年，邮储银行根据"一点接入一点清算"的模式，结合行内会计核算"一本账"，设计统一的结算模式和结算流程，完成对全行资金的集中清算。对内，建设完成银行内部的账户管理系统，全行清算资金不再逐级流动，而是采用一级清算的方式，所有资金交易点对点直接清算；对外，全行的结算资金统一由总行的央行账户进行支付，只保留部分区域央行账户的同城结算功能，其他机构央行账户不再用于支付结算业务，结算账户的交易情况由总行统一进行考核和监控。

各级机构的结算交易在行内发生后统一发送至北京 CCPC，不再经过其他通道，缩短资金结算路径，减少资金流转节点，提升全行的资金结算效率；另一方面，总行控制结算参数，控制操作方式，统一管理和监控结算交易，统一考核支付结算纪律的执行，防范结算风险，提升全行整体的支付结算水平。

"一点接入一点清算"有利于资金头寸集中管理，降低支付结算管理成本费用

"一点接入一点清算"，对银行最具吸引力的方面是对银行资金头寸

的管理。在最初接入方式和清算模式的选择上，邮储银行考虑到机构、网点数量众多，如采用其他银行分点接入人民银行现代化支付系统，将对全行资金的流动性管理造成很大难度，支付结算管理成本费用较高，并且任何一个机构、网点出现流动性风险或支付风险，都将对银行声誉和企业效益造成恶劣影响。

"一点接入一点清算"的情况下，一方面总行只需要通过一个点就可以控制全行的央行资金头寸，而不需要再对各级机构的央行账户进行头寸监控，也无需担心行内每个机构的央行账户是否会头寸不足。这对于分支机构众多的银行来说，无疑是一个极为有利的方式。总行统一控制头寸，使得行内其他机构在流动性管理上不再需要更多的人力和精力，流动性管理成本大幅下降。

另一方面，生产运行维护上，一点接入后业务参数变更、系统运行监控、系统问题解决等均由总行统一来完成，不需要各一级分行多点对应，减少各分行后台维护人员，降低银行营运成本，并且集中监控系统运行情况，能够及时发现问题并修复，提高业务处理的连续性，减少系统间或行内机构间差错交易的产生，提升运营质量。

"一点接入一点清算"有利于全行结算资金的统一调度，提升流动性风险防控能力

2008 年以前，邮储银行的各级机构资金调度需要逐级上划和逐级下拨，时常出现资金在途情况，并且难以统一管理央行账户，无法控制各级机构的资金头寸。资金调拨效率的低下，导致全行流动性风险的防控能力偏弱，无法统筹调度全行资金。

"一点接入一点清算"以后，邮储银行利用现代化支付系统的功能，结合行内系统特点设计和实施了行内资金直接调拨的方案，于 2009 年实现全行 2 458 个县支行直接对应到总行进行资金的上划下拨，取消一级分行和二级分行作为资金调拨的层级，减少行内资金流动的节点。直接调拨模式下，全行所有的内部资金调拨均直接对应总行的央行账户，各机构缴存当地人民银行的资金能够迅速归集到总行，而分支机构存在资金缺口时，总行资金也能够迅速到达该机构的央行账户。资金直接调拨模式配合行内资金定价管理，基本上可以保证各机构缴存当地人民银行的资金实时就可以到达总行账户。这种方式极大地加快了行内资金的流转速度，实现调拨资金的零在途。资金迅速归集和下拨，加强了全行各级机构的流动性风险管理。特别是在 2013 年 6 月份的"钱荒"时，邮储银行的资金清算模式为全行乃至金融市场资金的供给都提供了有力的支撑。

"一点接入一点清算"后需应对的问题

"一点接入一点清算"的接入方式和清算模式，深刻改变了邮储银行机构层级较多、资金流转不畅、支付效率不高的状况，改变了邮储银行以往清算模式迥异、结算环节繁多、处理流程冗长的状况。"一点接入一点清算"带来的优势已经显而易见，但同时，在流程设计、业务管理、流动性风险、纪律考核、运行维护等方面也将发生深刻变化，总行将面临压力。经过五年左右的时间，邮储银行充分利用"一点接入一点清算"的模式，结合自身的特点，采取措施为银行的资金头寸管理提供更加有效的平台，提升和改善银行内部管理水平，增强资金的运用效率，提高客户的服务质量。

一要应对管理体系的改变

"一点接入一点清算"深刻改变了银行的清算管理体系。商业银行总行在此基础上应选择适合自身的资金清算最优路径，优化全行的资金管理和清算体系，在资金头寸管理、行内资金清算、资金调拨等方面建立全新的流程，建立配套的业务办理制度和考核机制，并要对全行各级机构人员进行培训，使各级机构均能适应新流程和新要求。

二要应对信息系统的改造

在与人民银行一点接入后，银行在业务创新的业务需求、系统改造、功能上线过程中，总行层面的信息系统改造要集中力量，突出重点，统一协调，节约改造成本，加快业务创新的实施步骤，及时响应市场需求，承担各节点改造的压力，提高业务创新的实施效率，为银行抢占市场提供先机。

三要应对流动性风险的担当

根据"一点接入一点清算"的特点，总行要承担起全行流动性风险管理的主要责任。全行资金归集到统一的资金池后，总行流动性风险管理压力骤增，对总行流动性管理提出了非常高的要求。总行应成立流动性管理领导小组，统一协调和组织全行流动性管理工作，对全行资金的使用集中管理，通过完善的头寸报送体系，对大额资金实行"进出必报"的原则，从基层网点直达总行，增强总行对分行资金调度的控制力。在流动性紧张时，资金供给部门和使用部门统一协调，在保证流动性安全的前提下，最大程度上发挥资金的集中优势。

四要应对运行维护的压力

"一点接入一点清算"后，需要加强总行的业务管理和运行维护能力，做好支付结算纪律考核，提升对客户的服务质量。在业务管理方面，根据人民银行的支付结算纪律考核要求，制定办法，组织专人，逐级考核，每日监督，在查询查复、申请退回、来账挂账等业务处理上确保各级机构做到当日事当日毕。在系统运维方面，组织专门团队，采用自动预警和人工检查相结合的方式，7×24 小时不间断的系统监控，及时发现并修复问题，提升系统的运行质量，保证交易的连续性和交易质量。

邮储银行"一点接入一点清算"的体会

领导高度重视，是"一点接入一点清算"项目顺利实施的保证

接入方式和清算模式的变化对于一家商业银行来说举足轻重，离不

开监管机构和银行领导的支持。在邮储银行"一点接入一点清算"的实施过程中，人民银行的领导高度重视，派专家组亲临现场进行业务指导，对实施过程密切关注；银行分管行长进行现场部署和安排，成立专门工作组，及时处理和解决问题，保证项目的顺利实施。

部门协作配合，是"一点接入一点清算"创新运用的关键

"一点接入一点清算"后，银行的资金清算体系发生变革，银行的前中后台的资金管理也发生了深刻的变化。为全面利用"一点接入一点清算"的功能，银行金融市场、资产负债、会计营运等前中后台部门需要相互协作配合。会计营运部门日常资金汇划，资产负债管理部门做好头寸管理的预算和监控，金融市场部门做好资金的融入融出，才能将全行的资金头寸控制在最低水平。

系统稳定运行，是"一点接入一点清算"业务开展的前提

"一点接入一点清算"后，提高交易连续性，降低账务差错率是各级机构业务顺利开展的前提。总行在系统运行维护管理过程中需要不间断地进行监控，建立系统故障应急处理机制，建立系统故障应急演练机制，防患于未然，第一时间发现和解决系统问题，保障全行支付业务的开展。

分行大力支持，是"一点接入一点清算"业务发展的条件

"一点接入一点清算"业务的正常开展离不开分支行强有力的支持。分支行在办理业务过程中直接面对客户，需要处理各类交易的汇出和入账，并且要严格遵守支付系统的业务规则，执行支付纪律，确保支付效率和支付安全；在流动性管理方面，需要沟通客户，准确预报客户大额资金的流入流出，保证全行资金头寸预测的准确性。

加强日常考核，是实现"一点接入一点清算"的有力手段

将"一点接入一点清算"的业务办理纳入全行的日常考核，是保障

跨行支付业务顺利开展的重要内容。"一点接入一点清算"后，总行需要承担监管部门的考核，需要对支付纪律、挂账处理等内容分解后在行内进行落实。通过按月、季度、年度进行支付纪律考核情况进行通报，并将考核结果与分支行的绩效挂钩，促进支付业务的顺利开展，防范资金风险，保证支付纪律的执行力度。

结语

近年来，随着新兴支付清算产品蓬勃发展，以及银行的流动性管理日趋重要，商业银行正确的清算模式将进一步推动和加快银行业务创新，为银行流动性管理提供最直接、最有效的手段。按照人民银行的计划时间表，2015 年 6 月将是商业银行对接人民银行第二代支付系统的最后期限。在接入方式和清算模式上，邮储银行作为第一个"吃螃蟹"者，我们仍将延续经过五年磨砺和证明的"一点接入一点清算"，我们也相信这将是前瞻性商业银行的选择，而"一点接入一点清算"也必将是接入方式和清算模式发展的方向。■

二代支付系统环境下中小
金融机构流动性风险管控思考

高　巍　陈　勇

中国人民银行建设和运行的支付系统是我国最重要的金融基础设施之一，截至 2013 年，其连接了 1 800 多家直接参与者以及 12 万多家间接参与者，日均业务处理量达到 800 余万笔，金额约 8 万亿元。支付系统的安全、高效运行直接关系到国民经济的健康、有序发展。2013 年起，中国人民银行在全国范围内着手推广第二代支付系统，人民银行上海总部及辖区相关单位积极准备、周密部署，于 2014 年 7 月 26 日成功完成了上海市第一批参与机构二代支付系统上线切换工作，全面推进了上海市金融基础设施的更新换代。

第二代支付系统在流动性风险控制方面主要增加了大额支付系统排队业务撮合、资金池管理、日终自动拆借、全面流动性实时查询等功能。第二代支付系统以"一点接入一点清算"为核心，特别适合当前大型全国性商业银行扁平化管理趋势下对资金头寸集中管控的需要，解决了目前占支付系统八成业务量以上的全国性金融机构的需求，代表了先进支付系统资金管控的发展方向，但同时需要看到的是，包括地方性金融机构和外资金融机构在内的中小金融机构面临的环境与大型全国性金融机构面临的情况并不相同，中小金融机构虽然业务量占比较小，但是从维

作者单位：中国人民银行上海总部金融服务一部支付结算处。

护整个金融市场的稳定角度来看，中小金融机构的流动性风险管理不容小觑，由中小金融机构的倒闭或挤兑引起蝴蝶效应并非完全不可能。以上海为例，二代支付系统推广完成后，上海的直接参与者多为外资银行和地方性金融机构，国有大行和股份制银行清算账户和资金多数将集中至北京，上海地区商业银行资金来源压力更大，特别是在去年6月和12月发生整个银行业流动性极度紧张的情况后，如何做好中小金融机构的流动性风险管理更值得思索和研究。

中小金融机构流动性风险管控现状

根据上海地区调研情况来看，包括地方性金融机构和外资金融机构在内的中小金融机构的流动性风险管控依次主要采取了以下手段：

一是以合同方式对客户资金的调拨进行限制。根据中小金融机构的反馈信息，目前中小金融机构在开发重点客户时，考虑到自身对流动性管控的能力，往往在签订客户协议时要求客户在提出大额资金调拨要求前提前申请，提前量一般控制在一个工作日到三个工作日不等。由于这种对客户资金的调拨限制，从某种程度上违背了"存款自愿、取款自由"的宗旨，因此，也有部分银行采取了与客户口头承诺的方式，约定大额资金支取提前时间。

二是以内部规定形式对银行前台业务人员的操作进行限制。通过对重点客户资金调拨的限制并不能够完全避免所有大额资金发起对中小金融机构头寸管理造成的压力，因此，多数中小金融机构对自身前台柜员的操作进行了限制。在银行前台受理客户提交的资金调拨委托后，银行前台操作人员必须根据资金部门规定的金额上限提交后台资金部门进行审查，资金部门通过查询支付系统可用头寸、预期头寸等信息，确定有充足的资金头寸后反馈同意的审批意见至前台，前台根据资金部门意见再进行具体操作。

三是通过全国银行间同业拆借市场进行资金筹措。通过对大多数客户资金调拨需求的提前统计，银行资金部门根据计划主要通过全国银行间同业拆借市场进行资金筹措。在资金较为紧张时，中小金融机构的资金管理部门往往在全国银行间同业拆借市场一开市就开始紧急进行资金筹措，利率市场化改革以来，特别是经历了"6·30"资金极度紧张的情况后，资金成本日渐增加，同时，与通常情况不一致的是，紧急情况下能否拆借到资金，与资金拆入方愿意提供的价格有时并无直接关系，还与拆入方信用等级及其他诸多因素有关。

四是商业银行间建立流动性资金互助机制。在特定时点，中小金融机构即使不计代价也无法筹措到所需资金，大型金融机构即使手握重金考虑到各种因素，也可能不为所动，这也许正是2013年6月银行间隔夜回购利率最高达到史无前例的30%，7天回购利率最高达到28%的一个重要原因。因此上海市过半中小金融机构建立了流动性资金互助机制，通过签订资金互助协议，在对方发生流动性风险时提供资金支持。目前，上海市36家外资银行法人或管理行中已有19家建立流动性资金互助机制，占比52.78%，19家银行共签订36份流动性资金互助协议。

二代支付系统环境下中小金融机构面临的流动性风险管控挑战

管理范围的扩大，对中小金融机构流动性风险管理能力提出挑战。中小金融机构，特别是外资金融机构在国内的业务数量有限，以往的管理往往以各自分行为主，总行仅起到协调报告作用，管理经验有限，因此也常被称作"主报告行"。长期以来，外资商业银行总行资金管理部门和支付系统运行部门作为后台必须服务于前台，虽然其规定了资金事先汇报制度，但在数次出现的商业银行流动性风险案例中，该规定未能真正制约前台业务的发起。二代支付系统推广后，中小金融机构以法人一点接入支付系统，中小金融机构流动性风险统一由总行管理，其对异地辖属机构客户的管控和异地分支机构管理能力还有待提高。

"一点清算"后商业银行拆借资金来源可能大幅减少，影响商业银行的资金筹措。据了解，大型全国性商业银行在实现二代支付系统"一点接入一点清算"后，其备付金规模会大幅下降，大约能够控制到目前全国备付头寸总额的20%，其他商业银行可能也会出现类似的流动性资产减持情况。大量的低收益、高流动性资产可能被商业银行换成高收益、低流动性的资产，因此，"一点清算"后商业银行可用拆借资金可能大幅减少，中小金融机构能够获得多少拆借资金值得考虑。

流动性资金互助协议签约对象的减少，对中小金融机构建立流动性资金互助机制产生影响。为确保第二代支付系统上线后在沪金融机构支付清算系统资金流动性安全，上海市围绕"商业银行间建立流动性资金互助机制"工作开展了系列调研，从19家已签订流动性资金互助协议的商业银行来看，资金的拆出方多为工、农、中、建等大行在上海的分支机构，所有协议中仅有一家外资银行和一家异地地方性银行拆出资金，占比仅10%左右。二代支付系统实现一点清算后，工、农、中、建四大行的清算账户均不放在上海，所有资金上收总行，其分支行拆出资金的来源可能受到重大影响。

相对于中小金融机构，"资金池功能"对大型国有银行意义更大。根据二代支付系统的设计，通过资金池管理功能，当参与者清算账户头寸不足时，支付系统可根据其事先设置，自动从总行的清算账户调配资金进行支付。二代支付系统上线后，主要推广的是"一点接入一点清算"模式，中小金融机构本身在全国范围内分支机构设置不多，多数为两到三家分支机构，因此在切换为二代支付系统后，其清算账户基本仅保留一个，在资金余额不足时，并不存在其他清算账户资金可用于调拨。

日终自动拆借功能强大，但中小金融机构使用成本可能较高。日终自动拆借是指支付系统商业银行之间预先签订拆借协议并在系统中存储，在日终协议一方清算账户余额不足支付时，系统将自动从其协议另一方清算账户拆入资金。日终自动拆借的条件是商业银行间预先签订拆借协议，从上海市流动性资金互助协议调研情况可以看出，工、农、中、建等大型商业银行是资金拆出的主力，实行一点清算资金上收总行后，总行统一控制资金使用，上海市中小金融机构要与之签订协议面临着地位明显不对等的情况，要么协议难以签订，即使签订，拆借的成本也可能不低。

政策建议和可采取的措施

根据上海市以往的经验，每年 6 月和 12 月资金管理最为紧张，隔夜拆借利率也一路走高，但 2007—2012 年中的 6 月和 12 月上海市均未发生支付系统清算窗口开启现象，这与管理层的重视有很大关系。因此，提高管理层认识和重视程度，确保各项措施落实到位，是避免流动性风险的一项关键措施。此外，有以下几点具体建议：

第一，进一步降低自动质押融资门槛，鼓励中小金融机构持有利率债。为防范流动性风险，支付系统设计了日间自动质押融资功能，在商业银行发生支付系统日间清算资金头寸不足时，通过自动质押融资系统向人民银行质押债券融入资金以弥补头寸，待资金归还后将质押债券自动解押，但由于目前有资质开展自动质押融资业务的机构数量十分有限，无法覆盖所有有资金拆入需求的银行，特别是中小地方性金融机构和外资银行，建议进一步降低自动质押融资准入门槛，在解决中小金融机构融资需求的同时，还能鼓励中小金融机构持有风险较低的"利率债"，如金融债、央票和国债，以优化其资产结构。

第二，完善"日间透支"和"高额罚息贷款"机制，为中小金融机构提供托底保障。日间透支和高额罚息贷款分别是人民银行支付系统在日间运行和系统日终时为解决商业银行流动性风险设计的临时贷款机制，其能够有效地解决商业银行遇到的临时流动性紧缺问题，但考虑到防止流动性风险向信用风险转变的可能，商业银行极少能享受以上流动性支持措施带来的好处。建议进一步简化"日间透支"和"高额罚息贷款"申请及办理流程，以利于扩大其使用范围，充分发挥现有流动性管理措施的积极作用。

第三，完善商业银行间流动性资金互助机制，进一步丰富中小金融机构融资渠道。考虑到短期内人民银行调整既有支付系统处理流程和货币政策操作思路的可能性较低，建议鼓励中小金融机构间完善现有流动性资金互助机制，争取做到中小金融机构互助协议签订全覆盖，同时，考虑到原资金拆出行大量资金将被总行上收管理的情况，建议中小金融机构间可签订多方流动性资金互助协议，由所有有融资需求的中小金融机构共同出资建立一个流动性互助资金池，根据其出资份额确定为其提供的融资保障上限。如上海市现有 39 家法人及管理行，每个行出资1 000万元，即可提供一份约四亿元的流动性保障资金池，资金也可由各行持有，在接到指令时实时划至指定银行。考虑到上海市平均每年开启清算窗口次数仅 3 次左右，且极少出现一天由于两家银行出现流动性不足导致清算窗口开启的情况，以上措施对保障中小金融机构流动性安全切实可行。

第四，以同业存款为依托，建立商业银行流动性质押融资互助机制。同业存款是指对商业银行以及非银行金融机构开办的存款业务，属于对公存款种类，一般采取定期存款的方式。目前，中小金融机构有大量的资金以同业存款的形式存在其他商业银行，中小金融机构在流动风险出现时，往往由于需要以信用方式拆借资金，因此需要很高的资金价格，而同业存款作为定期存款存放于同业又不能实时提取，建议可以创新同业存款形式，将其作为紧急情况下的资金互助质押品，资金拆出行在有资金冗余，同时又持有资金拆入行同业存款时，可以以同业存款为质押品，向其拆出相应资金。推而广之，多家相关银行可以签订多方协议，在一方出现流动性风险时，以该行在任何一方存有的同业存款作为质押品向其拆出资金，在保障拆出资金安全的同时又能获取收益，还能解除拆入方的流动性风险。

结束语

支付清算系统的风险控制不仅事关系统本身的安全，还直接关系到整个金融行业的稳定，流动性风险的管控又是支付系统风险控制的重中之重，二代支付系统在流动性风险控制手段上进行了大量富有成效的探索和创新，中小金融机构获益虽可能不及大型全国性商业银行，但通过转变思路、创新管理方式同样能够取得较好效果。■

浦发银行加入第二代支付系统情况以及相关运营影响

王振杰　　路　璐　　胡佳皓　　郭宇迈

在中国人民银行总行、上海总部的坚强领导下，根据既定的第二代支付建设工作实施计划，2014 年 7 月 26 日，浦发银行总行及辖属间接参与者上海、海口、银川分行在现代支付系统运行维护窗口期间顺利切换为第二代支付系统报文标准，同时完成网上支付跨行清算系统的前置迁移工作。

高度重视，充分认识二代支付系统上线重要意义

支付体系作为重要的基础设施，直接影响着我国经济金融的平稳健康发展。通过参加人民银行多次组织的培训会议，浦发银行了解到第二代支付系统是人民银行按照"继承发展、集中统一、安全高效、节约成本、平滑过渡"的原则，通过引入先进的支付清算管理理念和技术，功能更加完善、架构更加合理、技术更加先进的新一代支付系统。

同时浦发银行也充分认识到第二代支付系统相对于第一代系统对于商业银行有如下重要意义。第一，能支持商业银行参与机构"一点接入一点清算"，适应了商业银行行内系统数据大集中的发展趋势，可以为

作者单位：上海浦东发展银行总行运营管理部。

商业银行节约流动性和接入成本。第二，大额、小额、网银各应用系统间的技术松耦合，能够增加商业银行对应用系统的自主选择权。第三，支付结算方式的创新和服务质量的优化，高效支撑了各种跨境、电子支付和金融市场交易，帮助提升商业银行支付业务的竞争力。

统筹兼顾，积极制定二代支付系统上线计划安排

在综合考虑业务连续性、系统切换风险的基础上，浦发银行经过研究确定了第二代支付系统采用分布切换的上线策略。

第一，浦发银行确定第二代支付系统推广的总体目标是：2014 年 10 月底前完成全行第二代支付系统报文标准的切换并实现"一点清算"。第二，浦发银行总行于 2014 年 7 月 25 日切换为第二代支付系统，同时辖属上海、海口、银川三家分行作为间接参与者随总行一并切换。第三，按照"先总后分、先少后多、先小后大、确保进度"的原则，其他 35 家分行于 8 月、9 月、10 月分三批进行归并。

狠抓进度，不断推进二代支付系统上线目标实施

第二代支付系统上线周期长、任务重、涉及广、时间紧，同时按照人民银行部署"央行和商行联系畅通、商行内部联系畅通、商行和客户之间联系畅通"三畅通的要求，浦发银行以"高度重视，分工协作，各司其职"为工作原则进行各项工作部署，力求平稳完成一二代系统切换，保障业务正常处理。

第一，监管报备及时

浦发银行于二代切换上线前，积极与当地监管机构保持联系，并完成报备。一是及时与人民银行总行、分支机构进行沟通，上报第二代支付系统相关申请材料、完成行名行号系统申报、沟通清算账户操作细则；二是对于上线切换工作分别向当地银监局、金融办进行了报备。

117

第二，准备工作充分

浦发银行完成接口验收和环境验收。根据人民银行的安排要求，浦发银行精心制订接口验收测试方案，认真进行总共551个测试案例，提前完成第二代支付系统上线前最后一次人民银行接口验收测试，取得了较好的效果，圆满完成了人民银行指定的测试任务。此外，浦发银行第二代支付系统接入端生产环境和灾备环境分别于5月13日和5月22日接受了人民银行的验收检查，都取得了接近满分的高分，得到人民银行检查组的高度评价。

制定并下发上线及验证详细流程步骤。一是根据人民银行相关文件，结合行内20多个系统切换安排，拟订《第二代支付系统总行上线及验证详细流程步骤》，做到业务验证充分、场景覆盖全面；二是组织相关人员认真学习验证方案、操作手册，提前进行了严密的桌面演练。

第三，组织保障有力

一是浦发银行成立了第二代支付系统建设领导小组，由总行副行长徐海燕任组长，总行运营管理部、科技开发部、科技管理部、贸易与现金管理部、零售产品部、电子银行部、办公室、行政管理部部门负责人为组员。第二代支付系统领导小组高度关注项目建设进展情况，经常听取项目组的工作汇报，及时解决项目建设中遇到的问题，并在人力资源、基础环境搭建、后勤服务等各个方面给予了充足的保障。二是由总行运营管理部、科技开发部牵头，与其他15个相关部门联络人组成了第二代支付系统建设工作小组。工作小组定期举行项目建设例会，讨论、解决、协调第二代支付系统切换上线工作相关事宜。

第四，分工落实明确

在二代支付系统上线切换期间成立了现场指挥部，由总行运营管理部、科技开发部、科技管理部相关负责人以及二代支付系统建设项目组成员组成，负责切换上线过程现场指挥、协调沟通、情况研究以及问题决策。现场指挥部下设实施组、业务处理组、技术支持组、保障组。其中实施组负责总行切换上线实施操作；业务处理组负责切换上线过程中业务问题处理以及切换上线后的业务验证、未结业务处理；技术支持组负责协调切换上线实施过程中的技术与业务相关工作和问题处置；保障组负责舆情监控、对外公告、客户解释及后勤保障等工作。

第五，解释公告到位

第二代支付系统切换上线需要做到公开信息、正面宣传、如实告知，因此浦发银行安排制订了各项业务的对外解释口径，在上线前及时下发给各分行及总行办公室、客户服务中心、信用卡中心，以便对外进行公告，以便针对客户投诉及时作出反馈。一是通过官方网站、网上银行、手机银行和微信银行渠道进行公告，将可能产生的影响提前告知客户，并引导客户通过其他替代渠道办理工作；二是对网点柜员、客服人员提出要求，耐心做好对于客户的解释工作；三是要加强运行监控，遇有异常情况要积极应对、及时沟通，对于发现问题、收到问题的部门，作为第一责任单位进行处理、汇报、跟踪和解决，严禁推脱责任、敷衍应对。

为做好客户解释工作，浦发银行制订下发了《第二代支付系统上线切换对外公告及客户沟通方案》，提前做好客户沟通解释等相关工作，并在提前一周完成了客户公告发布。

第六，应急处置得当

第二代支付系统涉及各节点的操作任务较多，需要未雨绸缪，做好预案。因此浦发银行一是建立了各分行和总行各部门工作小组联系人表，要求工作小组联系人保持手机畅通；二是要求各分行做好相关工作的细分，落实到部、落实到人；三是一旦发生故障，或者有不能立即解决或者影响后续操作的问题，要第一时间向总行二代支付建设系统领导小组报告，听从指挥，并与人民银行保持联系做到沟通顺畅、报告及时、处置得力，保障业务的安全、连续运行。

为应对切换上线工作各阶段可能出现的紧急情况，最大限度地降低突发事件的影响，浦发银行制订下发了《第二代支付系统切换及上线运行应急处置预案》。针对可能出现的新的风险隐患完善应急预案，落实应急资源，总之将隐患和不明确的地方消灭在上线前，并在过程中要重点关注因系统改变而带来的风险控制和应急处置工作。

第七，后勤保障全面

为切实落实切换相关人员加班工作安排，浦发银行提前制定切换工作指南。针对切换相关的工作场地、人员食宿、后勤保障等细节面面俱到的打点到位，《二代支付系统切换工作指南》有力支撑相关人员加班加点地进行切换工作，是顺利切换的基石。

齐心协力，组织确保二代支付系统上线平稳顺利

切换期间，浦发银行在总行 17 个部门以及三家分行共同努力下，顺利完成各项工作，圆满完成上线切换任务。

第一，准备阶段工作完成情况

行内提前开通二代支付网络策略、完成二代支付前置安装调试工作。

赴人民银行上海总部获取上线基础数据，导入生产环境无误，核对相符。

完成一代支付业务的全部处理，成功退出一代支付系统。

完成密押设备迁移及密押密钥导入工作，主密钥校验码核对一致，并完成了密押编制核对工作。

完成了行内周边关联系统的切换工作。

按人民银行要求退出网上支付跨行清算系统。

第二，切换阶段工作完成情况

完成网上支付跨行清算系统网络策略变更及网上支付跨行清算系统前置机升级工作。

行内系统成功接收到 XML915 报文并成功处理，标志浦发银行切换到二代支付系统。XML915 收到后，陆续收妥大小额及网上支付跨行清算系统共计 48 个数字证书绑定报文。

登录二代大小额支付系统与网上支付跨行清算系统成功。

行内完成一代未结业务向二代支付系统迁移工作。

成功完成全国支票影像间联系统及国泰君安系统二代应用版本切换。

第三，运行阶段工作完成情况

小额、网上支付跨行清算系统业务开启后，浦发银行总分行各相关业务部门密切监控系统运行和各渠道业务处理情况，并安排专人值守，及时处理支付系统来账和查询查复、退汇申请应答、止付申请应答等信息类业务。同时安排网银等各业务发起渠道进行小额、网上支付跨行清算系统业务验证。

大额支付系统进入日间后，除监控业务处理外，行内组织完成多达 20 多个行内关联系统的全面验证工作。

大小额日切后，浦发银行与人民银行对账相符。

切换后浦发银行一周内系统运行平稳，与人民银行连接正常，客户投诉为零。

扬帆起航，搭建助推新一代支付管理平台发挥作用

以第二代支付系统建设为契机，浦发银行借船出海、借势发力，通过规划支付业务发展趋势、完善支付系统服务功能、打造新一代支付管理平台，不断夯实支付结算基础建设工作。

第一，实现"一点接入一点清算"模式，满足集中管理需要

在一点接入方式下，浦发银行总行从上海 CCPC 集中接入方式，各分行不再接入所在地区 CCPC，实现全行支付业务统一管理，同时取消了分行前置机功能，减少人工操作；在一点清算模式下，只保留总行唯

一清算账户，分支机构不再在当地人民银行保留清算账户，而是作为间接参与者来进行资金的划拨和清算，这样不仅节约了全行资金占有，而且满足全行资金集中管理需求。

第二，新增自动汇路选择功能，提升客户服务能力

对于各渠道未指定汇路的汇出业务，浦发银行第二代支付系统可实现自动化选择最优汇路的功能，即支持汇路成本、到账速度等最优值判断，从而满足客户个性化的需求，提升支付系统服务水平，增强客户黏性。

第三，提供自动监控和通知功能，增强风险防范能力

第二代支付系统建成后，浦发银行运营、科技和资财管理部门可通过监控终端分别对业务运行、系统运行进行监控，系统提供清算账户余额、支付系统运行状态、支付系统参数等的实时监控，有关信息可在监控终端上进行提示，并可向相关人员发出短信通知信息，方便及时获取异常情况并进行应急处置。

浦发银行二代支付系统的切换上线，加强了支付汇路、加快了支付效率、提升了支付服务。这些进步离不开人民银行各级领导、同事对于浦发银行相关工作的关心、帮助和指导，在此表示最崇高的敬意和诚挚的感谢！ ■

积极配合 协作创新

——记中国外汇交易中心顺利加入人民银行第二代支付系统

周晓冬 蒋 静

根据人民银行第二代支付系统建设工程实施计划，在人民银行的正确领导和清算总中心的大力支持下，按照《清算总中心关于做好第二代支付系统第四批参与者推广工作的要求》的具体部署，中国外汇交易中心（以下简称交易中心）内部清算系统于 2014 年 7 月 28 日正式接入第二代支付系统。随着第一批人民币资金支付成功，日间运行、日终和对账处理正常完成，标志着交易中心顺利加入人民银行第二代支付系统。

积极配合，统筹安排，加入工作顺利实施

2006 年 1 月，交易中心作为特许参与者加入中国人民银行大额支付系统，相关业务处理安全稳定，行内系统运行平稳。随着中心业务的不断发展和对资金支付处理要求的不断提高，对原有行内应用架构的更新需求日益迫切。2012 年 5 月，交易中心以人民银行二代支付系统上线切换为契机，遵照人民银行《第二代支付系统工程实施计划》的统筹安排，于中心内部立项开展行内应用的二代改造以及参与者接入端软件

作者单位：中国外汇交易中心。

（PMTS）的集成实施。

软件开发积极创新

2012 年 5 月，交易中心正式立项，配合二代支付系统上线进行内部系统开发改造。在人民银行《第二代支付系统与中国外汇交易系统互联规范》及《第二代支付系统报文交换标准》的指导下，交易中心二代支付系统相关应用改造与实施项目有序推进，顺利完成应用系统的需求、开发和内测三阶段工作，并于 2013 年 1 月至 7 月期间，在人民银行的统一调度下完成 4 轮模拟试运行，应用系统准备工作基本就绪。

2014 年初，根据总行科技司《关于发布第二代支付系统直接参与者接入技术验收方案和规范 V1.0 的通知》文件指示，结合预验收测试及前期的互联规范与报文标准，行内应用增加部分报文以及信息点的开发，于 2014 年 4 月底完成，行内应用 5 月底通过总行验收，进入上线阶段。

参加培训注重学习

交易中心的技术和业务人员及时与清算总中心的相关部门沟通交流，认真领会文件精神，提前学习系统上线切换的具体流程，梳理系统切换的前期准备工作。多次组织相关技术、业务人员进行学习，并积极参加清算总中心组织的培训。经过认真学习和与其他会员的不断讨论，中心的技术和业务人员熟悉了系统接入的工作流程步骤，有力保障了交易中心顺利加入二代支付系统。

环境准备积极配合

项目立项后，交易中心积极配合总行的实施计划，着手准备二代支付系统环境建设工作。首先是项目前期的系统设计、设备采购工作。

然后，根据系统设计方案，准备系统建设方案，进行网络及系统部署规划，划分网络地址；应用部署完毕后，进行上线安全检测、防火墙策略开通、地址映射、连通性测试等工作；最后，在生产环境完成监控、备份等基础运维部署工作。为最终内部系统顺利上线接入二代支付系统奠定了坚实的基础。

认真部署配合切换

根据《中国人民银行办公厅关于做好第二代支付系统上线切换有关工作通知》要求，交易中心召开第二代支付系统上线切换工作的专题会议，会议传达了总行领导在第二代支付系统上线切换工作电视会议上的讲话精神。充分认识确保第二代支付系统安全上线运行的极端重要性，进一步明确职责、落实任务，积极做好相应准备，认真部署，并顺利完成了第二代支付系统上线切换运行。

系统验收积极响应

根据清算总中心 2014 年 3 月 20 日发布的《关于开展第二代支付系统直接参与者接入技术验收工作的通知》要求，交易中心向人民银行上海总部清算中心提交了验收申请并初审通过。清算总中心会同上海总部清算中心于 5 月 13 日对中国外汇交易中心清算部第二代支付系统直接参与者环境接入验收进行现场检查工作。针对本次检查情况，交易中心认真组织、充分准备，顺利通过了检查工作。

其次根据清算总中心安排，交易中心于 2014 年 5 月 12 日至 23 日进行系统接入验收（包括二代大额支付系统接入端软件和二代大额支付系统接入端信息系统）。在交易中心技术和业务人员的积极响应、充分准备和认真操作下，中心内部接入系统全部通过验收。

准确操作顺利切换

为确保内部系统顺利接入二代支付系统，交易中心多次参加第二代支付系统推广上线的培训，并严格按照操作规程向上海清算中心上报 PMTS – MBFE 的 IP 地址，完成交易中心与人民银行环境的网络接入和连通性验证、收到人民银行下发的数字证书、密押卡、基础数据、二代配置文件等一系列上线准备工作。7 月中上旬准确完成上线前准备工作。

7 月 25 日，完成参与者接入点改挂、确认接收到支付系统下发系统标识权限报文，并处理成功。完成绑定人民银行的数字证书、交易中心的数字证书绑定申请报文，并绑定他行的数字证书，系统登录等操作成功。随着第一笔资金的顺利支付和报文顺利接收，标志着交易中心成功接入了人民银行二代支付系统，系统上线切换工作圆满完成。

二代支付系统上线后的影响及建议

操作便捷，有效提高业务处理效率

自从交易中心正式接入第二代支付系统以来，日常操作更加便利快捷，功能权限上相比第一代支付系统更加完整合理。在日间报文处理和信息反馈上更加迅速、及时，极大提高了报文处理效率。同时，二代系统增加了本机构和其他机构的数字证书绑定，有效提高系统安全性。

软件版本更新较快，应及时下发软件版本

交易中心在此次加入二代系统的过程中紧密根据大额系统的软件变化而进行内部系统开发，由于二代系统软件版本变化较多且更新较快，对于交易中心内部系统变更和测试造成一定的时滞。因此，建议清算总中心及时下发各软件版本，以便各家机构能有充分的时间联调，更好地确保第二代支付系统上线。■

第二代现代化支付系统推广中的挑战与机遇

缪正华

为了满足中国经济不断快速发展的需要，适应不断变化的金融环境，提高中国支付系统的扩展性、维护性和稳定性、推动支付方式的不断创新，全面提升中国支付清算的服务水平，中国人民银行自 2009 年起就启动了第二代现代化支付系统的建设工作。各家参与机构根据人民银行总行的统一安排，推进实施各自行内对接及相关系统的建设和改造。

汇丰银行（中国）有限公司（以下简称汇丰银行）在收到银办发〔2010〕110 号通知后，便立即根据通知的要求，启动了行内项目立项工作。从 2010 年 8 月 11 日项目开始立项到 2014 年 7 月 26 日项目正式上线，历经近 4 年的时间，是汇丰银行自 2007 年 4 月 2 日实现本地化注册，正式开业以来历时最长的本地项目。

一般商业银行对于监管机构牵头的项目出于成本、风险、资源等各种因素方面的考量，总是处于被动消极的地位，但其实，部分项目的发起虽然是监管机构，但实际受益方往往并不只是监管机构，作为项目参与者的商业银行其实也都有机会分享项目的收益。以第二代现代化支付系统为例，商业银行完全可以在项目推广的过程中，通过优化内部管理模式，提高集中化管理程度，实现可观的项目收益。

作者单位：汇丰银行（中国）有限公司。

一点接入带来的机遇与挑战

商业银行原先在现代化支付系统中都大都采取多点接入、多点清算的模式。汇丰银行目前在现代化支付系统中一共有 21 个接入点。每增加 1 个点，汇丰银行都在建设期间必须投入大量的成本，组建项目团队，购买昂贵的设备、软件，通过测试、验收、上线等各项必需的流程，在日常运行期间又需要配备充足的维护资源，进行全面细致的业务培训，以保障每个接入点的稳定运行，确保各个分行支付结算业务的顺利开展。

第二代现代化支付系统提供了一点接入模式，在汇丰银行所有直接参与者切换为法人机构的间接参与者后，只需要维护确保一个接入点的稳定运行。这样，商业银行可以大幅度降低接入点建设、投资和维护的成本。当然，一点接入以后，接入点对于商业银行支付系统的整体重要性不言而喻，一荣俱荣，一损俱损。因此，商业银行对于接入点灾备系统的建设、应急方案的制定是需要引起高度重视。汇丰银行在项目过程中，对于技术方案、系统架构进行多轮专家论证，确保技术方案切实有效，系统架构的可靠稳定，并按照集团的统一标准对系统进行多轮压力测试、安全性测试、业务性测试，确保行内二代业务系统上线后的安全稳定运行。

一点清算带来的机遇与挑战

为提高资金使用效率，防范流动性风险，真正落实商业银行一级法人体制和制度要求，人民银行于 2014 年年初提出所有二代支付系统参与者实现一点清算，即参与金融机构只在人民银行开立一个清算账户，完成自身及辖属所有分支机构现代化支付系统的清算业务。汇丰银行通过内部多轮讨论以及与人民银行的积极沟通，很快定下了在行内尽快推广一点清算的方针。

为实现一点清算，同时有效控制流动性风险，汇丰银行在二代支付平台上新增两种资金监控机制。

一是行内对接系统实时汇总计算各分行已发送的往账贷记金额，如果超过此分行当日环球资本市场部审核通过的资金需求量，二代支付平台将停止发送超过限额的大额往账贷记业务，并置其为内部排队状态，分行应即时向环球资本市场部发送资金调整需求申请，环球资本市场部根据实际资金调拨情况，予以批准或拒绝，二代支付平台会自动根据更新的可使用资金头寸金额判断是否可以发送往账贷记业务。

二是工作日四点之后，在所有大额往账交易发送前，汇丰银行内系统自动计算清算账户可用余额减去此笔交易金额是否小于汇丰银行设定的清算账户可用余额最低值。如果大于等于才会发送，如果小于则系统将其置为内部清算排队状态，此后每隔固定时间段后，系统会自动查询最新的可用余额，如果清算账户可用余额足够，自动进行重新发送，如果直至下一工作日营业准备阶段清算账户仍然没有足够可用余额，排队的交易将被系统自动拒绝，由各业务部门采取后续跟进措施。

汇丰银行通过实现一点清算，一方面，能够实现清算头寸的归集，实行清算资金的统一管理，能提高资金使用效率，降低支付业务运营成本；另一方面，通过业务集约化管理，提高了业务管理水平，可以有效控制各分行日常清算业务中的操作风险，从而有利于流动性风险的集中管理。根据初步统计，目前汇丰银行所有分支机构日终需要在各自当地人民银行开立的清算账户中保留数亿元以上的资金，以确保各个分支机构每天上午大额交易以及小额最初三场轧差的及时清算，能将这些沉淀资金集中起来管理，实现统一调配运用，势必可以显著减低汇丰银行的清算资金的使用成本，并同时提高汇丰银行的经济效益。同样，由于实行清算业务的集中化管理，各地分支机构财务部的支付系统清算业务工作量大大降低，降低了操作风险发生的可能性，从而有效提高了分支机构财务部人员的工作效率。

由于现代化支付系统在我国国民经济运行起到了不可替代的重要作用，又需要考虑到一代报文标准和二代报文标准必须同时支持的要求，以及行内参与者既有一代参与者又有二代参与者的实际情况，因此，无法采用简单的停运系统进行升级的办法。对此，人民银行慎之又慎，与参与者进行多次商议，测试论证后，统一制订了全面、稳妥的实施计划，即人民银行端先上线，参与者法人机构分批上线，最后参与者分支机构逐步归并。为保证上线工作的顺利开展，人民银行组织了多轮针对参与者的各项专题培训释疑活动，商业银行作为现代化支付系统的主要参与方，一定要高度重视，指派专门的技术、业务骨干参与各项活动，及时提出各种疑问，可以最大限度地减少上线过程中由于流程不熟悉导致的操作或技术风险，确保其自身系统的平稳对接。

所以，对于监管类项目，能够以积极的态度配合，保持与监管机关的密切沟通，从而克服项目推进过程中的种种挑战，努力抓住各项机遇，是汇丰银行第二代支付系统项目能够顺利成功的关键。以上是汇丰银行在第二代支付系统项目推广过程中的一些感想和体会，希望对后续工作的有序开展能有借鉴作用。■

加快打造开放式平台型
综合支付服务商

时文朝

近年来，在中国人民银行等监管部门的组织领导下，我国银行卡产业实现跨越式、超常规发展，中国成为全球最具发展潜力的银行卡产业大国。中国银联作为立足中国、走向世界的银行卡组织，处于我国银行卡产业的核心和枢纽地位，在推动我国银行卡产业发展过程中发挥了重要而独特的作用。当前，全球支付产业发展出现新的趋势，全球支付市场发生重大变化。中国银联将联合产业各方，加快打造具有国际影响力的开放式平台型综合支付服务商，促进我国支付产业健康可持续发展。

中国银联在我国银行卡产业发展中的作用

2002 年 3 月，经国务院同意，在中国人民银行组织领导下，在合并 18 家银行卡信息交换中心的基础上，85 家机构共同出资成立中国银联股份有限公司。中国银联的成立，标志着"规则联合制定、业务联合推

作者为中国银联总裁。

广、市场联合拓展、秩序联合规范、风险联合防范"的产业发展新体制正式形成，开启了我国银行卡产业联合发展的新篇章。

完成"联网通用"历史使命，推动银行卡快速普及应用

中国银联自成立以来，联合产业各方，通过建设银行卡跨行交易清算系统、统一银行卡跨行技术标准和业务规范、建设银行卡产业资源共享和自律机制，实现了银行卡跨行、跨地区和跨境使用，提前圆满完成了国家赋予的"联网通用"使命。在产业各方的共同努力下，我国银行卡产业实现了超常规、跨越式发展，银行卡迅速得到普及应用，对经济社会发展发挥了重要的作用。截至 2013 年年末，全国联网商户超过 750 万户，联网 POS 终端超过 1 000 万台，联网 ATM 机具超过 50 万台，分别是 2001 年底的 51 倍、49 倍和 14 倍。2013 年，银联共处理银行卡跨行交易 151.4 亿笔、32.3 万亿元，分别是 2001 年的 48 倍和 35 倍。2013 年底银行卡渗透率为 47.45%，而 2001 年底仅为 2.1%。目前，大中城市商户普遍能够受理银行卡，二级地市、县域以及农村地区商户受理普及率快速提高，银行卡在交通、医疗、教育、旅游、航空、保险、物流等经济社会民生重点领域得到广泛应用。银行卡已经成为我国使用最为广泛的个人支付工具。

发挥产业枢纽和基础作用，带动产业链上下游共同发展

银行卡是传统金融业务与现代信息技术相结合的产物，银行卡产业链上的参与主体众多。中国银联的成立和发展，带动了我国银行卡产业链条上下游的共同发展。目前，我国银行卡产业链条已经覆盖传统制造业、金融业、信息产业、服务业约 70 个环节，创造了约 30 万个就业机会。银行卡产业链上除了卡组织外、发卡机构和收单机构外，还有大量的中间供应商，包括机具、芯片生产厂商、系统供应和维护商，以及各类提供专业化服务的第三方机构。此外，随着互联网和信息技术对银行卡产业的渗透，越来越多的新兴主体加入银行卡产业，包括互联网公司和大商户、行业机构都成为支付产业的重要组成部分。随着银行卡产业的进一步发展，未来银联还将带动更多产业链上下游企业共同成长。

实施国际化战略，创建了银行卡自主品牌

中国银联在学习借鉴国际先进经验的同时，坚持自主发展，建立起了具有自主知识产权，与国际通行标准接轨的人民币银行卡标准体系——银联标准，创建了"银联"自主品牌。同时，为适应全球经济一体化和中国经济融入世界的趋势，中国银联于 2004 年开始实施国际化战略，并于当年在香港和澳门实现银联卡的受理。经过不懈努力，截至 2013 年末，全球累计发行银联卡超过 42 亿张，境外共 142 个国家和地区开办了银联卡业务，拥有境外联网商户 1 200 万户、ATM 终端 109 万台，基本覆盖中国人经常到访的国家和地区，"中国人走到哪里，银联卡用到哪里"已成为现实，"银联"品牌成为具有国际影响力的银行卡品牌。银联国际化为中国人和中国企业"走出去"提供了支付便利，将中国经济改革开放的成果带向了世界。

全球支付产业发展面临的机遇和挑战

近年来，随着政策环境、技术发展和消费者行为方式等因素的重大变化，全球支付产业正发生着深刻变革，面临着重要的机遇和挑战。

支付产业发展面临的机遇

一是技术创新不断促进产业变革。移动互联网、云计算、大数据等技术发展将为全球支付产业创新发展注入新的推动力。在不断涌现的新技术的推动下，支付工具、账户、终端、渠道等方面的创新层出不穷。支付工具从传统银行磁条卡延伸至芯片卡、手机和字符段组成的账号；虚拟账户、证券账户、保险账户等开始作为支付的媒介；受理终端出现智能 POS 终端、类 Square 产品、网上收银台等新产品；受理渠道覆盖传统线下、互联网和移动等全渠道，支付逐步从"读卡时代"走向"数字时代"。

二是移动支付呈现出巨大的发展潜力。移动互联网是移动和互联网融合的产物，正在快速改变人们的消费习惯和行为模式。2013 年移动电商使用用户达到 2.21 亿，占移动互联网整体用户的 43.2%，移动购物交易规模为 1 676.4 亿元，同比增长 165.4%。作为移动商务和移动金融的交叉点，移动支付能有效帮助机构掌握线上线下市场相互融合时的信息交换和资金供需平衡，蕴藏着巨大的商业机会。目前移动支付主流模式尚未形成，消费者使用习惯仍在培育，具有巨大的发展潜力，未来几年将是移动支付发展的重要机遇期。

三是跨境支付存在越来越大的发展机遇。经济全球化使得国际经济活动和人员往来日渐频繁，跨境旅游支付和商务支付需求日益巨大。以中国为例，2013 年我国出入境人员达 4.5 亿人次，跨境贸易交易额达 4.6 万亿元，跨境支付存在巨大商机。同时，人民币国际化将促成人民币作为国际结算货币的地位，使用人民币银行卡进行支付的市场接受程度将不断上升。

四是传统银行卡市场仍有巨大发展空间。在许多新兴市场，支付行为中现金使用还占据较大比例，电子支付对现金的替代还有较大空间。移动支付等新兴支付技术的发展使得原来不能被覆盖的"长尾市场"成为新的蓝海。在中国，当前国内大约有 5 000 万户中小商户，其中大部分仍不能受理银行卡，农村与中小商户的银行卡市场空间巨大。此外，随着经济全球化、人民币国际化以及新型城镇化的发展，还将产生更深层次、更为密集的资金转移需求。

全球支付产业面临的挑战

一是支付安全和风险的挑战。随着移动互联网技术和互联网金融的快速发展，支付已经进入非面对面的数字支付时代，银行卡信息泄露等事件不断增多。同时，在传统支付领域，伪卡盗刷、套现、移机等风险事件仍然存在，作案的方式更加智能、隐蔽，增加了风险防范的变数。特别是，由于语言、司法环境的不同，使得跨境银行卡风险防范的难度加大。

二是商业模式创新的挑战。传统银行卡产业通过提供支付服务获得收入，但随着科技的进步，持卡人和商户都不再满足于基础的银行卡支付，而是需要根据行业、渠道、支付工具等要素的不同，提供个性化的支付解决方案。此外，持卡人和商户还基于支付需求，延伸出商务、金融等增值需求，部分新兴市场主体抓住这一机遇，创新商业模式，将支付变为其整体服务中的一个免费的功能，对传统银行卡产业的商业模式提出了重大挑战。

三是政策监管的挑战。从全球范围来看，支付产业监管趋于强化。各国政策法规对知识产权和品牌权益的保护力度逐步加强，重视支付产业的健康发展，卡组织、发卡机构、收单机构、第三方支付机构分工较为明确、合作较为紧密、市场秩序总体良好。但在国内，随着支付市场参与主体的多元化，出现了较为严重的套用 MCC、套现、套扣率、低价恶性竞争等市场失序现象，银行卡组织的品牌权益得不到充分保护，银行卡产业监管体系、市场规则和业务模式都受到较大的冲击。

新形势下中国银联的战略定位及努力方向

为应对支付技术、监管环境和市场格局带来的新的机遇和挑战，支付产业的相关各方需要共同努力，探索一条可以合作共赢、健康、可持续的发展道路。作为中国支付产业的引领者和全球支付产业的重要参与者，中国银联将对自身战略进行调整和重新定位。在新的形势下，中国银联将联合产业各方，通过市场化运作和创新，加快将银联打造成具有全球影响力的开放式平台型综合支付服务商。具体表现为高效、安全的转接清算服务的提供者；规则、标准的制定者和推广者；新业务、新产品的创新者和引领者；支付产业各方利益的协调者；中国支付产业国际化的推动者和实践者。

在这一定位下，中国银联未来将致力于打造一个开放式的平台，吸引发卡机构、收单机构、行业机构、商户、持卡人、互联网公司、通讯运营商和专业化服务机构等。各参与主体在银联平台上开展分工协作，共同为客户提供优质的产品和服务。银联作为平台的拥有者，负责平台的运营，并保持中立，避免与参与主体的竞争，为参与主体充分展示其产品和服务创造条件。

为了实现这一目标，银联要做好五件事：第一，进一步做大银联品牌，提升平台的吸引力；第二，制定一套为平台参与各方广泛接受的规则和标准，维护平台秩序；第三，维护一个稳定、顺畅的系统，确保平台上的各项业务平稳有序运营；第四，制定明确的准入和退出机制，使参与主体能够便捷地进入和退出银联平台；第五，不断调整平台本身的运作方式，适应产业发展的最新趋势。

具体而言，未来几年中国银联将努力实现三个目标。一是加快建设开放式平台，推进各方合作，尽可能地支持产业合作伙伴的利益诉求。中国银联将按照新的战略定位，加快打造更为完善的支付转接清算平台、内容（资源）服务平台、大数据服务平台和专业化服务平台，解决好产品、服务、通道、价格等基础性问题，吸引更多的参与者和资源进驻银联平台。同时，银联将秉承开放、合作、服务、共赢的理念，实现业务链条的最后一环，为合作机构和参与各方创造更大的价值。

二是加快技术升级和产品创新，不断丰富产品与服务体系，全面提升增值服务能力。中国银联将顺应移动互联网、云计算、大数据等信息化发展趋势，大力发展互联网支付、移动支付、金融 IC 卡等业务，深化与产业各方的合作，形成了以联网通用为基础的多业务、多渠道、多应用的银行卡综合支付体系，满足人们日益增长的多元化支付需求。在深化与大机构和大商户深入行业合作的同时，加大对中小商户的服务力度，推动受理网络向县乡延伸，提升客户服务水平，进一步普及银行卡支付。

三是将银联品牌打造成为国际主要的银行卡品牌。中国银联将按照"全球网络、国际品牌"的战略目标，采取多种措施，加快境外网络的建设，提高银联国际网络的质量，推动银联国际业务的跨越式发展。中国银联在为中国持卡人出境提供优质、高效的支付服务和体验的同时，努力为越来越多的境外持卡人提供银联卡服务。■

发挥上海清算所基础设施作用

——保障场外金融市场安全高效运行和整体稳定

许 臻

经财政部同意、中国人民银行批准，银行间市场清算所股份有限公司（以下简称上海清算所）成立于 2009 年 11 月 28 日，作为我国场外（银行间）市场的唯一的中央对手方（CCP）清算机构，兼具中央证券存管（CSD）和证券结算系统（SSS）业务，与我国大额支付系统（LVPS）等重要支付系统一起发挥着金融市场基础设施（FMIs）的重要作用，提高了清算、结算和支付的安全和高效，降低了系统性风险的传染，增加了透明度并促进了我国场外金融市场的稳定。

历时五年，打造集中央对手清算和登记托管结算为一体的专业平台

从无到有要建立高速公路，起初需要投入大量人力物力，一旦将各地连接起来形成通畅的网络，就能为交通运输者提供舒适、便捷、安全、经济的服务，活跃地区对外沟通交流、大力推动经济发展，提升社会整体效益。上海清算所正好比是我国场外金融市场的"高速公路"和"安全管家"。从无到有，再到平台的迅速崛起，是人民银行的英明领导、

作者为上海清算所董事长。

全市场成员的关爱支持和公司全体员工努力的成果。

上海清算所应本轮国际金融危机而生，是我国唯一的专业中央对手清算机构。通过五年孜孜不倦的探索与打磨，目前已迅速建立了本外币、多产品中央对手清算体系，业务范围涉及债券现券中央对手清算业务、人民币远期运费协议中央对手清算业务、人民币利率互换集中清算业务、外汇即期竞价和询价交易净额清算业务、人民币铁矿石掉期和人民币动力煤掉期中央对手清算业务。计划推出债券回购、债券远期、债券借贷、外汇远期和掉期等交易的中央对手清算业务。上海清算所借助后发优势，汲取国际教训和经验，博采众长，严格按照《金融市场基础设施原则》（PFMIs）等国际最新标准和最高要求，建立了清算会员制度、保证金制度、清算基金制度等先进风险管理制度。截至2014年6月30日，上海清算所中央对手清算参与者510家，业务量累计达到了21.1万亿元。

上海清算所同时也是我国场外市场创新金融产品发行、登记托管和清算结算机构，通过精确定位、专业化分工和高品质的服务，目前已经实现了非金融企业债务融资工具的全券种托管。2014年初由上海清算所提供技术支持的中国人民银行债券发行系统也已正式对外提供服务。截至2014年6月30日，新发行债券在上海清算所登记托管的累计为5 482只、7.75万亿元，现券清算24.03万笔、17.48万亿元，托管余额3 212只、3.98万亿元。

本外币、多产品的中央对手方清算业务

2011年8月22日上海清算所开始向银行间市场提供外汇即期竞价交易净额清算服务，随后又在2013年4月12日提供外汇询价交易净额清算服务，至此实现了对我国银行间外汇市场清算环节的独立经营和专业化的风险管理，进而形成了银行间外汇市场统一的中央对手清算平台。通过中央对手方合约替代、限额管理、净额结算、担保交收等制度安排，有效降低风险，提高外汇市场流动性。同时，净额清算通过降低资金占用量，提高外汇询价市场参与者的资金运用效率，进一步活跃市场交易。截至 2014 年 6 月 30 日，外汇竞价清算会员达 364 家，外汇询价清算会员达 39 家，外汇竞价和外汇询价累计交易清算总额折合 3.02 万亿美元。

2011 年 12 月 19 日，上海清算所开始为债券现券交易提供中央对手清算服务。现券交易净额清算是上海清算所在中国人民银行领导下自主开发的第一项中央对手方清算业务，标志着我国银行间债券市场集中清算机制的正式建立，是银行间市场基础设施建设和市场机制创新的重要里程碑。截至 2014 年 6 月 30 日，债券现券中央对手清算业务参与金融机构 59 家，累计清算 14 077 笔、24 823.85 亿元。一些重要的指标诸如资金轧差率（即市场成员资金节约比例）和业务渗透率均稳定在较高水平。这一机制在节约资金、增加流动性、提高市场活跃程度等诸多方面发挥着有益的功能。

2013 年 12 月 31 日，人民银行批准上海清算所开展人民币利率互换集中清算业务，这是银行间市场衍生品首次引入中央对手方集中清算机制。上海清算所对市场参与者达成的利率互换交易进行合约替代，承继交易双方的权利及义务，并按多边净额方式计算各清算会员在相同结算日的利息净额，建立相应风险控制机制，保证合约履行、完成利息净额结算。特别是，2014 年 1 月 28 日，人民银行发布《中国人民银行关于建立场外金融衍生产品集中清算机制及开展人民币利率互换集中清算业务有关事宜的通知》（银发［2014］29 号），从 2014 年 7 月 1 日起实施强制清算。截至 7 月 31 日，已有 5 家综合清算会员、42 家普通清算会员、15 家已具备交易资格的非清算会员，共处理 3 321 笔 2 989.97 亿元。这标志着我国正式建立场外金融衍生产品集中清算机制，该机制将有效防范金融市场系统性风险，维护金融市场稳定，同时也是我国落实 G20 宣言的重要举措。

以大宗商品、碳排放权等为代表的新兴金融领域的发展也为上海清算所的业务创新提供了新的发展契机。2013 年 4 月 6 日上海清算所推出了人民币远期运费协议中央对手清算业务，该业务是我国首个以人民币计价清算的全球化场外衍生产品，标志着我国在主要的全球化衍生产品上实现了以人民币计价清算零的突破。它的出现是推进人民币国际化的有益探索，是呼应上海建设国际金融中心和国际航运中心的创新之举，有助于上海在国际航运金融市场中获得更大的定价权。截至 2014 年 6 月 30 日，共有 4 家清算会员、6 家人民币 FFA 经纪公司及 132 家航运相关企业参与该业务。2014 年 8 月 4 日，在现有的人民币远期运费协议中央对手清算业务平台上，上海清算所又推出了国内首批场外大宗商品金融衍生品清算业务——人民币铁矿石掉期和人民币动力煤掉期中央对手清算业务。作为中国首批场外大宗商品金融衍生品，该业务将极大地推动中国机构投资者在国际大宗商品市场中的交易报价能力以及人民币在大宗商品现货和衍生品市场中的定价权，更为实体经济提供了用以对冲铁矿石、动力煤价格风险的基本套期保值工具。

上海清算所在此基础上，将持续扩大本外币现货类产品的中央对手清算范围。探索多种交易模式可行性，本币方面，将进一步开展债券回购、债券远期以及债券借贷业务研究，逐步建立品种齐全、安全高效的债券净额清算模式。外币方面，将进一步夯实汇率衍生品业务基础、扩大市场规模，尽快完成外汇远期掉期的期限拓展，推出外汇衍生品中央对手清算业务，同时推进标准化汇率产品研究和开发工作。

发行托管、清算结算业务

2010 年 11 月 8 日，以承担信用风险缓释凭证的创设登记托管结算业务为标志，上海清算所开始发挥银行间债券市场登记托管结算基础设施的功能。随后，上海清算所陆续推出超短期融资券、非公开定向债务融资工具、短期融资券、区域集优中小企业集合票据、证券公司短期融资券、信贷资产支持证券、非金融企业资产支持票据、金融资产管理公司债、中期票据、中小企业集合票据、同业存单和项目收益票据共 13 种创新金融产品的登记托管业务（见表 1）。2014 年初，上海清算所提供技术支持的中国人民银行债券招标发行系统正式上线运行，为完善银行间债券市场基础设施建设，向债券发行人提供更便捷服务，促进市场创新发展搭建了重要的平台。

表 1	上海清算所托管业务发展演进过程
2010 年 11 月 23 日	信用风险缓释凭证（CRMW）
2010 年 12 月 27 日	超短期融资券（SCP）
2011 年 5 月 4 日	非公开定向债务融资工具（PPN）
2011 年 9 月 1 日	短期融资券（CP）
2011 年 10 月 28 日	区域集优中小企业集合票据创新
2012 年 5 月 15 日	证券公司短期融资券
2012 年 8 月 8 日	非金融企业资产支持票据（ABN）
2012 年 9 月 12 日	信贷资产支持证券（ABS）
2012 年 10 月 29 日	金融资产管理公司债
2013 年 6 月 17 日	中期票据（MTN）、中小企业集合票据（SMECN）
2013 年 12 月 9 日	同业存单（NCD）
2014 年 7 月 11 日	项目收益票据

资料来源：上海清算所。

为场外金融市场的安全、高效和稳定运行保驾护航是上海清算所的职责与使命

创新固然是金融市场得以发展的重要驱动力，但是没有监管、逃避规则的野蛮式发展却有可能如出笼猛虎般遗患无穷。上海清算所作为金融市场的重要基础设施，时刻铭记肩负的职责与使命，即减少系统性风险，促进市场交易安全稳定和高效进行。因此，上海清算所始终坚持规范发展的理念，严格遵照国际国内监管条例开展业务，依法创新、依法发展始终是上海清算所秉持的金科玉律。通过推动场外市场中央对手清算机制发展，紧密衔接场外金融市场基础设施，汲取国际先进经验并提升国际影响力和话语权等措施，为我国金融市场发挥日益重要的作用。

推动中央对手清算机制创新，防范系统性风险

2008 年国际金融危机让人类反思金融发展过程中的弊端和问题，我国政府始终高屋建瓴推动金融基础设施的建设。上海清算所的成立，是

人民银行主动应对国际金融危机、加快金融市场改革和创新发展的重要举措，是对 G20 峰会关于所有标准化的场外衍生品最迟在 2012 年底之前实现中央对手清算国际承诺的具体落实。

中央对手方是中立的、审慎的第三方风险管理者，通过合约替代，充当原买方的卖方和原卖方的买方，并进行履约保障。上海清算所通过多边净额轧差（轧差率至少在 90%～95%）、盯市估值与保证金制度（可覆盖 99% 以上风险）、清算基金和损失分担机制，以及违约处置和流动性安排等一系列布局周密的、多防线违约管理机制，有效控制了防止市场参与者过度承担风险的逐利行为、阻隔了市场参与者之间的关联性和传染性、有效解决市场参与者信用风险管理能力不足、信息不透明不对称等弊端，在清算会员违约时予以有效保护，控制了金融市场系统性风险的核心成因。

紧密衔接场外金融市场基础设施，完善全流程服务体系

上海清算所的设立，将中央对手方与交易、结算、支付等其他金融市场基础设施紧密联系在一起，将市场的前、中、后台紧密联系到一起，也将各个细分市场（如债券、外汇、衍生品和大宗商品金融产品）的各层次参与者（清算会员和代理客户）紧密联系到一起。同时，上海清算所作为我国唯一兼具中央对手清算和登记托管结算全功能的市场基础设施，有效弥补了我国金融市场在金融产品发行、登记、托管、清算、结算等方面衔接不畅的问题，促进形成服务金融产品生命周期全流程的功能体系，有助于建立高效的一级发行市场和二级流通市场，更好地服务实体经济融资需求。

引进国际最新标准进行制度建设和评估，不断提高我国金融市场国际影响力和话语权

他山之石，可以攻玉。上海清算所不断强调坚持规范发展的理念，按照最新的国际标准推动场外金融衍生品市场的监管改革，落实《金融市场基础设施原则》（PFMI）对中央对手清算机构风险管理制度体系的建设要求，实施了一整套风险管理制度体系，包括风险管理委员会、清算会员、风险限额、保证金、清算基金、逐日盯市、压力测试和回溯测试、风险准备金、违约处置等制度，形成有效计量、监测、管理和处置潜在风险的制度框架。上海清算所参照《金融市场基础设施原则》24 条原则，对截至 2013 年 12 月底前所开展的中央对手方清算业务和登记托管业务，包括已研发完成近期准备上线的业务进行了全面的自我评估，以确保业务创新和开展能够符合国际标准，严格防范风险。

上海清算所在积极服务场外市场、研发推出清算业务的同时，也持续拓展国际交往的范围、深化国际交流的层次，先后与德意志交易所、伦敦清算所、欧洲清算银行集团、芝加哥商品期货交易所、波罗的海交易所等机构签署了战略合作协议，与数十家业内官方和商业机构深入交流合作，形成了出访与来访的双向工作机制。

2013 年 5 月 8 日，上海清算所受邀成为全球中央对手方协会（CCP12）的创始会员，成为国际公认的新兴主流中央对手清算机构之一。2014 年 5 月，上海清算所赴俄罗斯莫斯科参加 CCP12 年度全体成员大会，共同商讨中央对手清算业务监管方向、国际交流、未来发展等事宜。同年，上海清算所成功取得 2014 年 CCP12 年度全体成员特别大会申办权，9 月在上海举行 CCP12 全体会员特别大会，极大地提升了我国在相关国际规则制定中的话语权，加强我国在中央对手清算等相关领域的国际影响力和竞争力，也为国际一流金融机构和人才聚焦上海奠定进一步的基础。2014 年 6 月 6 日，上海清算所受托代表 CCP12 国际同业组织参加了由国际结算委员会（CPSS）和国际证监会组织（IOSCO）在伦敦共同举办，英国金融行为监管局（FCA）承办的《中央对手方量化信息披露标准（征求意见稿）》听证讨论会。此外，2014 年 4 月上海清算所还受邀参加 2014 年度芝加哥联邦储备银行场外衍生品研讨会，与世界一流中央对手清算机构的决策层共同探讨中央对手清算产品设计、运作与监管的前沿问题。

把握机遇，为我国金融改革事业继续添砖加瓦

党的十八届三中全会为我国未来的金融改革事业进行了全局性引导，上海自贸区的设立是推进各项事业改革的"试验田"，这对上海清算所而言既是机遇，又是重大的挑战。上海清算所将进一步强化市场服务意识，推进市场创新的进程，我们未来的发展方向，主要包括：

一是扩大业务品种覆盖范围。我国中央对手清算业务才刚刚起步，市场债券产品创新方兴未艾，对各类业务品种的服务深度、覆盖广度还有很大的扩展空间。上海清算所计划以债券现券交易中央对手清算业务为基础，进一步扩大本币现货类产品的中央对手清算范围，并不断探索债券回购交易、债券远期交易与债券借贷交易净额清算可行性，提供更精细化的债券抵押品管理服务。持续研发标准化利率汇率衍生品、利率汇率期权产品、跨境外汇、商品价格指数、碳金融、信用风险利差指数等金融衍生品，进一步扩大中央对手清算业务覆盖范围。继续大力支持债券产品创新，扩大登记托管产品品种和规模，服务企业直接融资和实体经济。

二是拓展参与主体和服务对象。我国中央对手清算业务推出时间还比较短，覆盖品种还比较少，市场参与程度还不十分广泛和活跃，需要通过进一步完善会员服务体系，加速推出代理清算业务增强对市场的间接服务，有效丰富市场参与主体的类别和规模，促进实现对市场参与者全面覆盖。未来上海清算所将打造以综合清算会员为核心、金融机构为主体、其他机构投资者广泛参与的多层次会员服务体系。同时利用债券招标发行系统为发行人提供市场化的债券发行定价机制，改进发行人服务，完善发行信息披露体系。通过不断将关系国计民生、符合市场需求的各类大宗商品纳入中央对手清算，向实体经济企业提供更多服务。加快柜台债券业务的推出，服务于广大个人投资者。

三是不断提升风险管理能力、完善估值曲线。按照国际最新标准推进风控体系建设，结合业务实际，不断修正、完善各项风控制度。通过

中央对手清算的风险集中管理，及时有效对潜在风险进行识别、监测、计量和处置，实现我国场外金融衍生品的活跃发展与风险可控的有效平衡；建立完善的产品估值模型，并以此确立后续风控检查体系，保证对手方风险始终处于可控水平；进一步优化固定收益产品的收益率曲线、衍生产品的远期和掉期曲线以及金融创新产品的公允估值。从而在保持场外市场创造性和灵活性的同时，切实提高市场透明度，强化风险管理能力，为我国场外衍生品市场发展开辟一条稳妥繁荣的路径。

四是技术系统支持业务创新发展的能力还需要持续提高，目前国际上还没有标准的中央对手清算技术系统模式，上海清算所的综合技术系统建设刚刚起步，整体框架的研究规划还要进一步深入，要持续加大人力物力等资源投入，为业务的快速拓展及时提供强大、可靠的技术支撑。未来积极开展云计算技术的研究，努力降低单个硬件设备宕机对于业务应用的影响，提升灵活高效地响应业务变化；加强互联网新技术的摸索，逐步探索和使用已经成熟的互联网技术，完善公司网站平台；努力为技术开发提供适合公司硬件平台的开发标准，完善和加强同城和异地灾备中心。

五是积极参与国际合作，打造跨境人民币清算平台。通过与国际主流同业机构合作，建立与欧清、明讯、香港 CMU 等境外中央托管机构抵押品池的互联，探索跨境抵押品制度安排，提升人民币债券资产作为全球安全资产的影响力，推进跨境清算平台的建设，促进国际最前沿的金融业务和更多金融机构的集聚以及高端金融人才集聚。

宝剑锋从磨砺出，梅花香自苦寒来。唯有扎根市场、肯下苦功、勇于创新才会有不断前进的源源动力。上海清算所时刻牢记自己的功能定位和发展使命，精益求精、锐意进取，为不断推进我国金融事业的各项改革贡献自己的价值。■

大力参与支付体系建设
积极完善金融基础设施

吕世蕴

我国支付体系是一项复杂多元的系统工程，其中金融市场的支付结算是支付结算体系的重要组成部分。中央国债登记结算有限责任公司（以下简称中央结算公司）作为我国金融市场基础设施的建设者和提供者，作为支付体系的重要参与者，在防范市场运行风险、降低交易结算成本、加快业务创新、完善制度建设等方面做了很多积极、开拓性的工作。

参与支付体系建设的主要成果

推广券款对付结算方式

券款对付（DVP）是国际成熟证券市场普遍采用的一种结算方式，即债券的交割过户与资金的结算同步进行、相互制约，可以大大降低交易结算本金风险。在中国现代化支付系统（以下简称支付系统）推出前，中央结算公司运营的中央债券综合业务系统（以下简称中债系统）与支付系统相互分离，银行间债券市场的债券交易结算未能采用DVP机

作者为中央国债登记结算有限责任公司董事长。

制。为了弥补这一缺陷，采用纯券过户、见款付券和见券付款等过渡安排，这一定程度上也促进了市场的稳定发展。

现代化支付系统建成为 DVP 实现提供了契机。2004 年 11 月 8 日，在人民银行的大力指导和推动下，中央结算公司成为支付系统的特许参与者，中债系统成功接入支付系统，在此基础上实现了银行间债券市场中银行机构间债券交易的 DVP 结算。但当时占市场绝大部分的非银行机构仍不能采用 DVP 结算方式。为了全面建立 DVP 结算机制，人民银行制订了以中央结算公司和清算代理行代理非银行机构 DVP 结算的业务解决方案。2008 年 8 月非银行机构 DVP 业务全面开通，至此，银行间债券市场从机制和技术系统上具备了完全意义上的 DVP 结算。

2013 年 8 月《中国人民银行 2013 第 12 号公告》发布，要求全市场债券交易实施 DVP 结算，停止使用纯券过户、见券付款、见款付券的结算方式，全面防范结算风险，进一步推动银行间债券市场更加安全、健康发展。

截至 2014 年 7 月 31 日，银行间市场参与 DVP 结算的成员总计 5 327 家。其中，通过支付系统自身清算账户办理的有 245 家，通过在中央结算公司开立的债券结算资金账户办理的有 5 082 家。2014 年上半年，结算成员共办理 DVP 资金结算 74.60 万笔，结算金额 190.66 万亿元。其中，非银行机构办理 DVP 资金结算 55.05 万笔，结算金额 93.81 万亿元。银行间债券市场 DVP 结算比例已达 96.63%，完全满足了国际证券结算标准规定的（95%以上）高比例要求。

推广大小额质押融资业务

经人民银行委托和授权，2006 年支付系统与中债系统联合开通了大额支付系统自动质押融资业务和小额支付系统质押业务，为商业银行日间流动性管理提供便利。

大额支付系统自动质押融资业务是指银行业金融机构支付系统清算账户日间头寸不足时，将其在中央结算公司系统中托管的债券向人民银行质押，由人民银行向其提供临时性融资，完成支付业务的最终清算，待资金归还后将质押债券自动解押的行为。通过使用该机制，银行机构可从央行较快获得临时性融资，缓解清算账户头寸不足的燃眉之急。目前已有 140 余家银行机构开展了此项业务，8 年来共有 5 家机构发生过 28 笔质押融资业务，融入资金 6 549 万元。

小额支付系统质押业务是指成员行将其在中央结算公司系统中托管的债券向人民银行质押，获得质押额度，并将质押额度用作净借记限额分配给自身及其所属分支机构，用于小额支付系统和网上支付跨行清算系统轧差净额资金清算担保的行为。开展此项业务的成员行可以通过质押自有闲置债券灵活地设置和调整净借记限额，以节约获得净借记限额所需圈存的资金，实现债权和资金的有效配置。目前已有 100 余家银行机构开展了此项业务，通过质押债券在小额支付系统已分配使用的净借记限额超过千亿元。

目前，在二代支付系统中已将债券估值功能引入以上两项业务中，使之能够更加科学地计算质押债券的价值，采用逐日盯市、跟踪并调整质押债券数量，以规避因债券市值波动引发的人民银行敞口风险，更好地满足人民银行风险管理要求，也为支付系统进一步控制清算风险增添了更加科学有效的措施工具。

配合第二代支付系统改造

中央结算公司配合二代支付系统改造项目在 2011 年 5 月即开始实施，历经三年开发建设，得到了主管部门的大力支持和指导，先后实现了对二代支付报文标准和一代支付报文标准的兼容支持；重建了中央结算公司的支付前置和支付服务系统；优化提升了各项中债系统功能等，并于 2014 年 6 月 3 日顺利投入生产运行，成功实现中央结算公司二代支付系统参与者身份切换。切换后新旧系统业务处理衔接顺畅，与支付系统往来报文处理正常，各项业务处理结果正确，系统整体运行趋于平稳。

参与支付体系建设的重大意义

保障了债券市场的稳健运行

在人民银行的大力推动下，中债系统与支付系统进行联网，全面实现了银行间债券市场的 DVP 结算。DVP 结算一直被视为最安全、最可靠的资金交收方式之一，也是当今国际证券结算组织极力推荐的结算方式。中央结算公司提供的 DVP 结算机制全面覆盖市场所有参与机构，并且采用实时全额结算，资金支付在央行支付系统内完成，是国际公认的确定性最强的结算方式，能够最大限度地控制结算风险，提高结算效率，保障债券结算系统平稳运行，维护债券市场稳定发展。在 2010 年世界银行和国际货币基金组织开展的中国金融部门评估项目（FSAP）中，对债券结算系统部分积极评价为稳健。

此外，中央结算公司的中债系统与支付系统相互联网，支持人民银行公开市场操作业务、质押融资业务、银行间市场 DVP 结算等业务、债券的付息兑付业务等，也加强了主管部门对市场的流动性管理和监测。例如，2013 年 6 月在银行间市场资金利率持续攀升的情况下，中央结算公司监测发现某农联社出现债券回购交易违约，及时向人民银行进行了汇报，并配合人民银行及时进行风险处置，有效避免了风险的蔓延。

提高了支付系统的安全效率

中央结算公司通过联网运作机制为人民银行大额支付系统自动质押融资和小额支付系统质押额度管理提供服务，这有利于增强支付系统流动性，提高清算效率，降低支付系统自身清算风险，保障支付系统的稳定运行，使整个支付结算体系的稳定性和有效性得到进一步提高。

中债系统的功能不断升级，业务品种不断创新，也扩大了支付系统的应用范围，充分体现了支付系统应用的范围经济和规模经济，体现了支付体系现代化所带来的良好的社会效益和经济效益，共同打造了中国的核心支付结算体系。

完善了中国金融基础设施建设

中央结算公司作为系统重要性金融基础设施，是我国债券中央登记托管结算机构，支持财政政策和货币政策操作的重要平台，支持债券市场开放的重要渠道。中央结算公司业务科技含量高，系统建设和技术支持能力较强，开发的中债系统功能强大、安全级别高，于2012年获得"金融科技发展一等奖"，并经公安部认定为民用最高安全信息等级，与现代化支付系统同级。可见，中央结算公司参与支付系统建设，既有利于金融信息科技建设的进步，也有利于共同打造更加安全高效的中国金融市场基础设施。

对于参与支付体系建设的发展展望

建立发行缴款 DVP 机制

国际清算银行和国际证券委员会组织在2001年联合颁布的《证券结算系统推荐标准》中指出"券款对付可以而且应该像用于证券二级市场交易一样，用于证券的发行与兑付"。目前我国银行间债券二级市场已经全面使用 DVP 结算方式，应尽快建立债券发行分销缴款环节的 DVP 机制，可有效缩短债券发行期间，提高债券发行效率。同时，在债券发行 DVP 机制下，实行不透支不垫支、分户核算，承销资金管理的原则，可以降低相关的缴款风险，避免承销商挪用分销认购资金。

建立境内外币 DVP 结算机制

根据《中国人民银行2013第12号公告》，银行间债券市场中参与者的人民币债券交易已全面采用 DVP 结算方式，但境内市场外币债券 DVP 结算机制尚未建立。目前外币债券多是采用纯券过户的结算方式，资金由交易双方自行办理。为了有效防控交易双方资金风险和信用风险，提高外币清算效率，下一步可研究开通境内外币 DVP 结算业务，更好地发挥境内外币支付系统安全高效的清算平台的作用。

拓展 DVP 机制应用于创新产品

随着金融市场创新的日益深化，金融市场基础设施所服务的金融产品类型更加多样化，服务的广度和深度不断拓展。应该充分利用 DVP 结算机制带来的安全、高效和便捷，为各类金融市场的发展和创新发挥更加积极的作用。为此，将 DVP 结算机制应用于更多创新品种，既可以降低其结算风险，提高其效率和流动性，也使支付体系的领域持续拓展。

建立跨境多币种 DVP 结算机制

2014 年 3 月，跨境结算基础设施论坛（CSIF）建议将中央托管机构及大额支付系统互联（CSD－RTGS linkages）的跨境结算模式作为未来亚洲债券市场区域结算中介模式发展的目标。在 CSD－RTGS 互联模式下，参与国的中央托管机构与央行大额支付系统各自联网，办理跨境托管结算业务。为了给跨境结算提供低成本、低风险的通道，结合金融市场基础设施原则和国际证券结算标准，应尽快研究建立跨境多币种 DVP 结算机制，进一步促进境内债券市场对外开放。

中央结算公司作为支付系统特许参与者和金融基础设施提供者，一直在我国支付清算体系中占有重要位置。未来，在主管部门的领导和支持下，中央结算公司将继续积极支持和配合我国支付清算体系的建设和完善，不断优化业务功能，提升服务水平、创新服务方式，紧跟国际证券结算标准，提高国际竞争力，为我国金融市场提供更加安全、高效、专业的基础设施服务。■

关于农村支付结算
环境建设中的若干问题

刘永成

  存、放、汇是金融服务的基本职能。伴随着农村金融的市场化和农信社深化改革的发展，以及村镇银行、小额信贷组织建设推进，农村金融服务供给不足的状况早已发生重大变化。"存"已经是存方市场，储户是上帝。"放"的问题也得到了极大的改善，"三农"贷款难的问题不再是"三农"愁、政府急、社会怨的状况了，很多农村地区已出现金融机构争抢贷户、难放贷款的现象了。与此同时，"汇"的问题，即结算渠道畅通快捷、高效的问题，远没有像"存"、"放"两个问题解决得那么好。针对这一现状，近年来，国家有关部门相继出台了许多倾斜政策，各家金融机构也陆续实施了一系列措施，各界人士也纷纷撰文立论，对于加快农村支付结算环境建设，进一步改善农村地区支付结算服务条件，满足农村多层次支付结算需要发挥了很好的作用。这些政策、措施、立论虽然总的出发点和目标都无问题，但是，笔者认为一些政策和措施与"三农"现状结合度、投入与产出的效益比、抓主要矛盾等方面仍存在着诸多问题。这里我们试图从农村支付结算现状切入，谈几个涉及政治、政策、策略方面的问题。

作者为农信银副总裁。

当前农村支付结算环境建设的评估

当前，农村地区的支付工具分为现金支付工具和非现金支付工具，非现金支付工具主要有：票据、银行卡、汇兑、委托收款等。由于对非现金支付工具认知度不够，现金交易习惯未得到有效改变，使得现金支付工具在广大农村地区仍占据着主要位置，特别是在边远贫困地区，现金结算率高达80%以上。社会各界对此倾注了辛勤的努力，但效果仍不够理想，概括起来主要有以下几个问题：

一是重视程度与实际收效不成比例。"三农"工作是党和国家的工作重心，而做好"三农"工作，离不开农村金融的支持。人民银行、银监会历来高度重视农村支付结算环境建设，近年来相继制定并实施了一系列支农惠农、改善农村支付结算环境的政策措施，在推进农村金融机构改革、促进农村金融产品创新、完善农村金融基础设施、加强金融支农方面做了大量工作，使得农村地区的支付结算环境得到了初步改善，但由于多方面原因，收到的成效并不高，改善农村支付结算环境依然面临不少的困难和挑战。

二是投入与实际产出不成比例。当前，金融机构参与农村支付结算环境建设面临的最大问题就是重复投资，重复建设，一再在低水平层次上复制国有银行曾经的教训。这一点在合作金融系统表现得尤为突出。在社会分工高度细化的今天，在 IT 建设中追求大而全、小而全，不能很好地利用外部资源，走共享之路。仅一个核心业务系统就有十几家公司开发，十几个版本，违背了 IT 发展走标准化、统一化的基本规律，浪费巨大。据权威人士估测，全国合作金融系统十年多来仅此浪费投资不止百亿元。与此相对应的是，合作金融系统 IT 建设与现代银行的要求尚有巨大差距，农村支付结算环境建设并没有实现现代化。"三农"支付结算的需求仍呈现供给不足的状态，支付结算的高投入、高成本、低产出仍是不争的事实，服务者与被服务者双方都不满意。

三是开发产品种类多与实际使用状况不成比例。目前，非现金支付工具的各种产品品种、数量不可谓不多，在城市是百花齐放、百家争鸣。但在绝大多数农村地区的应用还很少。据人民银行近年来开展的一项抽样调查，在受访农村居民中，99%以上没有用过支票、汇票和本票，89%以上没有用银行卡刷卡消费过，40%表示对银行卡略有了解。在支付时，94.3%选择了现金。结算产品在大城市扎堆，在农村鲜见为稀。支付服务下乡，深入乡镇村屯农户仍任重道远。

四是主力部队作用与实际发挥程度不成比例。目前，参与农村地区支付结算的有：农村合作金融机构（含农村商业银行，文内同）、邮储银行、农业银行、村镇银行等众多金融机构及第三方支付组织。但是，在农村支付结算环境建设中，谁担负重任、担当主力的问题还不明确。对外对上都在喊，都在看，有利可图的都在争着干，无利可赚的都在吆喝。农村合作金融机构作为支农主力军，其"汇"的服务，比起其"放"的服务来仍有大文章可做。农村支付结算服务这出大戏中，或没有配角都是主角，或没有主角都是配角。由此可以判断这部大戏为什么没有起伏跌宕，尽显平淡无奇之根本原因了。

五是盈利区域与非盈利区域的参与程度不成比例。由于我国经济发展不平衡，发达地区与中西部地区，以及中西部地区内的少数区域与大多数区域在经济发展、农民收入和支付习惯方面存在着较大差异，这就导致农村支付结算市场存在盈利区域和非盈利区域。由于商业银行逐利的特性，使得其在盈利区域会加大投入，纷纷设置网点、提供丰富的支付结算产品；而在非盈利区域，商业银行或采取退出市场的做法，或蜻蜓点水观望应付搞几项花架子。利益使农村支付结算市场形成冰火两重天的鲜明对比。

改善农村地区支付结算环境建设的几点建议

基于以上分析，我们认为，要从政治的高度去重视，这关系着党是否关心广大"三农"根本利益的大事；要从政策上高度倾斜，这关系到国家是否关怀弱势群体的大是大非问题；要在策略上重视，这关系到金融机构如何维护、实现广大"三农"根本利益的问题。在今后的农村支付结算环境建设的具体实践中，必须注重并解决"六性问题"、"社会效益最优化问题"、"主力军问题"和"社会责任问题"。这是理论引导和实现路径依赖的大事，忽略了任何一个方面，农村支付环境建设这篇大作都会呈现出缺陷和遗憾。

六性问题

农村支付结算环境建设的"六性问题"，即：安全性、畅通性、便捷性、认知性、政策性和可持续性。

一是要确保农村支付结算产品的安全性。农村客户的防范能力不强，以及其资金量的有限和来之不易，决定了"安全"是老百姓的第一需求。由此也就决定了农村支付结算产品在功能设计和流程再造等方面，必须把"安全性"放在第一位。各涉农金融机构必须通过业务流程管理、技术防范等手段，提高前台、中台、后台风险防范能力，为广大农村客户办理支付结算服务提供安全的交易环境，确保他们的资金不受损失。与此同时，司法部门应加大对结算犯罪的打击力度。做不到这些，农民群众的权益就得不到保护，再好的支付结算产品也不会有人用，农村非现金支付结算业务就难以健康发展。

二是要实现农村地区支付结算渠道的畅通性。一方面要统筹考虑、充分发挥人民银行现代化支付系统、商业银行支付系统、农信银资金清算系统、银联跨行支付系统等在涉农金融机构间的桥梁作用，促进互联互通，实现资源共享。要畅通合作金融机构、村镇银行等区域性涉农金融机构加入相关跨行支付清算系统的渠道，全面构建农村跨地区、跨系统的清算网络，实现汇路的全面实时畅通，促进城乡公共金融服务均等化，实现城乡国民待遇，为"三农"提供优质高效的支付结算服务。另一方面，与此相适应的是必须要保证通信网络基础设施在农村地区的畅通，这是农村支付结算渠道畅通的基础条件。

三是要打造农村支付结算工具的便捷性。支付工具的便捷性可以从支付工具的可得性、流通范围、使用简便和结算效率等维度进行度量。便捷性既是 IT 时代发展的方向，又是农村客户群体层次的现实要求。因此，在实践中，一方面，要充分考虑农村客户，特别是广大农民的文化程度，以及他们对 ATM 、POS 机、转账电话等金融自助服务终端、网上支付、手机支付、电视支付等新兴支付渠道产品的认知熟悉状况，以及他们的经济承受力，向广大农村客户提供针对性强、简单、易用、适用、能用的支付工具，保证他们用得起、用得惯、用得顺。另一方面，要考虑到农村地域的偏远，要畅通各类支付渠道，拓展支付工具的流通范围，加快资金的到账速度，让农村客户放心。

四是要提高农村客户对支付结算产品的认知性。农村支付结算服务供给不足不仅是结算产品供给不足，还包括结算知识的供给不足。没有客户的认知，再好的产品都没有意义。因此，各农村金融机构要大力开展宣传工作，送结算知识上山下乡。要精心策划针对性、操作性强的宣传方案，选择适当的宣传时间、时机，确定适用的宣传内容和适宜的宣传形式，要充分利用地方电视、广播、报纸以及其他宣传媒介，特别是街区广场、贸易集市、庙会等群众经常聚集的地方，采取群众喜闻乐见的方式，使支付结算知识润物细无声地走进千家万户，深入民心，让广大农村客户认知认可。伴随认知度的有效提升，农村地区对非现金支付结算就会出现井喷式的发展，既可以减少现金的调度成本支出，又可以减少由此带来的风险。

上述四个方面主要是技术和业务角度层面的考量，这四个维度构成了支付结算环境改善的基础，在今后农村支付结算环境改善中，将极大地彰显它的作用。

五是要突出农村支付结算环境建设的政策性。由于农业的弱质性特征，也就决定了农村金融服务产品既是一种公共产品，又是一种具有商业性的产品，特别是农村金融机构支付结算业务高投入、低产出的状况决定了农村支付结算环境建设离不开国家政策的大力扶持。因此，国家及相关部门必须在基础设施建设方面积极投入人力、物力、财力，建立持续、长效的国家政策扶持机制。具体可通过税收减免、财政补贴、费率降低等方式，鼓励农村金融机构在农村增设营业网点、扩大机具覆盖范围和密度。比如：对金融机构在农村投放 ATM 、POS 机等设备实行适当的财政补贴，以减轻农村金融机构和商家的高成本、低回报压力，增强其布放的积极性。

六是要具备农村支付结算环境建设商业上的可持续性。农村地区支付结算环境的建设是一项长期而艰巨的任务，需要有关各方长期共同努力，才能从根本上改善农村支付结算环境，构建适应农村经济发展的农村支付结算网络。农村金融机构在农村支付结算环境建设中要坚持在不以盈利为目的的同时，注意"三农"支付市场的细分，把握"三农"需求的层次、内容、数量、时空分布等，"经营"好结算服务，以保障结算服务商业上的可持续性。没有商业上的可持续，农村支付结算环境建设就会成为"无源之水，无本之木"，也就没有扎实推进、持续推进的可能性。

社会效益最优化问题

当前，农村支付结算环境建设中有两个问题亟待引起各方的关注。一个是显性表象问题，即各界都说支付结算难、渠道不畅。基于政治或道德或义务的原因，各方或不遗余力或不计成本或拉开架子在做解难畅通之事。然而，实际成效正如前文所述一样，这种状况亟待改进。另一个是隐性投资浪费问题，即各家涉农金融机构，特别是合作金融机构，都在加大 IT 投入，加快结算网络系统建设，这势必也正在造成项目的重复建设、资金、人力资源的大量浪费，在合作金融系统这已是不争的事实。针对隐性问题，监管当局、董（监）事会应引导约束经营者遵循 IT 发展的基本规律和原则，坚持成本效益原则，走共建共享的发展之路，节约社会资源，在满足农村地区支付结算需求的同时，实现"帕累托最优"，实现社会效益的最优化。

目前，农信银资金清算中心建设的一大核心系统（即"农信银支付清算系统"）和七大共享系统（网银、手机银行、电子商业汇票、网上跨行支付、农信通、灾备、银行卡）已被农村合作金融机构及地方性中小金融机构积极广泛地应用。使用共享系统，走共建之路，使上述机构避免了重复建设，大大节约了投资成本，是社会效益最优化的一个绝佳的体现。

主力军问题

在农村支付结算环境改善中，建立多层次、多元化的支付服务渠道已成共识，但在这一进程中，也存在"群龙治水、群龙争首、群龙无首"的问题。鉴于农业银行、邮储银行商业化的基本属性，以及国家早就赋予农村合作金融机构是支农服务主力军的现实，应进一步明确强化农村合作金融机构是支农结算服务主力军这一责任，进一步完善以农村合作金融机构为主体，其他银行业金融机构为补充的农村支付服务组织体系，强化主力军的责任、义务。

目前，农信银支付清算系统已成功联结了32家省级农村合作金融机构的近8万家网点，形成了连接城乡、汇通百姓的超级网络。因此，在农村支付结算环境建设中，突出农村合作金融机构主力军的作用，让其承担起农村地区支付结算环境建设的重任，不仅具有必要性和可能性，更具有现实性。近年来，农信银资金清算中心的快速发展也验证了这一主力军作用发挥的实际效果。同时，监管当局的监督、考核更有抓手，以避免论赏时人人有功、追责时人人无责、找不到责任主体，从而使"三农"得到安全、便捷、优质、优价的结算服务。

金融机构的社会责任问题

追逐利润是商业银行的本质特征，但是在改善农村支付结算环境建设方面，各家金融机构应在适度利润的目标下，应站在服务"三农"的战略高度，切实增强建设农村支付结算环境这项工作的责任感、使命感、紧迫感，要更多地担当起应承担的社会责任，急农民所急、想农民所想。

农村金融机构要抓住改善农村支付服务环境的契机，将经济效益和社会效益紧密结合，加大科技投入和产品创新力度，开发出更多适合农村地区的金融产品，提高资金支付清算的安全性和效率。城市地区金融机构要加强与农村地区金融机构的合作，利用农村地区金融机构自身资源优势，开创互利互惠、合作竞争的良好局面，共同创造完善的农村支付结算环境。■

简析跨境电子支付领域
现状、问题与前景

孙战平

国内第三方跨境电子支付业务发展概况

我国第三方支付业务自 2005 年起进入发展快车道，部分行业领先者自 2008 年起便开始涉足跨境电子支付领域，与境外电子商务商户合作向中国持卡人提供基于银联卡的跨境互联网支付和结算服务。但是在相当长的时间里，我国跨境电子支付领域始终处于一个没有规范和专项监管的自我发展、自我约束阶段。

近年来，随着我国对外贸易电子商务化程度不断提高、中国持卡人海外网上购物的爆炸性增长以及留学热的不断升温，跨境电子支付业务得到蓬勃发展。在这个背景下，国家出台统一的行业规范已经是箭在弦上，迫在眉睫。

2013 年 3 月，国家外汇管理局下发了《支付机构跨境电子商务外汇

作者为上海银联电子支付服务有限公司董事、总经理。

支付业务试点指导意见》（以下简称《意见》），并于9月底正式批复首批17家国内第三方支付企业关于跨境电子支付业务试点资格的申请。对获批的第三方支付企业来说，该《意见》不仅标志着中国跨境电子支付业务进入有章可循的监管时代，同时也在为后期更加权威的相关法律法规出台进行"预热"。2013年将注定成为中国跨境电子支付的"元年"。

ChinaPay 基本情况及跨境电子支付业务发展情况介绍

上海银联电子支付服务有限公司（简称 ChinaPay）是中国银联旗下银联商务全资控股子公司，主要从事以互联网等新兴渠道为基础的B2C支付、B2B支付、电话支付、网上转账、基金支付、代收付等网上支付和移动互联网业务，以及为个人和企业客户提供便民缴费、信用卡还款、商旅预定、商城购物以及金融理财等增值服务。

公司成立于1999年，目前注册资本为13 050万元，员工260人，平均年龄30岁，90%员工为本科及以上学历，公司在行业内的综合实力排名始终稳处第一梯队。

2011年成功获得人民银行和证监会颁发的《支付业务许可证》。

2012年获得证监会的基金销售支付结算许可。

2013年正式成为开展跨境电子商务外汇支付业务试点单位之一。

2012年自有平台互联网业务交易总额近4 000亿元，实现营业收入2.6亿元，是目前行业内少有实现盈利企业之一。2013年自有平台互联网业务交易总额预计超过5 200亿元。

在跨境支付业务领域，ChinaPay 凭借其在跨境电子支付业务领域积累的多年探索经验，毫无争议地获得了包括货物贸易、留学教育、航空机票及酒店住宿等所有试点行业的业务资质，成为为数不多的跨境电子支付业务"全牌照"持有者。而在此次牌照覆盖业务中，ChinaPay 早已建立了完善的业务流程和管理体系，在获牌的17家同行公司中，China-Pay 有着先发经验优势及独特背景优势，在四个领域内的发展概况如下：

货物贸易：与微软、戴尔开通了货物贸易的支付渠道。

留学教育：与西联公司合作共建缴费平台，覆盖8个国家，近500

所高校。

航空机票：与汉莎航空、新西兰航空、泰国航空、日本航空、港龙航空、国泰航空、釜山航空、韩亚航空、中华航空和复兴航空等十余家国外航空公司达成合作。

酒店住宿：与安纳塔拉等知名酒店集团实现合作。

跨境电子支付业务存在的问题

跨境支付安全方面仍有较大隐患。据调查显示超过60%的网民对支付安全表示怀疑，而更多的客户在进行境外支付交易时，存在的担忧更甚。产业链中的任何一个隐患以及信息技术的安全，都足以成为支付安全的地雷。目前，支付行业并没有在支付安全方面有一个统一的标准，国家也没有对应的配套法律和法规。征信系统与实名验证暂时在国家各管理部门之内进行联通，第三方支付公司只能在小范围内进行初级层面的实名验证，这远远不能满足网民对网络安全的要求，也不能符合电商平台自我安全管控的要求。目前，第三方支付企业也无法和外汇局系统进行直连对接，外贸企业用户的资金出境报备也不能和资金的出入达到同步。

行业内部自律意识仍亟待提高。随着境外业务快速发展，且收益远远高于境内支付业务以及其未来美好的憧憬，致使众多第三方支付企业对跨境支付领域虎视眈眈。已经拿到境外试点资格的第三方支付企业能够严格按照规定与要求拓展相关业务，而一些没有获得试点资格的公司缺乏行业自律意识，为了超额收益铤而走险，在一味追求利润的同时，降低签约商户入网标准与条件，触碰监管红线，使一些涉赌和超越相关规定的不法商户有机可乘，严重侵害了国家和人民利益。

与境内人民币支付业务相比，跨境支付所面临的信用风险和法律风险更高。主要表现为商户资质审核难度及调查成本显著增加，由于一般支付机构在境外无分支机构，对于商户资质真实性的审查存在客观困难，通过纸面验证往往难以确保商户资质的真实性。同时，由于资金可通过跨境支付外汇业务完成跨境转移，面临的洗钱风险也显著增加。

鼓励第三方跨境支付业务发展的配套政策仍有缺失，急需完善。中国（上海）自由贸易试验区于 2013 年 8 月 22 日经国务院正式批准设立，于 9 月 29 日上午 10 时正式挂牌开张，是中国政府设立在上海的区域性自由贸易园区，属中国自由贸易区范畴。许多第三方支付公司选择在自贸区成立分公司以便将来更好地拓展境外业务，但因相关监管部门与第三方支付企业缺乏交流与沟通，对第三方支付业务缺乏认识，导致随之配套的相关政策没能及时出台，如电子报关和税费减免的相关政策等，导致第三方支付企业在与银行开展合作过程中，出现了因政策不匹配而造成的业务搁置现象。

监管政策和规定有待调整，仍需进一步开放。实际业务开展过程中，在境外业务的部分行业与领域内，政府监管部门对持卡人的日、年交易限额有非常严格的上限规定，对诸如软件行业和咨询行业等领域仍不允许第三方介入，存在"一刀切"的现象，一定程度上影响了境外支付业务的快速发展，影响到持卡人使用体验。

跨境电子支付行业前景

基于我国经济持续稳定增长这一大好趋势，国内居民收入也随之水涨船高，在解决了温饱达到小康生活水平后，越来越多的中国人改变了原有的财富分配模式，改变了只存钱不消费的传统习惯。中国人擅长的"货比三家"，也使广大国人将采购的目标从传统类型的国货转到了国外质优价廉的商品。这一高涨的消费热情使支付行业在立足于国内电商商户的同时，也不断去开发更多的境外目标商户，境外支付业务具有极大拓展潜力和成长空间。

首先从消费人群来看，2012 年中国 40 岁以下上网群体已超过亿人。消费金额方面，有 24.1% 的用户年境外网络购物 801～1 000 元。此外有 15.2% 的用户年消费在 1 501～2 000 元，13.4% 的用户年消费在 2 001～3 000 元，12.5% 的用户年消费在 3 001～5 000 元，而这一数据同比 2011

年有较大提高且呈现不断上升势头，中国将涌现一批具有较强消费能力的年轻消费人群。

其次从提供商品的商户来看，4.5%的出口企业已经广泛开展了对外贸易电子商务，31.2%的企业业已初步开始了电子商务的进程，28.7%的企业已经着手开展，12%的企业已有考虑，只有23.6%的企业还没有考虑。绝大多数外贸企业认为，电子商务具有开放性和全球性的特点，可以为外贸企业创造更多的贸易机会。未来，将有更多的外贸企业加入到电商大军中，外贸跨境支付也将成为跨境支付业务里一个巨大的增长点。

从监管部门出台的利好政策来看，国家基于货物贸易的发展颁布了人民币跨境政策，政策的出台就人民币跨境贸易结算而言，将给企业带来有效规避汇率风险，减少汇兑成本，降低企业风险，减少外贸企业压力的各方面利益。就一个曾经采用外币结算的企业而言，如果它采用了ChinaPay B2B网银进行跨境支付，那么它将在如下方面得到更多便利与好处：一是企业在进出口收付款时均不需要进行货币的汇兑，避免了因汇兑产生的财务成本和汇率风险。二是对于国内外贸企业不需要办理外汇核销，减少了提交国家外汇管理局所需求的文件，加快了企业结算速度，简化了进出口业务的环节和手续。三是出口退税手续更加快捷，同时申报币种与退税币种一致，减少了因汇率波动引起的财务损失。四是企业可以更方便地办理各种外贸融资，不会增加额外的财务负担。

从提供支付服务的第三方支付服务机构来看，在科技进步日新月异和境外业务发展如火如荼的情况下，第三方支付企业在竞争日益激烈的情况下将为跨境支付领域设计出更多、简化易操作、高安全性的产品，如众所周知的手机支付，它将支付从传统的以网络为固化根据的模式发展到随手机而行的动态模式。另外，随着中国（上海）自由贸易区各项实施细则的落地，获得资格的第三方支付公司将进一步向资本项目相关业务、跨国公司资金解决方案、物流费支付解决方案等领域进军，进一步发挥第三方综合支付服务方案解决提供商的作用，在国家一系列对跨境业务政策的支持下，协同传统的金融机构，为国家下一步经济发展作出突出贡献。■

第三方支付开启跨境电商新时代

关国光

如今越来越多的人开始通过网络跟境外的电子商务网站来挑选和购买他们喜欢的海外商品，日益增长的买方需求，推动着国内跨境电子支付的蓬勃发展。市场空间的巨大，快钱等第三方支付企业开始谋划其中，在获得跨境电子商务外汇支付业务试点牌照以及跨境人民币支付业务首批试点资格后，纷纷在这一领域着力布局。

目前，基于与各大银行、企业的长期合作，快钱已经在跨境支付领域建立了一套成熟的产品体系。应该说，快钱今天在跨境支付领域取得的成就，除了不断提升自身产品创新和市场拓展能力外，更加得益于国家逐渐完善配套的政策以及上海自贸区得天独厚的开放条件，使得快钱在跨境电子商务领域有了巨大的想象空间。对于快钱来讲，整个过程经历了三大关键性节点。

早在2011年，快钱公司就非常敏锐地发现了跨境支付产业发展的巨大空间，开始针对外贸电商企业推出国际收汇业务以及一体化结汇服务，帮助外贸企业方便、快捷、安全地开通全球范围内的外币收款渠道。同时，通过与全球最大的跨境汇款机构——西联汇款的合作，快钱能够实现自动化的汇款支付处理，形成一站式的高效服务体系，为人民币国际化进程提供加速度。在风控上，快钱通过与全球领先的支付风险服务机

作者为快钱公司 CEO。

构——CyberSource 合作，采用专业化的风控服务，为商家建立有效的防欺诈机制，屏蔽商家风险，在支付过程中全面保护商家利益，快钱特有的风控托管服务可谓开创了跨境支付服务的先河。

至此，快钱已经支持 VISA、MasterCard、American Express、JCB 等国际卡支付，在全球范围内覆盖国际卡组织的近 15 亿张信用卡，可以满足企业更多目标市场的拓展需求。这些都为快钱后续在跨境支付方面的快速发展打下了坚实的基础。

第二大关键性节点是，国家外汇管理局在 2013 年 10 月发放了试点开展跨境电商外汇兑换业务的牌照，快钱成为全国 17 家首批获得牌照的第三方支付机构之一，可以集中为电子商务客户办理跨境收付汇和结售汇业务。不久，快钱与东方航空物流公司、中国银行等发起了国内首家跨境电子商务行业协会——上海跨境电子商务行业协会，与近 60 家会员企业一起汇聚社会资源，形成发展合力，共同推动上海市跨境电子商务行业的快速、健康可持续发展，在全国范围内树立起跨境电子商务的行业标杆。这充分奠定了快钱在行业的地位，为做大做强上海跨境电子商务业务规模、加快营造上海国际一流的商贸发展环境贡献应有的力量。

2014 年 2 月 18 日，央行启动了支付机构人民币跨境业务，快钱同样成为上海地区首批获准在自贸区开展跨境人民币结算业务的机构之一，并在当天与中国银行上海分行、台湾关贸网路共同签署战略合作协议，发起了两岸首笔实时交易。现在快钱正以台湾市场为试点，全面铺开跨境人民币支付业务。这将成为快钱第三大关键性节点，跨境人民币支付业务也是快钱未来关注的重点，我们会把更多的创新型金融服务延伸到更广泛的跨境支付业务市场领域。

业务拓展三大原则 快钱瞄准跨境支付

支付机构跨境人民币支付业务，是指支付机构依托互联网，为境内外收付款人之间真实交易需要转移人民币资金提供的支付服务。通俗地讲，即通过第三方支付机构，消费者以后可以直接用人民币向世界的各个国家购买产品，包括服务、学校、出境旅游等，国内企业也能直接用人民币开展跨境业务。我们要让消费者、企业在感受上，就像在国内购买产品、销售产品一样，没有跨境的感觉，这是我们作为一个支付企业去努力的方向。

除了更好地满足我国境内居民海外购物的需求外，从国家政策层面来讲，启动支付机构跨境人民币支付业务，不仅可以丰富和完善跨境贸易结算，也有利于外向型企业提高资金管理能力和调整产业结构。对于推动我国与境外有关国家和地区，发展良好边贸关系，改善贸易条件、保持对外贸易稳定增长具有重要的意义，是人民币"走出去"的关键一步。这顺应了自贸区建设的需要和人民币跨境业务使用的需要，标志着金融支持中国上海自由贸易试验区建设的又一重大举措正式落地实施，也意味着扩大人民币跨境使用又多了一条新的途径。

而开展人民币跨境业务有这么几个原则：第一，境外的商户愿意接纳人民币；第二，境外银行愿意帮你开立人民币账户；第三，境外消费者愿意使用人民币。

与台湾关贸网路的合作是快钱拓展跨境业务非常重要的一步，台湾跟大陆同祖同源，语言文化、消费习惯差不多，两地发生贸易的时候，意愿更强一些。台湾也达到了前面提到的三大原则条件，这是一个成熟的人民币跨境市场，因此在央行举行的支付机构人民币跨境业务启动会上，快钱就与台湾关贸网路签署了战略合作协议。

与此同时，关贸网路在台湾当地已经获得集收转付等相关资质，这是保障跨境业务合法合规顺利开展的前提。此外关贸网路能够充分保证贸易的真实性，台湾 90% 的进出口是通过关贸网路来完成 EDI 报备的，这里面交易通关的信息非常完整，这个基础建设也是快钱非常看重的。

在快钱与台湾关贸网路合作的电子商务平台上，全程均以电子化的方式完成整个跨境贸易全流程。从商户商品展示、贸易撮合，到在线签约及电子单证的拟定、资金托管，以及最终的支付结算、通关交付，实现真正意义上全程无纸的纯电子化跨境进出口交易。这种全电子化跨境交易，大大缩短了交易周期，以前需要十天左右，现在 T + 3 天内即可完成，进一步提升了结算效率。同时，由于贸易信息都有了电子凭证，监管部门也能够更方便地监管，可谓是多赢。

快钱与台湾关贸网路的两岸贸易款项均按照双方贸易条款，实行全额付款或者分期解款，交易中资金由快钱及平台进行担保，放款结算以实际通关货检为依据，确实保障买卖双方的利益。也就是说，快钱与关贸网路合作项目将人民币跨境和电子化的信用证集成在一起，替代了部分传统国际贸易中通常以美元为计价标准的纸质信用证职能，实现金融工具的革命性创新。

不论两岸之间交易采取 B2B 模式或者 B2C 模式，快钱公司与关贸网路双方架设的贸易平台，第一次实现了包括通关记录、贸易报送等在内的跨境电子商务资金流、信息流和物流"三流"统一，这种信息的集成在保证贸易的真实背景的同时，也保证了交易的便利与安全。

快钱提供的产品线是非常丰富的，我们与台湾关贸网路合作签约旗下 Qtrade 台湾集品网等商户后，除了开展两岸跨境电商 B2B 层面业务，还涉及 B2C 多方面业务，这让两岸正常贸易及小三通跨境交易有了非常安全便利的资金流转通道，是现阶段跨境电商跨境结售汇的最佳方案。我们希望借助快钱与台湾关贸网路各自领域的专业优势，实现两岸贸易资源的紧密整合，强化两岸贸易中的快捷通关、物流、跨境人民币结算业务等电子化专业服务，在全国范围内能起到很好的示范作用，形成可复制、可推广的成功经验，帮助推动上海跨境电子商务的发展，在全国范围内树立起跨境电子商务的行业标杆。

颠覆式创新 快钱加速布局跨境支付市场

随着大陆与台湾地区两岸人民及企业间的贸易发展持续加速，大陆广阔的消费市场、跨境购物等对于许多台湾地区企业有着很大的吸引力，希望在大陆提供服务以及销售商品。如何让台湾优质的产品在大陆市场进行快速销售，进一步解决物流与金流的作业手续繁杂问题，帮助台湾中小型供应商快速进入大陆内需市场？这值得每个开展跨境人民币支付业务的第三方支付企业去认真思考。

因此，快钱还将陆续与台湾当地银行启动跨境业务的实质性合作，加速对台跨境业务拓展，全面开展跨境双向服务。快钱期望能够为两岸搭建跨境代收付双向金流服务，真真正正帮助台湾企业与大陆消费者接触，将台湾地区的特色商品和专业服务销售至大陆。与此同时，台湾地区消费者也更方便购买大陆所提供的各项物资、服务和商品服务，进一步深化两岸在经济和贸易往来方面的合作，促进大陆与台湾的民族情感友好交流。

无论是线上还是线下，两岸消费者都能更便捷地用本币购买对岸的产品和服务，这是快钱在跨境人民币支付业务上不断追求的目标。对于线上电子商务需求来说，大陆消费者可以直接使用大陆银行卡支付人民币就可以购买台湾地区的产品和服务，同时，台湾地区消费者也可以便利地使用台湾银行卡通过线上平台支付台币购买大陆的产品和服务。而在线下，大陆的人民币银行卡持卡人在台湾旅游时，也可在台湾合作的特约商户直接使用大陆银行卡用人民币刷卡消费，不但方便快捷，而且省去了货币转换等附加成本。

快钱一直致力于利用信息技术和颠覆式创新思维，降低金融服务门槛，提高金融服务效率，使千千万万中国企业能够平等享有高效金融服务的机会，从而为企业的发展加速。截至目前，快钱公司已经拥有310万家商业合作伙伴，服务于商旅、保险、电子商务、物流、医药、服装等近20个行业。

未来在跨境业务方面，快钱也将始终坚持行业市场，实现以信息技术带动金融服务创新、以创新应用提升企业资金效率的多方受益的业务发展模式，把更多的创新型金融服务延伸到更广泛的跨境支付业务市场领域，让更多的中国企业及海外企业，都能够通过信息化技术，享受到颠覆式创新金融服务。■

跨境支付，中国第三方支付在蓝海中走向世界

周荣勃

2013 年 3 月国家外汇管理局下发了《支付机构跨境电子商务外汇支付业务试点指导意见》，决定开展支付机构跨境电子商务外汇支付业务试点，获得支付业务许可证的第三方支付机构均可申请为电子商务客户办理跨境收付汇和结售汇的业务，只需要相关第三方支付机构所获得的支付牌照中含有互联网支付业务。于同年 9 月全国第一批共 17 家第三方支付企业收到试点通知，获准开展跨境电子商务外汇支付业务。

易宝支付在本次试点中获得了从事货物贸易、留学教育、航空机票及酒店住宿的全业务许可。由于之前有着充分的市场调研和产品准备，在获得许可后首日，易宝支付即与招商银行合作完成全国首笔跨境留学交费，在 10 分钟内成功为一名赴英国留学的学生缴纳了一笔 2 050.05 英镑的学费。

2013 年，国内第三方支付市场规模超过 10 万亿元，但是央行已经累计给 250 家支付机构颁发了支付牌照，入局者越来越多，国内第三方支付的竞争日趋白热化。在这种局势下，本次跨境电子商务外汇支付却仅有 17 家支付机构获得试点许可，且许可划分了四个行业，并非所有支付公司均获得了全行业的试点机会。就目前各方权威结构发布的数据显

作者为易宝支付跨境事业部副总裁。

示，中国跨境贸易的成交额已突破万亿元规模……种种迹象表明，跨境支付尚处在商业蓝海。随着试点业务的深入，各家支付公司均会根据自身优势，布局跨境支付业务的市场。

无论是全国领先的易宝支付、支付宝、财付通，还是具有地方特色的易极付、东方支付等获得许可的支付公司，都在积极地与合作银行沟通针对跨境支付的需求及业务解决方案。该业务的核心就是网络本外币汇兑及跨境外汇清结算，由于在相关货币的汇兑和结算处理环节，第三方支付公司还需要依靠合作银行完成与国家外汇管理局系统的对接和相关操作，因此，各商业银行也势必在该业务领域依据自身优势，为第三方支付公司提供相应的解决方案。哪家银行可以提供更便捷、效率更高的网络结售汇服务方案，必然能在跨境支付市场中拔得头筹。

易宝支付虽然是 2013 年 9 月获得国家外汇管理局跨境电子商务外汇支付试点许可，但却是在 2 年前就已经开始布局自己的海外市场，通过长期的市场跟踪和调研，随着中国新的改革措施推进，易宝支付认为跨境支付市场将空前庞大。随着世界经济多元化、全球化，中国的跨境支付需求日益旺盛，从留学、购物、旅游到医疗、票务、资讯等都存在着巨大的市场和交易需求。相关统计数据显示：2012 年中国出境留学人数已经突破 43 万人，年平均花费在 30 万元人民币以上；入境留学人数突破 29 万，年平均花费在 10 万元人民币以上。2013 年中国在线外贸交易额将突破千亿大关，中国海外购物将突破 500 亿元人民币，高端奢侈品消费将突破 400 亿元人民币。伴随着跨国旅游、国际会务的迅速发展，酒店住宿及航空机票的交易额也将达到数千亿规模。

由此可见，跨境支付市场是中国第三方支付的一块新战场。面对如此庞大的市场，易宝支付势必将其列为公司战略发展方向之一。通过详细的市场调研分析，根据各行业的特点以及需求，定制研发相对应的跨境支付产品解决方案，通过完善的运营和优质的服务占领市场。

从试点通知发布以来，易宝支付一直积极地进行试点尝试，并已经与多家海外电商、旅游、学校等商户签署合作协议。通过双方的交易开展以及对更多、更广泛的市场调研和客户需求分析，易宝支付也发现了市场需求与相关政策及产品服务能力之间的差距和问题。

例如：目前开放的货物贸易单笔交易金额为 1 万美元，服务贸易为单笔 5 万美元。而没有区分是 B2C 还是 B2B 业务。在实际业务开展中，易宝支付就遇到了一些中等规模的 B2B 业务，对单笔支付额度提出了更高的要求。同时易宝支付也在积极地与国家相关监管部门进行沟通力求尽量满足客户需求。再者，作为中国外汇管理划时代的一项新尝试，跨境支付无疑也给银行带来了新的挑战。通过与国内大多数可以提供相关服务的银行合作与测试，易宝支付发现，大多数银行的服务还停留在人工或半人工状态，对业务的处理效率有一定影响，在初期，中国第三方支付相关业务总体规模不大的时候尚可以处理，但如果达到井喷，对中国各商业银行的业务处理能力势必是一个挑战。另外，国内大多数银行所支持的外币开户币种在 8 ~ 13 种，常规的大币种，如美元、英镑、欧元等都可以提供汇兑及开户存款。而针对一些小币种，如韩元、泰铢、新台币、卢布等则仅能提供汇兑不能提供开户存款服务。这给中国与周边国家及地区进行跨境业务往来带来不便。按照外汇管理局的规定，试点期业务应在 T + 1 完成购汇或结汇，面对多种货币，一旦完成汇兑则需要立刻付出，对于相关业务的结算带来了不小的问题。当然，根据易宝支付对市场的充分把握，目前已经与合作银行就某些小币种业务处理定制出一套切实可行的处理机制，相信在后续的业务开展中将使易宝支付在相关领域领先于其他竞争对手。

综上所述，各家支付公司所从事的业务，可以归纳为中国人到海外网站交易（购物或订购服务）或境外个人到中国的网站交易（购物或订购服务）。而这仅仅是立足于中国的跨境支付模式，纵观世界各国的第三方支付公司，例如 PayPal 或 QIWI 等世界知名第三方支付机构均已经实现了全球交易。即任何一个国家的人可以在另一个国家的网站上交易。通俗地说，实现了全球的货币汇兑及资金结算。中国的第三方支付公司，刚刚开始从事跨境支付，随着业务的开展以及中国政府相关监管政策的进一步开放，在不久的将来，中国的第三方支付机构也必然有能力提供全球的货币汇兑及资金结算服务。届时，中国的第三方支付公司将真正走出国门，走向世界。

我们相信，通过在跨境支付的蓝海中远航，不久的将来，易宝支付将面向全球提供更加便捷的交易服务。■

跨境支付：汇付"通天下"

陆奋芬　秦　瑜

2013 年 10 月 11 日，国家外汇管理局上海分局正式向汇付天下下发"国家外汇管理局综合司关于开展跨境电子商务外汇支付业务试点的批复"的通知，通知要求支付公司合规开展跨境电子商务外汇支付业务试点。

2013 年 3 月，国家外汇管理局下发《支付机构跨境电子商务外汇支付业务试点指导意见》，决定在上海、北京、深圳等地开展跨境支付的试点工作。汇付天下随即开始进行跨境支付的准备和申请工作，经过半年多的努力，成为首批获得全业务跨境支付试点资质的企业。

"跨境支付试点对于汇付天下意义重大，是将汇付天下真正推向了国际化，汇付天下终于要从中国走向世界，真正成为汇付'天下'了!"汇付天下总裁周晔说。

接近于无限大的新市场

此次获批的 17 家企业中，汇付天下是其中为数不多的，获得包括货物贸易、留学教育、航空机票及酒店住宿等全业务试点资质的企业。

"对于汇付天下来说，拥有全业务试点资质，不仅意味着在自身

作者单位：汇付天下。

领先的航空、酒店行业大力拓展跨境业务，同时在货物贸易和留学教育等市场上，我们也已经做好了充分的准备迅速拓展业务。"周晔说。

在跨境支付业务的拓展计划中，航旅业务是目前汇付天下准备最先开拓的市场。汇付天下以其在国内的航空票务的领先优势，主要拓展国内客户海外购票的需求，同时与国外航空公司和在线旅行社（OTA）进行合作，对接国外航空公司在来往航线的票务需求。汇付天下对跨境支付市场的初期测算显示，预计这一领域至少可为公司带来千亿元的交易额。

这还远非全部。目前几个试点跨境支付行业将撬动的市场总量是巨大的，"其中仅是货物贸易这一项在全球的总规模产值就达到无法测算，是接近于无限大的市场。"业内资深专家称。

第三方支付走向国际化

此前，不少第三方支付企业也尝试过和银行合作曲线进行跨境支付，比如通过和银行或境外第三方支付机构合作，通过共享账号的形式，曲线实现跨境支付。

此次国家外汇管理局批准跨境支付的试点，意味着汇付天下可以为客户集中办理收付汇和结售汇业务，正式成为了结售汇的主体。至此，汇付天下也可真正实现全球化的构想。

目前，汇付天下已经可处理包括美元、欧元、英镑、日元等21种货币的结算业务。同时，汇付天下也在积极与境外支付机构和银行展开合作，共同探索海外支付市场的更多可能性。

让消费者更便利地"海淘"

第三方支付机构跨境支付业务试点的铺开，不但直接利好参与试点的汇付天下等支付机构，还将利好境内的电商平台和网上卖家。网上个人卖家可直接与境外买家交易，无需再办理个人结售汇等繁琐手续。

对于个人消费，使得交易流程变得简洁了许多：境内消费者购买境外商品，按其网站所显示人民币报价支付到第三方支付平台，随后境外商户向境内用户发货。再由第三方支付企业向银行发送清算指令，将外币货款打入境外商户的开户银行，完成整个交易。

这样，通过汇付天下等第三方支付平台在境外航旅支付、购物等涉及跨境支付时，就可使用任何银行卡，而无需像之前一样必须是 VISA、万事达等双币卡。

消费者不用再遇到因为自己只有单币种卡，而只能眼睁睁看辛苦抢到的特价机票被别人“秒杀”了。而对于以前使用双币卡的消费者来说，跨境支付渠道也节省货币转换费和购汇点差等换汇成本。

还原交易真实细节力保支付安全

由于此次获批的汇付天下涉足跨境支付，是完全针对跨境电子商务业务的，并不包含跨境线下业务，因此在线支付的风险控制变得尤为重要。

由于中国对外汇的管理制度与境内人民币结算不同，汇付需要对每一笔交易做结售汇申报、国际收支申请，对监管机构上报包括交易物品、物流等完整的交易信息。比如购买一张机票，就需要上报交易人姓名、起飞地、目的地、机票号码等信息。这些细节都使得每一笔交易真实可信。

汇付天下针对国家外汇管理局的要求，建立了一套专门应对跨境支付的系统平台，目前已经完成跟合作银行外汇系统对接，也在进一步推进与商户的系统对接。

汇付天下相关负责人说：“相比银行，第三方支付在跨境支付中风控上最大的优势，是第三方支付可将资金流和信息流相匹配。对于基于真实贸易背景下的交易，利用先进的信息技术，汇付天下等支付公司可将每一笔跨境支付真实还原。而银行只能处理本行的交易和信息，没法还原整个交易。"

此次国家外汇管理局颁发跨境支付试点资质，可以看作是国家对国内支付机构参与国际支付市场的鼓励。汇付天下将把握这次机遇，把跨境支付发展成公司支付业务另一个重要的组成部分。■

支付机构跨境电子商务外汇支付业务试点初探

咸丽娟

2013年3月,国家外汇管理局下发《支付机构跨境电子商务外汇支付业务试点指导意见》,决定在北京、上海、重庆、浙江、深圳等地开展试点,允许参加试点的支付机构通过银行集中为电子商务(货物贸易或服务贸易)交易双方办理跨境收付汇和结售汇业务。9月底,包括北京爱农驿站科技服务有限公司(以下简称爱农驿站)在内的17家支付机构获得跨境电子商务外汇支付业务试点资格,标志着国内支付机构跨境电子商务外汇支付业务迎来实质性进展。

国家外汇管理局对首批试点的业务领域进行了限定,不同的支付机构被获准的经营范围也存在差异。爱农驿站的试点业务范围限于货物贸易、留学教育、航空机票及酒店住宿。9月30日,爱农驿站与光大银行合作完成北京地区首笔货物贸易项下购汇、结汇双向跨境支付交易,为北京地区跨境支付业务试点开启了新的篇章,也正式为北京地区跨境支付业务拉开了序幕。

作者单位:北京爱农驿站科技服务有限公司。

支付机构跨境支付业务前景广阔

在国家外汇管理局开展跨境电子商务外汇支付业务试点之前，通过对个别企业的单独批复，允许其从事部分类别的跨境支付业务。支付机构大多数是和银行或者境外第三方支付机构合作，以开通国际卡等方式为商户提供支付接口或通道，将货币兑换和付款流程由其托管银行完成，从而实现"曲线"跨境支付，无法开展购汇、结汇等业务。过去几年，支付机构跨境支付业务由于缺乏行业标准和相应的监管，发展速度并不能满足跨境电子商务的需求。国家外汇管理局跨境电子商务外汇支付业务试点的推出为我国支付机构开展跨境支付业务指明了方向，从而使跨境支付市场得以规范化发展。

目前支付机构跨境支付的产品、服务和市场份额还与传统境内支付业务有较大的差距。未来五年，伴随跨境电子商务的蓬勃发展，支付机构跨境支付业务将迎来井喷式的发展。

近年来，跨境电子商务增长势头强劲，增速远高于传统外贸增速。据发改委数据，2012 年，我国跨境电子商务交易额已达 2 万亿元，同比增长超过 25%。根据商务部的统计，截至 2012 年底，我国跨境电商平台企业已超过 5 000 家，境内通过各类平台开展跨境电子商务的企业已超过 20 万家。根据商务部制定的目标，到 2015 年，电子商务成为重要的社会商品和服务流通方式，电子商务交易额将超过 18 万亿元，应用电子商务完成进出口贸易额力争达到我国当年进出口贸易总额的 10% 以上。根据"十二五"规划到 2015 年中国进出口贸易总额将达到 4.8 万亿美元的目标推算，跨境电子商务进出口贸易额 2015 年将超过 4 800 亿美元。针对跨境电子商务存在的通关、商检、支付、退税、统计等方面问题，国务院、商务部等政府部门起草了一系列支持跨境电子商务发展的相关政策文件，《国务院办公厅转发商务部等部门关于实施支持跨境电子商务零售出口有关政策意见的通知》、《商务部关于促进电子商务应用的实施意见》、《国家质量监督检验检疫总局关于支持跨境电子商务零售出口的指导意见》等已在上海、杭州、宁波、重庆、郑州5个跨境电子商务试点城市实施，并逐步向全国推广。

伴随着国内网购市场的迅速发展，境内消费者海外购物以及境外消费者国内购物的双向需求与日俱增。海淘、海外代购等跨境网购在国内急剧升温，出境游、出国留学等日益繁荣，国内消费者向境外支付的需求越来越高。万事达卡调研报告显示，中国跨境网购市场逐年递增，2012年达180亿元，预计2015年将接近500亿元。国家旅游局的数据显示，2012年中国出境旅游超过8 000万人次，以高达15%的增长率成为全球跨境旅游的领跑者。根据国际航协公布的数据，2013年境外航空公司的整体交易量约达7 000亿美元。数据显示到2016年航空客运量预计会达到36亿人次，其中中国的旅客数有可能将达到1.93亿~2亿人。2012年我国出国留学人数近40万人，2020年中国内地的出境留学生人数将超过100万人。

支付是电子商务的重要环节，两者相辅相成。跨境支付瓶颈的解决必将促进跨境电子商务的发展，跨境电子商务政策的落实也将带来跨境支付的繁荣。

支付机构开展跨境支付业务面临的问题及对策

试点资格只是市场准入的"敲门砖"，解决的仅是跨境支付的政策限制问题。尽管跨境支付前景广阔，要真正拓展跨境支付市场，支付机构还面临着诸多难题。特别是在试点业务开展初期，监管部门、支付机构和商业银行等都处于摸索阶段，需要一定时间的磨合。

跨境电子商务是跨境支付赖以存在的土壤。跨境电商交易种类多、频次高、单次交易体量小，常以邮寄、快件方式通关，企业在海关报关、出口退税、支付结算等环节手续繁琐，制约了跨境电商的发展。跨境电子商务的快速发展，有赖于信息流、资金流、物流的协调配合，迫切需要与电子商务平台相配套的便捷、高效的跨境支付结算服务。爱农驿站多次深入各试点城市调研发现，目前各城市均推出了自己的跨境电子商务平台，但各地政府的政策、标准、规范等都还有待进一步细化。同时跨境电子电商平台背后的报关、检验、物流、退税等整个产业链的打通尚需时日。跨境支付作为产业链的一环，受到其他环节的制约。跨境支付平台无论与电子商务平台、海关监管系统、还是与物流平台的对接，都处于探索阶段，都将面临来自政策、信用环境和技术的挑战。跨境电子商务和跨境支付试点的开展，需要政府部门加大对创新的支持力度，需要支付机构、银行、电商平台、物流企业等相关主体紧密合作。

国内方面，对支付宝、财付通等试点之前便已具有国际资源，在跨境支付方面进行布局的支付机构而言，他们与境外支付机构、国际卡组织以及商户的合作已经十分成熟，可以在原有基础上进行快速整合。作为新兴试点支付机构，要在跨境支付市场中立足，需要在试点过程中试错创新，积累经验。精准把握市场方向，在细分领域精耕细作，逐渐锁定客户群体，并关注与拓展跨境移动支付等创新领域。

逐鹿跨境电商外汇支付市场，支付机构既受到国内行业起步晚、缺乏规范等问题的困扰，还将面临国际竞争者的挑战。虽然国内支付企业进入跨境支付市场已有一段时间，但 PayPal 等平台在中国为跨境电商提供在线支付服务多年，同时可在全球畅通无阻地支付，具备先天优势。国内支付机构起步晚，用户覆盖率低，受到语言、使用习惯等影响，海外用户的认可度较低，境内支付机构要走出国门，在境外开展业务还将受到当地的政策和法律限制。支付机构开展跨境支付时要一方面借鉴 PayPal 等优秀的境外同行的宝贵经验，还需要在政策许可的范围内积极与境外银行和支付机构探讨合作，从而在国际化的道路上快速前进。■

现代移动电子货币设计探索研究

柴洪峰

发展移动电子货币的必要性

货币是商品交换的产物。伴随着商务模式的发展，货币经历了从金属货币到纸质货币、电子货币的重大演变。当前，移动商务模式渐趋成熟，满足其金融支付需求的移动电子货币将是现代电子货币发展的新阶段。

电子货币初始形态及演变

银行卡是商业社会的创新，在一定程度上成为了社会现代化水平的标志。纸币和银行卡都是传统柜台商务形态下最通用的支付工具。现金使用独立性强，应用范围广泛，较好地实现了独立性和流通性的平衡，成为最基础的线下支付方式。银行卡支付具有现金替代作用和消费信贷功能，满足了日益增强的大额商品交易需求，有助于促进商业发展，实

作者为中国银联执行副总裁。

现了电子货币的初始形态。

随着电子商务的发展，银行卡和纸币均不能完全满足电子商务的支付需要，而以虚拟账户为特征的电子货币呈现了一定意义上的货币的电子化、数字化，为电子商务的快速发展提供了重要支撑。

以虚拟账户为特征的电子货币演变呈现出四大特点：

第一，以虚拟账户为特征的电子货币解决了账户资金碎片化、管理离散化的问题，提升了用户对资金的使用便利性。资金碎片化是指用户拥有多个支付账户，资金分散在各个账户中，呈现碎片化分布状态。管理离散化是指用户的各个资金账户分属不同银行或机构，而各家银行或机构对账户及资金的管理要求和使用限制各不相同，呈现离散化管理状态。

第二，以虚拟账户为特征的电子货币易于推广和使用。相比于银行账户，虚拟账户允许用户或商户在线实名或匿名快速注册开户，避免了前往银行柜面开户的繁琐步骤，极大提升了用户"获得服务"的体验。

第三，以虚拟账户为特征的电子货币是电子商务和电子支付的天然衔接。用户在互联网的虚拟账户与支付账户分别由电商公司和支付机构提供支付信用担保和安全保障，流通的电子货币有机融合了两类账户，满足了用户一站式购物和支付服务需求，极大地支撑了电子商务的发展。

第四，以虚拟账户为特征的电子货币依然是以银行账户作为重要支撑，虚拟账户与银行账户相互关联。非金融支付机构推出基于虚拟账户的电子货币体系，与各银行账户绑定关联，实现了一个虚拟账户对多个银行账户资金的有机竞合，既以银行账户资金作为虚拟账户电子货币的最主要的来源，又分流减弱了银行账户资金支付效能。

移动电子货币形态

随着新兴通讯技术的发展、智能移动终端的普及，商务模式逐渐从互联网电子商务演变到移动商务阶段，线上、线下趋于融合。除了已有成熟的线下到线下，线上到线上的应用场景之外，还产生了线上虚拟经济与线下实体商户相结合的新型业务模式，即线下到线上、线上到线下。

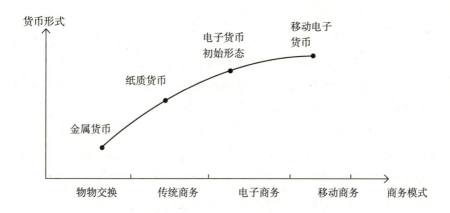

图1　货币形式与商务模式的融合发展趋势

O2O全组合业务场景的创新出现和蓬勃发展，推动改变了用户消费习惯。

在线上、线下相互渗透、相互影响的融合大趋势下，O2O移动电子商务迫切需要一种新的通用型电子货币来同时满足线上、线下的支付需求。纸质货币有效提供了线下资金使用流通的服务，但因地域、时间等原因，无法解决线上非面对面支付需求；而传统的银行卡则因为安全机制、交易流程、业务规范等方面原因，不太适应线上支付需求的"获得服务"便利性需求，也不能满足线下的快速支付需求；相应地，以虚拟账户为特征的电子货币虽已较好地解决了线上资金的离散化、碎片化问题，为用户提供了安全、便捷的支付服务，但较难满足线下支付的兑现流通需求，无法实现移动快速支付。

基于上述经济和商业形态发展要求，我们提出了移动电子货币的概念。移动电子货币是一种基于移动支付工具而提供支付服务的安全货币体系，可以同时满足传统商务、电子商务以及融合的商业模式的支付需求。移动电子货币是电子货币的一种新型形态，在吸收了银行卡、虚拟账户等电子货币优点后，还应具有如下特征：

第一，无缝衔接线上和线下支付行为，满足各种经济发展形态。目前，纸币及银行卡主要服务线下交易、虚拟账户服务线上交易的格局，不利于用户服务体验的一致性，移动电子货币设计则将融合统一两种支付方式。

第二，提升携带和支付过程便利性。任何时间、任何地点，无论是否携带银行卡、纸币，都可通过移动支付工具进行互换，实现支付。且基于移动设备载体的支付方式，也能够被线上和线下的商户所识别，实现更广泛的支付。

第三，比虚拟电子账户更加安全。基于移动环境的电子货币在吸收虚拟账户的软件安全技术基础上，将充分借助移动工具的硬件安全技术，实现账户的安全性，更有效地保护用户资金安全。另外，随着手机实名制的逐步推广，将给这项业务加上双保险。

第四，与产业链更完美的利益共享。移动电子货币在资金来源方面，既可吸纳银行账户、线上虚拟账户内的资金，也可吸纳线下真实纸币现金；通过合理商业模式设计，在利益分配上，保护商业银行利益。

表1   O2O 四种全组合业务场景

业务场景	线上	线下
线上	用户在网上购物、支付，线上获取商品或服务	用户在线购买商品或服务，再到线下获取商品或服务
线下	用户线下支付，再到线上获取商品或服务	现场进行支付并获取商品或服务

移动电子货币支付应用的构建框架

构建移动电子货币支付应用，重点是实现资金安全性、"获得服务"的便利性、电子货币支付易用性的最佳平衡，打破资金账户、纸币及其他合法资金之间的流通壁垒，提升线上、线下支付的通用性。

电池原理的启迪

商务印书馆《英汉证券投资词典》将电子货币英语翻译为 e - currency 或 electronic money，与电流的英语翻译 electric current 相近，有着其内在的关联性和相似度。简单来说，电子货币作为一种数字化的金融信用或价值，通过电子化方式交换流通，支撑电子商务类经济活动；电流作为一种电荷能量，通过输配电方式流动，支撑电器元件运转。

电池与电流的关系

电流不仅具备动态流动性，也同时具备相对静态性。将社会电网中的电流存储于电容、电池等元器容件内，电流可存储一段时间且便于携带移动，并继续为其他兼容标准的电器或电池提供能量，从而在时间和空间上降低了人们对社会电网固定接口获取电流的依赖，大大提升了人们使用电器的便利性和应用广泛性。

银行账户与纸币的匹配机制

基于银行账户的银行卡运作与纸币的关系在本质上类似电池与电流的关系。人们最熟悉的支付方式就是使用社会金融流通体系内的纸币现金，所有人只要合法持有法定纸币现金，国家信用体系就会保障其各类有效支付。但随着经济水平显著提升、经济活动范围全球化，随身携带大量纸币现金参与经济活动的方式已难以满足资金及人身安全、货币通兑通用等要求。基于银行账户银行卡运作提供存取纸币现金服务较好地解决了此类问题。

银行账户与纸币的关系和电池与电流的关系也有所不同。第一，纸币存入银行账户后可实现资产升值，这是因为国家赋予了银行账户融资存贷的金融管理职责和能力；相反地，电流充入电池后会逐步自然减少。第二，纸币对用户身份确认要求较低，只要是真币即可方便使用，但存入银行账户后，银行对用户有身份确认要求，安全性提高的同时部分限制了使用便捷性；电流和电池间不存在身份确认的安全问题，接口及电压符合技术标准即可，充入电池的电流反而在时空的使用便利性方面得到提升。

移动电子货币的支付应用架构

通过银行体系确保用户身份安全性，将银行账户余额、纸币等资金流，以某种电子货币形式充入类电池的通用账户内，将实现各种账户间的资金高效流通，广泛支持各类支付用途，大大提升现有基于银行账户支付应用的易用性。

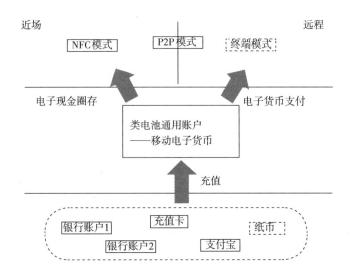

图 2　移动电子货币支付应用方案

电池的核心为未充电的裸电池，类电池"通用账户"的基础核心为初始状态为"0"的移动电子货币。当用户将其可合法使用的小钱、零钱等现金充入这种类电池的移动电子货币通用账户后，其名下移动电子货币额度数值增加，不仅仍可实现线下支付，还可便捷实现应用更广泛的线上支付，类电池通用账户是移动电子货币应用体现出来的核心基础。提升电子货币"获得服务"的便利性。

移动电子货币具有基础性、通用性、易用性、安全性的特征。

移动电子货币具有的基础功能

类电池通用账户的基本功能主要包括存入、划转、圈存、支付、查询等。

第一，存入是指以银行账户等任意方式将合法资金划拨至类电池通用账户并以移动电子货币形态保存。

第二，划转是指任意两个类电池通用账户间的移动电子货币可相互划拨。

第三，圈存是指将移动电子货币圈存至 NFC 产品或 IC 卡内的电子现金应用，以支持 Quickpass 等小额快速支付业务场景。

第四，支付是指将移动电子货币直接使用于各类消费支付用途，满足 O2O 业务场景对线上、线下联网商户的通用支付需求。

第五，查询是指用户可查询类电池通用账户内的移动电子货币数量，查询关联交易记录明细。

匹配资金来源通用性

移动电子货币支付应用能最大限度适应资金来源的通用性需求，解决目前各类资金碎片化存在、使用离散化管理的低效率使用问题，满足用户统一管理并简单使用资金的需求，包括银行账户资金、纸币现金、非银行金融机构账户资金等其他合法来源资金。例如用户要将纸币现金存入类电池通用账户，可通过受理点人员接收现金、将所属移动电子货币划拨至"通用账户"完成。

类电池"通用账户"的易用性

类电池"通用账户"初始为零，经过使用便捷性资金来源，通用性匹配的小额资金，可在线下近场、线上远程支付时便捷使用。

一是小额快速的线下面对面支付，主要适用于陌生的交易双方以 NFC 产品或是 P2P"手机互碰"产品完成交易资金拨付，就像使用现金一样方便地完成支付，无需验证对方身份。NFC 产品需通过将类电池"通用账户"内的移动电子货币圈存至 NFC 产品的电子现金内，增强了资金使用的独立性和便携性，可更方便地支持限额内的多次近场支付。

二是实时的线上远程支付，主要适用于相识人或是可信赖人之间通过账户到账户的 P2P 方式完成资金拨付，需要以人际信任为手段的安全性保障来实现线上非面对面支付。

保障身份安全性

移动电子货币支付应用依托银行账户的用户、手机银行的用户、银联的用户，能较好地继承现有基于银行账户金融体系的安全机制，在账户开立、身份验证、支付确认等环节保障用户身份真实、合法，确保了类电池通用账户与银行账户体系有机衔接的合法合理存在的基础。

移动电子货币的框架的商业链分析

电子货币发源于银行支付应用，目前银行仍然是掌握个人资金的绝对优势主体，移动电子货币支付应用的发展需要银行的支持，一个良好的应用框架应该保证参与的商业主体均能够获益。

移动电子货币通用账户管理者

在移动电子货币框架体系中，谁成为这个通用账户的管理者是一个重要的商业问题，按照移动电子货币统一支付的理念，这个管理者应该具备如下要求：

一是应该具有社会影响力，为用户群体所认可，并具有公正的形象；

二是与银行等资金机构具有良好的关系，为大部分资金机构所接受，并愿意与该机构开展合作；

三是具有风险抵抗能力，一方面要求注册资金雄厚，另一方面要具有支付风险防范能力和经验。

银行在移动电子货币中的价值

移动电子货币支付应用的实践部署应该充分考虑商业银行利益，并借助银行的资源，逐步实施移动电子货币支付应用。商业银行参与移动电子货币主要价值包括：

首先，资金仍由银行保管，参与合作的银行都将成为类电池"通用账户"的资金托管银行，银行的资金利益得到了保证。

其次，用户使用纸币现金为类电池通用账户充值时，可选择资金托管银行，最大限度尊重银行客户的个人意愿。

最后，银行可依托类电池"通用账户"为金融服务相对缺乏地区的用户提供便捷的支付服务，增加用户粘性，扩大业务覆盖范围。

其他主体在移动电子货币中的价值

移动电子货币的其他参与主体包括：用户、商户、支付服务机构。

在用户方面带来的是支付的便捷性和安全性，必将提高整体的交易量，交易量的提升，在不改变现有支付商业模式的前提下，商户和支付服务机构的收入也将会随之增长。

移动电子货币支付应用领域发展思路

移动电子货币是未来的支付服务的发展趋势，未来如果发展则首先需要社会各方的共同参与和支持，在政策、业务、法律等多个层面提供保障。其次，在应用领域层面，移动电子货币支付应用则应根据实践安全性及易用性的难易度，借鉴最普及的传统零售流通领域面对面支付经验，采取"先以非面对面小额支付为入手，重点解决面对面的移动支付，然后逐步拓展到其他支付"的策略。

非面对面小额支付

非面对面小额支付目前还是一个相对空白的领域，应该是移动电子货币的一个很好的市场切入点。但是非面对面小额支付需解决其他两个问题，一是如何认定合法的钱，二是如何控制业务风险。

首先，合法的钱是指符合法律规范发行的，具备等价交换价值，可明确来源和性质，由国家或某一合法机构给予支付承兑保障的货币，包括法定纸币现金、银行卡余额、移动电子货币等。在实际中，只要用户拥有可调拨使用的资金，且被交易双方所认可，都可认为是合法的资金。

其次，小额支付不需严格的用户身份验证，可能存在相关风险，不法分子可能会采用化整为零的策略，通过退货、圈提等方式进行变相套现或洗钱。移动电子货币支付应用应该充分借鉴现有支付业务的风险处理经验，及时发现并消除套现或洗钱风险。

面对面小额支付

面对面的小额支付主要在快速餐饮、便民超市、公交、菜市场等重要民生领域，交易双方面对面，交易金额绝对值小，适合使用角、分等零钱现金。小额支付对用户身份确认的安全性要求较低，交易双方一旦当面达成交易意愿，只要合法的钱即可支付，但对快速、易用性的要求高。

面对面小额支付是移动电子货币的一个重要领域，快速支付是移动电子货币最基本也是最具有优势的特征，开展面对面小额支付可快速普及移动电子货币支付应用，可最大限度实现"任何人持有合法钱就可完成有效支付"。这里需解决服务快速获得、移动电子货币快速获得两个问题。

首先，服务快速获得，可在用户首次使用银联移动支付客户端时自动获得类电池通用账户，即初始为"0"的移动电子货币。

其次，移动电子货币快速获得，可通过以点带面的辐射方式实现。拓展快速小额圈存渠道，将其银行账户资金充入其类电池通用账户；或者用户可将一定额度内的纸币现金交付代理方，由代理方帮助其完成充值。

其他支付需逐步与银行实现功能性补充

除面对面小额支付外，还有电子现金小额支付、大额支付等。电子现金小额支付正在通过 IC 卡发卡及受理普及推广，大额支付领域需要银行等法定金融机构提供支付服务。支付应用一般需通过银行账户完成资金划拨，对用户身份确认的安全性高，划拨时对身份安全、信用等级、账户资金的关联要求也高，在确保资金安全的同时降低了易用性和通用性。

在此阶段，移动电子货币应用可迅速融入银行应用，与银行一起打造基于银行账户移动支付的"直通车"，以实现跨台阶的联网通用，提升整体移动支付应用的用户支付体验、拓展业务覆盖范围，与各方共同形成移动电子货币良性发展的生态圈。■

参考文献

1. 孙丽莉. 移动电子商务市场分析与发展研究 [N]. 南京航空航天大学学报, 2007 (11).

2. 张文明. O2O 商业模式浅析 [J]. 中国电子商务, 2012 (3).

3. 焦汉明. O2O 商业模式——电子商务进入一个新阶段 [J]. 信息与电脑, 2012 (9).

4. 刘颖. 货币发展形态的法律分析 [J]. 中国法学, 2002 (1).

5. 李莉莎. 论第三方支付的洗钱风险及其法律监管 [J]. 2012 (1).

关于企业通过第三方支付机构结算时增值税进项税额抵扣认定问题探讨

王　磊　　高铭阳　王琦鸥

随着互联网第二次快速发展期的到来，B2B电子商务也进入了快速增长期。根据艾瑞咨询统计显示，2013年中国中小企业B2B电子商务市场总营收规模达210.2亿元，增速为25.8%。预计未来3~4年内，中国中小企业B2B电子商务市场将继续保持较高速增长。第三方互联网支付业务在B2B电子商务中的应用也越来越普遍，电子支付实现了低成本、高效率、跨机构、跨地域的资金流转模式，然而不同于B2C及C2C业务，企业结算在政策环境及风险控制上都提出了更高的要求，因此出现了企业通过第三方支付机构进行在线支付后，增值税进项税抵扣额不被认定的情况。

目前，国税局对于增值税进项税额抵扣的相关规定整体沿用1995年的条例，至今已有19年。其间在2003年第三方支付兴起后，对于企业通过第三方支付机构进行结算所涉及的财税问题，也未有补充规定，而其实际业务操作中所带来的增值税进项税额认定等问题已日益凸显。

《支付机构互联网支付业务管理办法》中对于互联网支付的定义，是指客户为购买特定商品或服务，通过计算机等设备，依托互联网发起

作者单位：东方付通信息技术有限公司。

支付指令，实现货币资金转移的行为。

在 B2B 电子交易过程中，第三方支付公司广泛采用了订单支付的方式，即买方通过电商平台生成订单，并使用存放于第三方支付机构的备付金余额或是支付机构与银行的网银网关进行支付，支付机构根据客户从电商平台发起的订单支付指令，将货款支付至卖方的支付账户或银行实体账户，订单生效后卖方交付货物。

通过互联网支付的手段，资金的结算与订单完全匹配，但是区别于传统金融支付中，收付款方银行直接到银行的结算方式。通过第三方支付机构，资金的实际流向是经买方银行账户划转至支付机构，再由支付机构的银行账户划转至卖方的银行账户（如下图所示）。

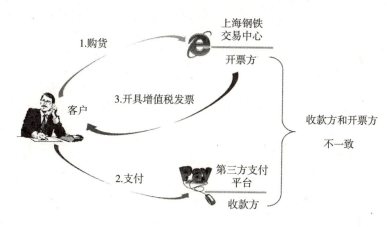

因此就出现了第三方支付机构作为支付服务提供商，在交易过程中提供了资金的代保管及代收代付服务，并非交付标的物与支付货币的实际执行方。在这种交易模式下，购销双方所取得交易相关的银行凭证，其业务关联方必定是第三方支付公司，与贸易合同及增值税发票上所记载的实际购销单位不符。

按照我国现行的增值税管理制度，根据《国家税务总局关于加强增值税征收管理若干问题的通知》（国税发〔1995〕192号）规定，纳税人购进货物或应税劳务，支付运输费用，所支付款项的单位，必须与开具抵扣凭证的销货单位、提供劳务的单位一致，才能够申报抵扣进项税额，否则不予抵扣。从而与上述款项通过第三方支付公司中转的方式出现了差异。

电商平台促进了贸易阳光化，通过第三方支付机构进行结算，实现了真正意义上的全流程在线交易，有效匹配了资金流、信息流及物流，从税务稽核的原则来说，是符合国税发〔1995〕192号中定义的资金流与发票流一致的要求的，但目前企业间的贸易资金清算主体只认可金融机构，对于第三方支付机构作为清算主体的方式并未有明确规定。

上海钢铁交易中心是一家以互联网平台为销售渠道的新兴电商企业，其日交易量已超过1万吨，结算金额约4 000万元，最高单日结算12 000万元。已经成为了业界领先的钢铁现货交易平台。上海钢铁交易中心的结算业务主要由专业从事B2B结算的第三方支付公司——东方付通信息技术有限公司服务。为了便于钢铁交易中心客户的增值税抵扣，上海钢铁交易中心与东方付通出具了关于委托结算的联合声明，东方付通为客户出具了记载支付资金对应的订单等交易信息的代收代付凭证。根据以上凭据，大部分客户能够获得属地税务主管部门的认可。但是约有3% ~ 5%的客户在抵扣当中出现了问题。

企业增值税进项税额认定的过程

增值税发票认证及进项税额抵扣

根据国税发〔2003〕17号中的规定，增值税一般纳税人申请抵扣的防伪税控系统开具的增值税专用发票，必须自该专用发票开具之日起90日内到税务机关认证，否则不予抵扣进项税额。企业进行增值税进项税额抵扣需先进行增票认证，通过所属税务局大厅进行认证或使用网上认证系统在单位自主认证，后到税务部门盖章确认。在增值税发票认证及抵扣环节，其操作依据为增值税发票的真实性。客户通过电商平台采购货物后，将取得卖方开立的增值税发票作为其进项税抵扣发票，在抵扣环节只要增值税发票是真实有效的，并不会影响企业的发票认证及进项税额抵扣。

税务查账

税务稽查部门每年会不定期通过各种方式对企业的履行纳税义务情况及税务处理进行检查，在纳税检查环节中，税务局将根据国税发〔1995〕192 号文的要求，对客户的增值税进项发票的开票人和客户支付该笔货款的银行凭证的收款人进行一致性核对。此时，在电商平台使用第三方支付平台支付的客户会遇到两者不一致的情况，可能会被税务局认定为代采购项下的漏税。

由于国税总局对于第三方支付机构的结算事项没有统一的规定，因此不同的地方分局对于第三方支付机构出具的支付凭证的理解不同，从而产生了在个别区域，第三方支付的手段不被认可的情况。

第三方支付公司现阶段可以采取的措施

支付机构通过出具证明材料能够在税法"三一致"的精神指导下，对抵扣的资金流向进行说明。

税务部门通过验证支付机构的第三方支付许可证，确定第三方支付机构资质

2010 年人民银行颁布了《非金融机构支付服务管理办法》（人民银行令〔2010〕第 2 号）及实施细则，规范引导第三方支付机构行业发展，同时也通过发放支付业务许可证认定第三方支付机构的经营资质并监管其业务开展情况。税务部门可以要求第三方支付机构提供企业营业执照及第三方支付业务许可证等资格证明文件进行备案。

税务部门通过银行回单中，账户名称中的"客户备付金"字样，确定资金通过有资质的第三方支付公司划转

根据人民银行《客户备付金管理办法》的规定，商业银行仅能为已

经获得资质的第三方支付机构，开立带有"客户备付金"字样的银行专户。支付机构对于自有资金、客户备付金进行分户管理，并通过支付平台开立企业客户虚拟二级子账户管理客户资金使用明细，确保其出入金与银行账一致，支付划转业务与电商平台交易记录一致。

出具具有交易信息的备注的代收代付凭证，证明资金流向

客户的出入金记录、支付划转记录、资金余额及状态都在支付机构的虚拟子账户显示。支付机构应根据对应的业务出具收付款及交易电子凭证，明确客户资金的实际使用情况并供企业作为记账原始凭证归档，在税务部门进行查账时，可以此为依据作为查验资金流与发票流一致的凭证。

未来发展的建议

针对 B2B 电子商务中互联网支付业务所涉及的税务问题制定相关管理政策法规

第三方支付产业的发展迅猛，但仍处于初期的起步阶段，对于金融、工商、财务及税务等各方面的管理政策尚未全面出台。在相关政策法规未出台的前提下，各税务部门根据自身的政策理解及管理手段处理当前问题，因此，企业对于增值税的进项税额抵扣及查账问题的解决仍存有疑惑，并会在实际操作中，因为没有统一的处理方式遇到困难。

对于 B2B 电子商务中互联网支付业务所涉及的税务问题，建议可参考对期交所的处理办法，发文对第三方支付结算方式进行认定《国家税务总局关于增值税一般纳税人期货交易进项税额抵扣问题的通知》（国税发［2002］45 号）：鉴于期货交易支付货款的特殊性，现将增值税一般纳税人通过期货交易购进货物进项税额抵扣问题明确如下：对增值税一般纳税人在商品交易所通过期货交易购进货物，其通过商品交易所转付货款可视同向销货单位支付货款，对其取得的合法增值税专用发票允许抵扣。当然，后续完善各方的管理政策才是解决之道。

电子商务更加有利于贸易阳光化，防止偷税漏税现象，更有利于税务、财务审计。第三方支付业务作为经济快速发展下的新兴事物，对现有的税收政策及其监管方式提出了新的问题，而税收作为经济发展重要的调控手段，应起到积极、正面的促进作用。如何在支持第三方支付行业发展的前提下，协调好税收监管的关系，是经济发展下的新课题，相关法规的完善出台将能从根本上解决这一问题，促进大宗商品交易领域电子商务和在线支付的快速发展。■

支付体系风险评估
相关国际国内经验介绍

张 玲 李 卓 刘 畅 何玲枢 王 琨

数次金融危机的爆发以及经济金融全球化进程的加速发展，各国政府和国际金融组织越来越重视包括支付体系在内的金融体系的稳定性，重新思考和评估原有监管制度和方法的有效性。对金融体系的系统性风险评估以及对具体监管对象的个体风险评估制度均日益成熟。本文将介绍当前国际组织、主要经济体以及国内其他监管部门在风险评估方面的主要做法，以期对建立我国支付体系风险评估制度有所借鉴。

国际组织在金融领域开展的风险评估

FSAP 评估

金融部门评估规划（FSAP）由世界银行（WB）和国际货币基金组织（IMF）于 1999 年联合发起，其目的是帮助成员国强化金融体系，全面评估和监测其经济金融体系的稳健性和脆弱性。FSAP 评估的内容包括金融结构和金融发展评估、金融部门评估、金融监管评估以及基础设施评估，

作者单位：张玲：中国人民银行支付结算司；李卓：中国人民银行南京分行；刘畅：中国人民银行武汉分行；何玲枢：中国人民银行重庆营业管理部；王琨：中国支付清算协会。

198

主要评估方法包括：金融稳健指标分析、压力测试以及国际标准与准则评估。其中，金融稳健指标包括核心指标和鼓励指标两类。核心指标仅针对银行业，借鉴了美国的 CAMELS 风险评估框架；鼓励指标包括存款机构、其他金融机构、非金融公司部门、市场流动性、住户部门和房地产市场等方面共 27 项具体指标。压力测试可用于单个机构和整个金融体系，风险因素主要包括利率、汇率、信贷、流动性以及资产价格等。国际标准与准则评估旨在从宏观经济政策的稳健性和透明度、审慎监管对金融机构稳健运行的影响、金融基础设施（包括公司治理、会计和审计标准等）的有效性等方面评估金融体系的稳定性，涵盖了 9 项国际标准和准则。

全球系统重要性金融机构评估

全球系统重要性金融机构（G－SIFIs）评估源于 2008 年国际金融危机。在危机中，一些所谓"大而不倒"的金融机构接连出现经营困境甚至倒闭，加速了危机的传播。于是，系统重要性金融机构（SIFIs）成为宏观审慎监管的重点对象。所谓 SIFIs 是指由于自身业务规模较大、复杂程度较高及系统性关联较强等原因，一旦发生风险事件将对整个金融体系乃至实体经济运行造成巨大冲击或影响的金融机构。为防范风险，必须对这些机构的稳健性和应对处置风险的能力进行评估和监测。巴塞尔委员会于2011 年 3 月形成了 G－SIFIs 的评估方法，采用规模、可替代性、关联性、复杂性和全球活跃程度五个方面来评估，每方面赋予 20% 的权重。同时，每个方面又设定很详细的具体指标及权重。根据该计算方法，金融稳定理事会于 2011 年 11 月发布了 29 家 G－SIFIs 名单，其中中国银行是唯一一家新兴经济体的银行；2013 年 11 月中国工商银行也入选 G－SIFISs 名单。2012 年、2013 年中国银监会和中国人民银行分别对中国银行展开全面的稳健性评估，国际货币基金组织于 2014 年对其开展稳健性评估。

PFMI 评估

2008 年国际金融危机爆发后，为了响应和支持金融稳定理事会（FSB）关于加强核心金融市场基础设施管理的强烈呼吁，支付结算体系委员会（CPSS）和国际证监会组织（IOSCO）在 2010 年 2 月，全面启动了对《重要支付系统核心原则》、《证券结算系统的建议》和《中央对手方的建议》等已有标准的评审修订工作，并于 2012 年 4 月正式发表了《金融市场基础设施原则》（PFMI）。PFMI 提出了金融基础设施的 24 项原则要求，对金融基础设施①建设提供了更详细的指导和更严格的标准，覆盖了金融基础设施风险管理的新领域和新类型。这些原则的主要公共政策目标是提高支付、清算、结算和记录安排的安全和高效，广义上讲，是限制系统性风险，增强透明度并促进金融稳定。按照 PFMI 的要求，各成员国管理部门应尽快将这些原则落实到相应的活动中，并应根据各自关于 FMI 的管理、监管和监督职责对 FMI 进行评估。

FATF 洗钱及恐怖融资风险评估

国际反洗钱组织 FATF 自 20 世纪 80 年代建立了反洗钱制度全球标准。在其后的发展过程中，FATF 逐步关注到反洗钱制度有效性问题，并开始倡导"风险为本"的反洗钱监管。2007 年以来，FATF 发布了针对不同行业的 9 个"风险为本"指引（FATF，2007），发布了国家洗钱风险评估战略的指引文件（FATF，2008），启动全球洗钱风险"战略监测项目"，并于 2010 年 6 月发布了首份《FATF 全球洗钱与恐怖融资威胁评估报告》（FATF，2010）。2012 年 2 月，FATF 通过新的《反洗钱、反恐怖融资和反扩散融资国际标准》，将有关恐怖融资的 9 项特别建议整合到原 40 条建议中，形成了新的 40 条建议。新 40 条建议的第一条就是"评估风险与适用风险为本的方法"，要求各国首先应识别、评估、了解面临的洗钱及恐怖融资风险，并在此基础上适用风险为本的方法，确保防范或降低洗钱和恐怖融资风险的措施与已识别出的风险相适应。风险为本的原则允许各国在 FATF 要求的框架下，采取更加灵活的措施，以有效地分配资源、实施与风险相适应的预防措施，最大限度地提高有效性。目前，FATF 已经对成员国家完成了三轮评估。从第四轮评估起，

---

① 包括重要支付系统、中央证券存管（CSD）、证券结算系统（SSS）、中央对手（CCP）和交易数据库（TR）。

将首次采用合规性评估和有效性评估相结合的方式。合规性评估是重点考察被评估成员是否具备相应的法律法规和制度；有效性评估是考察法律法规和制度是否得到了有效执行，是否与 FATF 要求的效果相一致。

主要经济体的支付体系风险评估

美国的支付体系风险评估

2010 年 7 月，美国颁布《多德—弗兰克华尔街改革与消费者保护法案》，以强化、防范和化解系统性风险为主线，对美国金融监管体系进行了全面改革和加强，专门提出了支付、清算、结算监管的相关标准和原则。该法案还赋予美联储对所有银行监管的权力，以及对系统重要性金融机构监管的"广泛权力"。2011 年 7 月，美联储发布《指定清算主体的风险管理监督》。根据该文件的内容，目前，美联储对支付体系的风险管理主要体现在对重要支付系统以及其他金融市场实体（FMU，financial market utility，包括金融机构和非金融机构）的风险管理。对于机构的风险管理，美联储主要是评判 FMU 识别、衡量、监控和控制这些风险的能力是否满足美联储有关风险管理政策。这种评估贯穿于年度监管循环，首先是一个对该机构正式的风险评估，主要是从法律风险、信用风险、流动性风险、操作风险等各方面，评估 FMU 是否拥有一个合理的风险管理框架以广泛地管理这些风险。然后是以风险为重点的现场检查、有效的非现场监督、相关信息收集并与其他监管者共享，以及与内部专家开展跨部门的分析讨论。其中，美联储特别重视现场检查以及与 FMU 董事会及管理层进行积极的对话。

英国银行的支付体系风险评估

2009 年，英国修订了《银行法》，将支付系统的监管职责赋予了英格兰银行，后者依据法案所设定的标准对具有系统重要性的银行间支付系统进行监管。2012 年的《金融服务法》又将中央对手及证券结算系统的监管职责由金融服务局（FSA）移交给英格兰银行，并要求英格兰银行每年对系统重要性清算所及支付系统监管的执行情况进行报告。按照计划，英格兰银行将要求每一个系统重要性支付系统按 PFMI 标准每年进行一次自评估，英格兰银行也将在系统自评估的基础上做出最终的判断。另外，英格兰银行监管有问题的支付系统的方法就是先准确评估系统风险，然后运用持续而系统的方法对被评估为高风险的区域进行重点集中的防控。在实践中，监管力量与资源主要集中在那些被判定为对金融稳定具有巨大威胁的支付系统上，主要是 CHAPS、BACS、支票和贷记清算系统。为此，英格兰银行还发布了《基于支付系统风险控制的方法论》，重点就系统风险的准确评估、监控与防范进行了详细阐述。

欧洲央行的支付体系风险评估

为了增强监督职能及所执行监督活动的透明度，欧洲央行于 2009 年 11 月发布了第一份欧元系统（Eurosystem）监督报告。其中，在监督活动专章中报告了监控和评估的相关工作。一般是依据在日常监控过程中收集的信息进行分析，同时根据分析结果决定是否需要进行进一步的特定评估，以及所发生的变化是否会影响到与监管标准的一致性。当系统计划改变其原有设计或上线新的服务时，监管部门就会进行一个专项评估，以考察其是否违背了已应用的监管标准。监管部门还会定期进行全面的评估，以确保所监管的基础设施符合已被应用的监管标准。另外，欧洲央行在支付体系风险评估方面的工作还包括：依据《系统重要性支付系统核心原则》对欧元支付系统进行评估，对欧元区各国支付体系监督相关活动及系统变动等情况进行评估，对支付工具相关系统的评估情况，以及对证券结算系统、中央证券登记及中央对手方面的监督评估活动。

澳大利亚央行对支付体系的风险评估

按照 2001 年《金融服务改革法》的规定，澳大利亚银行应每年对支付清算与结算系统是否符合金融稳定标准进行评估。2012 年 12 月，澳大利亚央行按照 PMFI 原则制定了新的金融稳定标准，涵盖普通清算、期货清算、普通结算、债券结算 4 个模块和风险管理、信用风险、担保风险、流动性风险、账户分离、商业风险、投资风险、操作风险、接入和参与要求、参与清算安排、报告及披露 11 个指标。澳大利亚央行按照新的金融稳定标准对澳大利亚证券交易所支付清算与结算系统进行了全面评估，并于 2013 年 9 月 5 日正式发布评估报告。评估结果根据发现问题的数量和严重性，从好到坏分为 4 类：完全覆盖、广泛覆盖、部分覆盖和未覆盖，并分别提出了评估建议和监管措施。

国际上两种成熟的银行风险评估方法

CAMELS 风险评估体系

CAMELS 风险评估体系最早是由美国联邦金融机构监管委员会于 1979 年建立的，经过 1997 年的修改后，成为美国主要监管机构统一使用的银行风险评估制度。CAMELS 框架是目前国际上最常用的分析单个银行部门稳定性的工具，它给出了影响银行体系稳定性的六个指标：资本充足率（Capital Adequacy）、资产质量（Asset quality）、管理的稳健性（Management）、收益状况（Earnings）和流动性状况（Liquidity）、市场风险敏感性指标（Sensitivity to Market），每一项指标都有着更为具体的组成成分①。在对银行进行风险评估时，监管部门会依据上述六项指标，分别进行定量和定性的评价打分，在加权汇总形成综合得分后，依综合

---

① （1）资本充足性。包括：银行的规模；优质资产水平；银行的发展经历、规划和前景；资本质量；利润积累；资本市场的进入；非账面总资产及其合理价值。（2）资产质量。包括：分类资产情况；不良贷款比例及趋势；非应计贷款；贷款集中度；内部交易额和性质。（3）管理要素。包括：银行技术能力和中、高层管理者的领导才能；遵守金融法律、法规情况；内控制度制定和执行情况；自主经营程度；对环境变化的规划和反应能力；满足社会合理贷款需求的意愿；董事人数；员工素质。（4）盈利性。包括：资产收益率，与同组银行平均水平和自身历年趋势比较；利润构成、收入、费用与同组银行和历年趋势相比较；贷款损失准备情况；红利支付率与银行资本充足的关系。（5）流动性。包括：当前和将来对资金流动性的需要；损失期内可变现资产；资金来源结构（表内或表外）；对短期不稳定资金来源的依赖程度；储蓄增长趋势和稳定性；证券投资和资产出售的能力；识别、测量、监测和控制资金头寸的管理能力。（6）对市场风险的灵敏度。包括：各种压力和情景下利润、资本经济价值对利率变化的灵敏度；外汇交易或其他交易总量的构成及波动性；由于交易性组合资产或金融工具市场变化引起的盈利或资本的实际或潜在波动；识别、测量、监测和控制利率风险能力，以及对物价、外汇风险的管理能力。

评分高低，确定金融机构风险等级。综合评分从 1 （最好）到 5 （最差），如果银行综合评分在 2 以下，说明该银行运营质量极佳，如果大于 3，就需要主管部门警惕。

CAMELS 评估是主要通过现场检查来完成，因为监管者认为只有亲临现场，才能掌握有关银行运作、程序、控制和管理的详细而真实的信息，从而对银行的业务经营、风险状况和合规性作出明智的判断。而且，CAMELS 对监管对象的风险评估周期一般为一年。无论上年风险评级的结果如何，不会改变对监管对象的评级周期。

ARROW 风险评估体系

ARROW 风险评估体系是英国金融服务局于 2001 年研究开发而成的，该体系产生于《巴塞尔新资本协议》草案颁布和国际金融监管理论实践纵深发展的背景下，在当时代表了欧洲银行业监管的最新成果。ARROW 风险评估体系的核心是从环境和银行具体风险两个层面对银行进行评估。环境评估是就银行外部的、对于其业务或内部控制风险有直接或间接影响的风险进行评估。商业银行具体风险的评估又划分为业务经营风险和风险控制能力，并进一步细分为 45 个风险要素[1]。与此同时，英国金融服务局依据所履行的法定职责和目标设定了 RTO 风险（risk toward objective：金融失败、错误处理和管理不善、欺诈事件、市场欺诈行为、洗钱、消费者理解偏差的风险）。RTO 风险和上述 45 个银行具体风险因素共同形成一个风险状况矩阵图。监管当局根据掌握的信息，将银行具体风险因素与 RTO 风险组别加以对照，所有 45 个风险因素都将被评估以确定该银行是否在某些领域存在 RTO 风险，根据已确定风险

---

[1]　45 个风险要素包括：战略的质量、业务的性质、信用风险、保险、市场风险、操作风险、法律风险、资本充足率、流动性、收益状况、客户/用户的类型、业务来源和分配机制、产品/服务的类型、市场效率、合适的市场、财务激励、对客户/用户的建议和报告、运用和管理、客户/用户资产的安全性、法律/所有者股权结构、与集团其他单位的关系、管理风险、法规、程序和控制、管理信息、IT 系统、财务报告和会计制度、合规性、内部审计、专家、业务持续性、反洗钱控制、市场、支付和清算安排、公司治理结构、管理责任的分配和定义、管理质量、人力资源、与监管者的关系、企业文化和经营理念。

对监管当局法令目标影响程度进行评分。监管当局根据掌握的信息，评估 45 个风险因素中已识别的风险对监管当局法令目标的影响程度，并进行评分。评分结果按风险高低划分为六个等级，据此监管当局将分别制订降低风险计划，并在与银行进行评估确认和沟通后予以实施。

与 CAMELS 不同的是，ARROW 风险评估不是针对所有的银行，它首先会通过影响力评估来确定需要评估的机构，监管当局不对影响力界定为"低"的银行进行风险评估。而且，ARROW 风险评估一般 1~3 年进行一次，评级周期的长短主要取决于上次风险评级结果。风险程度低的银行 3 年才评估一次。另外，ARROW 风险评估主要依靠非现场信息和分析来完成，少量的现场检查也只是现场查访，主要是与高管人员进行会谈来获取信息。

国内相关监管部门开展的风险评估

随着风险管理理念和技术方法的不断成熟，国内不同行业监管部门逐步引入 COSO 框架，逐步对监管主体的内部控制建设和评价提出要求。

国资委、财政部对中央企业的风险管理

国务院国有资产监督管理委员会在 2006 年发布了《中央企业全面风险管理指引》，对中央企业开展全面风险管理工作的总体原则、基本流程、组织体系、风险评估、风险管理策略、风险管理解决方案、监督与改进、风险管理信息系统、风险管理文化等方面进行了详细阐述，要求中央企业根据自身实际情况贯彻执行。财政部会同证监会、审计署、银监会、保监会于 2008 年发布了《企业内部控制基本规范》，规范规定了企业内部控制的原则，并分别从内部环境、风险评估、控制活动、信息与沟通、内部监督五个要素进行详细描述。为进一步落实规范执行，财政部在 2010 年配套发布了《企业内部控制应用指引第 1 – 18 号》、《企业内部控制评价指引》和《企业内部控制审计指引》，促进企业更好地建立、实施和评价内部控制。

银监会对商业银行的风险评估

银监会在 2004 年发布了《商业银行内部控制评价试行办法》，用于规范和加强对商业银行内部控制的评价。办法从商业银行内部控制环境、风险识别与评估、内部控制措施、监督评价与纠正等四个方面对评价内容进行了规定。内部控制评价采取评分制，对内部控制的过程和结果分别设置一定的标准分值，并根据评价得分确定被评价机构的内部控制等级。银监会将根据评级结果采取相关监管措施，及时防范化解金融风险。2007 年，中国银行业监督管理委员会依据银行审慎监管要求制定了《商业银行内部控制指引》。指引从内部控制环境、风险识别与评估、内部控制措施、信息交流与反馈、监督评价与纠正等五个方面对商业银行的内部控制进行了要求，同时为了使指引更具操作性，指引分别从授信业务等七个方面对商业银行的具体业务进行指导。银监会及其派出机构依据《商业银行内部控制指引》及《商业银行内部控制评价试行办法》对商业银行做出的内部控制评价结果是商业银行风险评估的重要内容，也是银监会及其派出机构进行市场准入管理的重要依据。

证监会对被监管机构的内控管理

证监会在 2001—2007 年期间，陆续发布了《证券公司内部控制指引》、《证券投资基金管理公司内部控制指导意见》、《证券投资基金销售机构内部控制指导意见》，分别对证券公司、证券投资基金管理公司、证券投资基金销售机构的内部控制做出了规范，就内部控制的五大基本要素提出了明确的要求，并就三类机构各自需要重点关注的业务内部控制进行了详细的描述。证监会据此对三类机构的内部控制管理进行监督，并对其内部控制做出实事求是的评价。此外，上海证券交易所和深圳证券交易所于 2006 年分别发布了《上海证券交易所上市公司内部控制指引》和《深圳证券交易所上市公司内部控制指引》，对上市公司内部控制的基本要求作出了规定，并就对控股子公司的管理控制等重点关注的控制活动进行了详细的描述，同时要求上市公司设立内部审计部门定期检查公司内部控制缺陷，评估其执行的效果和效率，并及时提出改进建议。

保监会对保险公司的内控管理

保监会在 2010 年发布了《保险公司内部控制基本准则》，准则强调了保险公司内部控制的目标和原则，要求保险公司加强内部控制体系建设，提高保险公司风险防范能力和经营管理水平，促进保险公司合规、稳健、有效经营，并根据保险公司业务活动，分别从销售、运营、基础管理和资金运用四个方面对公司内控要求进行详细规定。准则要求保险公司应当制定内部控制评价制度，每年对内部控制体系的健全性、合理性和有效性进行综合评估，编制内部控制评估报告，评估报告审议通过后报保监会备案。

人民银行内部其他部门的风险评估管理

近年来，人民银行有关司局结合国际相关领域风险管理的最近发展，陆续推出了我国相关领域的风险评估制度。在反洗钱方面，反洗钱局于 2012 年初步制定了《金融机构反洗钱风险评估标准》，用以指导人民银行分支机构对金融机构的反洗钱风险进行评估，目前仍处于试用阶段。该评估标准借鉴 COSO 框架从 5 大方面以及 67 个具体评分项目，对金融机构反洗钱风险进行的评分，并依据最终评分对金融机构进行分类监管。2013 年 3 月，反洗钱局发布了《金融机构洗钱和恐怖融资风险评估及客户分类管理指引》。指引构建了金融机构洗钱和恐怖融资风险评估的指标体系，采用权重法，以定性分析与定量分析相结合的方式来计量风险、评估等级。指引还对风险评估及客户等级划分操作流程、风险分类控制措施、管理与保障措施进行了详述，帮助指导金融机构依据洗钱风险评估及客户风险等级划分结果，优化反洗钱资源配置。在内部审计方面，内审司于 2013 年发布《中国人民银行内审部门风险评估工作试行办法》，全面落实风险导向审计模式。该《办法》规定，内审部门应采用剩余风险评估模型，运用规范的定性、定量方法，通过风险识别、固有风险评估、控制有效性评估、剩余风险计算，确定评估对象的风险级别。内审部门应对风险级别高的审计发现进行重点报告，并开展后续审计跟踪。

支付体系风险评估是一项长期、系统的工作，既有行业层面的评估，也有市场主体层面的评估；既有经营状况的评估，也有业务运行的评估。应该充分借鉴国际、国内各类风险评估思路、理念和实践经验，建立多角度、多层次、全方位的支付体系风险评估指标，以及高效灵活风险评估工作机制。■

实时监控技术在支付系统
网络中的应用与发展

任立新

近年来，网络安全问题一直困扰着支付系统的参与者，一些支付系统参与者接连出现网络故障，因无法及时发现问题，未能及时准确排除故障，导致长时间无法处理业务，影响了资金清算，造成了一定的不良影响，因此有必要将实时监控技术应用于支付系统网络建设中，以快速解决网络故障问题。

实时监控技术在支付系统网络中应用的必要性

当系统网络出现异常，无法在最快时间内发现问题，其主要原因：一是当前支付系统自身监控的界面是滚动式的，若在某段时点上系统运行出现了故障，没有报警提示。二是缺乏有效的人工监控。网络在某一时点中断时，人工难以达到实时监控，系统维护人员不能在有效的时间内发现和排除故障，监控存在盲区。三是人工监控始终处于一种被动模式，仅依靠手工及系统提供的有限工具来实现网络的监控远不能适应业务发展的需要。

只有加强对网络的监测，才能更有效地对网络进行管理。网络监测

作者单位：中国人民银行阜新市中心支行。

系统是记录网络中的所有活动，这点对于检测网络出现异常是十分有用的。因此为提高网络故障判断的准确性和及时性，防范系统运行风险，确保资金安全，利用实时监控技术手段，开发实时网络监测系统，对于保证支付系统的安全稳定运行是十分必要的。

实时监控技术在支付系统网络中的应用

实时监控技术的设计原理与目的

实时监控技术是指网络在某一时点中断时，能够立即监测并报警的一种技术。这种技术方式一般以开发的一种监控系统来代替，因此在这里也可以称为"网络监控报警系统"。它是指依托于银行的内部网络，采取计算机系统自动方式，不需要人工干预，实时监测网络设备和网络链路的工作状况的系统。被监控网络一旦出现异常或中断，监测系统可以及时获取网络故障信息，并通过音乐或短信的形式发送给管理员或监测员，实现网络故障的实时远程报警。其目的就是保证系统管理员能够在最快时间内接收报警信息，以快速处理故障，减少故障风险。

实时监控系统的功能设计

实时监测系统具有用户管理、系统参数设置、日志管理等功能。其功能主要特征：一是无需人工干预；二是系统及时以音乐或短信方式报警通知；三是被监测主机不需要安装任何软件和任何系统设置；四是支持多点发送报警；五是支持多个 IP 地址；六是生成年月日统计报告，显示异常报警率。

网络监控器的创建

实时监控系统运行环境设计在 Windows XP 以上的操作系统，安装 Access 数据库软件。需要设置用户，并创建网络监控器，系统提供了多种创建监控器的方式。监控器界面如下：

在监控器窗口内可以设置各种监控状态显示参数，如：背景颜色、网络配置，文本显示、异常音乐、短信文本、短信号码等。

网络配置

网络配置可以选择网络监控的模式（tcp 连接方式尚未实现）、端口号、IPv4、IPv6 等，在主机地址下的文本框输入要监控的网络地址（如：11. 20. *. *）。

在动态滚动状态中显示每个被监控主机的监控状态信息，记录监控系统运行的状态。如可设置黑色字体表示无异常情况，红色字体表示出现异常。

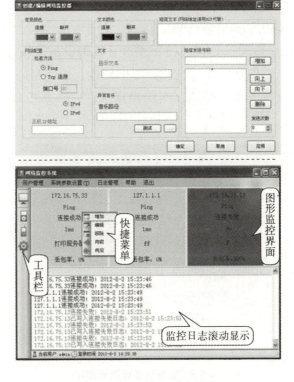

图 1　网络监控系统主界面

音乐配置

此项功能有两种。一是异常音乐功能，在系统监控器中进行设置，当网络出现异常情况时，系统将自动响起音乐的声音，以示报警。二是背景音乐功能，用于在一段时间后给予用户音乐提示，使用户知道实时监测系统是否运行正常。

图2　定时背景音乐设置界面

短信设备参数设置

发送短信需要连接"短信猫"设备，将手机卡放入"短信猫"，将"短信猫"通过串口与计算机连接，端口号根据设备连接端口选择。

短信文本、短信号码在系统监控器中设置，短信号码可供多项选择，短信文本可以设计成固定格式，网络出现异常时，系统自动将异常情况发送给短信接收人。

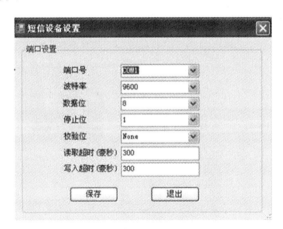

图3　短信设备设置界面

日志管理功能

日志管理功能主要包括：当日日志查询、当日日志统计、历史日志查询、历史日志统计、用户日志查询 5 种查询统计功能。如果只需要查询某一 IP 地址的异常中断信息，可选择"IP 地址"进行查询。如果系统连续多次连续检测某一 IP 均是连接目标失败，在统计中断次数时合并为一个系统中断记录，可以在排除连续中断记录查询到，有利于系统管理员准确排查网络故障。

此外还可以导出日志，将界面显示的日志列表导出为 execl 格式文件，并进行预览和打印。此项功能有利于技术人员进行检查网络地址中断次数，从而进一步判断问题原因。

实时监控技术在支付系统网络中的应用，提高了故障处置效率

一是实时监控系统实现了对支付系统网络的自动监测与报警。监测系统对业务系统重点部位（服务器的指定端口）、主要 IP 地址等均设置了监测点，网络运行一旦出现丢包或中断故障，系统管理员会在较短的时间内接到报警通知，迅速查看网络监测系统的监控画面，根据各监测点的情况，能准确判断故障点的位置，通知网络管理员查明故障原因，针对问题采取有效措施加以解决。该系统的运行，避免了业务专网长时间中断未及时发现而影响业务的正常开展，减少了人工监控的劳动强度，提高了故障处置效率。

二是实时网络监测技术的应用，有效地解决了人工监测和支付系统自身监控难以解决的问题。实现了网络实时远程监控，实时音乐报警和短信报警监控，消除了监控盲区，彻底解决了因无法迅速判断故障点，而导致长时间无法处理业务，影响银行和客户资金清算的现象，切实提高了故障监控的时效性和故障的处置效率，实现了从"人工监控"到"网络系统自动监控"的转变。

三是实时监测系统准确监测出支付系统网络出现的各种故障。自在辽宁省各市人民银行应用以来，支付系统没有再次因为网络故障原因导致不良影响，有效地为支付系统安全稳定运行提供了保障。

实时监控技术在未来二代支付系统中应用发展的探讨

第一代支付系统自 2005 年在全国范围内运行以来，大大加速了社会资金周转，提高了支付清算效率，畅通了货币政策传导，促进了国民经济健康平稳发展。但是由于一代支付系统不能满足银行业金融机构灵活接入的需求，在流动性管理、应对突发事件能力、业务功能、运行维护等方面都需要进一步加强完善，为此人民银行建设了第二代支付系统。二代支付系统是立足第一代支付系统的成功经验，引入先进的支付清算管理理念和技术，进一步丰富系统功能，提高清算效率，拓宽服务范围，加强运行监控，完善灾备系统，建设适应新兴电子支付发展的新一代支付系统。

基于当前一代支付系统在网络运行监控方面存在的不足，因而建议二代支付系统在建设过程中应用实时监测技术，对系统网络安全进行全面监测。

二代支付系统中三项新业务的必然要求

二代支付系统中有三项新业务，不同于一代支付系统。一是在银行业金融机构采取一点接入方式下，二代支付系统支持灵活选择资金清算模式。既可以开设单一清算账户，所有支付业务均通过该账户进行清算；也可以保留多个清算账户，支付业务分别通过指定账户进行结算，系统为参与者提供所有清算账户资金的集中统一管理。二是二代支付系统建设网银互联应用系统，通过指定网络连接各家商业银行的网银系统，实现网银系统的互联互通，有效支持网银支付的业务处理。三是二代支付系统支持人民币用于跨境支付以及境外支付的最终结算。系统在功能上支持参与者之间办理各种国际结算方式的信息流转及资金清算，对于收、付款人开户银行均为支付系统参与者的跨境人民币支付业务，可直接通过支付系统办理。

三项新业务在资金清算方面形式更加多样、范围更大、涉及面更广，因此在系统安全问题上也亟需对其网络进行实时监控，以避免由于网络原因造成的资金清算风险。

将实时监控技术应用于二代支付系统应用系统中

当前支付系统应用系统业务功能中对网络监控功能还很不完善。如果通过技术手段将实时监控技术作为一项业务功能应用于二代支付系统中，那么将更有利于准确地反映系统网络运行状况，有利于节约资源，也更有利于支付系统安全稳定运行。■

第三方支付的法律风险控制[*]

黄　震　邓建鹏

　　从广义上讲，第三方支付是在买卖双方之间担负双方间货币资金转移的行为。随着信息科技的发展和创新，网络交易凭借其便利、快捷的优势正不断为大众所接受，第三方支付平台扮演着重要角色。在传统交易中，交易双方可采取多种措施保证交易安全，但网络交易时空分离的特点使双方无论采取何种信用策略都显得愈发艰难。即使在卖方提供各种保障机制的情况下，大部分消费者仍保持着天然防备心理。在这种情况下，第三方支付应运而生。

　　第三方支付是一些非银行机构依靠通信、计算机和信息安全技术，与各大银行签约，在用户和银行支付结算系统间建立连接的电子支付方式。根据央行《非金融机构支付服务管理办法》的规定，第三方支付涉及的业务包括：一是网络支付；二是预付卡的发行与受理；三是银行卡收单；四是中国人民银行确定的其他支付服务。我国当前第三方支付平台可以大致分为两类：一种是独立网关支付模式，如易宝支付模式，另一种则是附有担保的支付模式，如淘宝网＋支付宝模式，前者在于提供各个银行间的直通网关服务，使交易更加便利，而后者则在前者的基础上充当信用中介，消费者首先将资金划入平台账户，在收到货物后通知

作者黄震为中央财经大学法学院教授；邓建鹏为中央民族大学法学院教授。

　*　本文由赵磊提供部分素材。

平台，资金方能由商家获得。目前，第三方支付主要存在以下风险：网络与信息的安全风险、资金沉淀风险、网络洗钱风险、信用卡套现风险、交易安全的风险、法律责任风险等。其中主要的风险为网络与信息的安全风险和交易安全的风险。

典型案例

2014 年 3 月，央行官方微博发布消息称，"由于 2013 年 12 月至 2014 年 1 月，全国发生多起不法分子利用预授权交易进行套现的风险事件。经核实，部分收单机构存在未落实特约商户实名制、交易监测不到位、风险事件处置不力等问题。相关单位待自查清理完毕，并经人民银行组织验收合格后，可开展新增商户拓展。"为此，有 8 家第三方支付机构从 2014 年 4 月 1 日起停止在全国范围内接入新商户，另有两家支付机构被要求限期自查。

银行卡收单是银行卡持卡人在银行签约商户处刷卡消费后银行结算的业务。银行结算过程就是从商户那里得到交易单据和交易数据，扣除一定比例的手续费后打款给商户。在 2013 年末至 2014 年初，诸如浙江、福建等地部分持卡人通过向信用卡内存入大额溢缴款，利用预授权完成交易需在预授权金额 115% 范围内予以付款承兑的业务特性，与部分支持预授权类交易的特约商户勾结，合谋套取发卡银行额外信用额度。此即为信用卡预授权套现，简而言之就是商户在持卡人消费前先冻结一部分资金，消费完成后经持卡人签字，商户才能正式扣掉这部分资金（如酒店房费消费）。信用卡预授权套现利用了信用卡预授权业务规则中的漏洞。这种业务规定，不管持卡人初始信用卡额度有多少，持卡人只要在信用卡中存入一笔溢缴款，就能通过"预授权"功能额外套现溢缴款的 15% 。比如存入 100 万元，可供消费 115 万元，额外套出 15 万元，如果存入 1 000 万元，则可以多套出 150 万元。

这一套现风险是谁的责任？银行和收单机构各执一词。银行认为第三方支付机构未执行实名制，对签约商户的交易行为管理不严。第三方支付机构则认为问题还是发卡行，银行对信用卡发卡人身份核实不严，把风险转嫁到收单机构上。

网络与信息安全的风险

第三方支付平台在经营中会形成大量用户数据，如交易记录、银行卡资料、客户资料等。第三方支付平台虽然拥有类似于金融机构的业务，却无法取得金融机构的地位，其在用户数据的采集、存储、使用方面应当如何在长期经营过程中保持自律，以及如何落实安全技术门槛，都成为监管难题。《非金融机构支付服务管理办法》及其实施细则要求支付机构应当依法保守客户的商业秘密，不得对外泄露，应按规定妥善保管客户身份基本信息、支付业务信息、会计档案等资料。支付机构未按规定保守客户商业秘密的，中国人民银行分支机构责令其限期改正，并给予警告或处1万元以上3万元以下罚款。同时在准入机制上设置了"技术安全检测认证证明"的要求，并进一步要求检测认证机构获得相关认证机构的认可。这样概括的规定虽然能够应急，却并非长久之计，如果不存在强制性的技术标准和安全级别，而仅仅依靠认证机构的资料证明，这对于平台使用者和平台本身来说都可能是一个极大的安全隐患。例如近期发生的突出案例，莫过于携程的网络支付存在的安全问题。2014年3月22日，国内安全漏洞监测平台"乌云网"披露携程旅行网支付日志存在漏洞。携程用于处理用户支付的安全支付服务器接口存在调试功能，将用户支付的记录用文本保存了下来。同时因为保存支付日志的服务器未做较严格的基线安全配置，存在漏洞，导致所有支付过程中的调试信息可被任意黑客读取。这是机构违规存储客户敏感银行卡信息的典型事例。

交易安全的风险

当前中国网贷平台的资金进出大都通过第三方支付机构来完成。当有的网贷平台出现卷款跑路风险时，第三方支付机构在收到投资人诸如冻结托管账户、停止划拨资金等要求，可能存在不当作为或作为不力的两难风险。在网络支付过程中，当被钓鱼者提出救济请求，第三方支付机构应尽到合理的注意义务，机构不作为或作为不力而导致被钓鱼的资金转移的，该机构在主观上存在过错的，应根据过错的大小承担相应的赔偿责任。第三方支付机构虽可能就此预先与客户订立免责条款，但据我国《合同法》第四十条、第五十三条规定，提供格式合同的一方（如第三方支付机构）因故意或者重大过失造成对方财产损失的，其关于免除其责任的条款无效。结合《非金融机构支付服务管理办法》第三十八条和《非金融机构支付服务管理办法实施细则》第四十一条规定，支付机构的高级管理人员明知他人实施违法犯罪活动仍为其办理支付业务的，支付机构多次发生工作人员明知他人实施违法犯罪活动仍为其办理支付业务的，中国人民银行及其分支机构有权责令其停止办理部分或全部支付业务。但根据当前的法律法规，依法享有冻结账户权限的单位有公、检、法、国家安全机构、海关、税务等。第三方支付机构不享有公权力，不能够独立自由地冻结存款行为，而只能遵照有权机构的指令行事。在发生诸如钓鱼事由时，第三方支付机构利用其便利自作主张地"冻结"他人账户的行为无法律依据。这种善意地为被钓鱼者做主的做法使其面临可能的行政责任风险。

信用卡套现风险

信用卡套现是第三方支付面临的常见问题，是指持卡人以虚构交易的方式，将信用额度以内的资金以现金方式套取，以规避支付银行费用的行为。早在 2005 年中国人民银行发布的《电子支付指引（第一号）》中就对此有所涉及，其第二十五条对个人客户和单位客户的单笔支付金额和每日累计支付金额都作出了相应的限制，但是该规定更多的是出于银行业的审慎性要求，所以在限制的同时也留出了间隙——客户能够提供有效付款依据的除外，而且该指引仅仅适用于商业银行的电子支付业务，这对于第三方支付平台来说，又出现了灰色地带。第三方支付平台上的套现与 POS 机虚构交易相比更为简便，通常一个账号和一个信用卡即可进行，而且目前并不罕见，并呈现愈演愈烈的态势。根据 2009 年最高人民法院、最高人民检察院出台《关于办理妨害信用卡管理刑事案件具体应用法律若干问题的解释》第七条规定，违反国家规定，使用销售点终端机具（POS 机）等方法，以虚构交易、虚开价格、现金退货等方式向信用卡持卡人直接支付现金，情节严重的，应当依据《刑法》第二百二十五条的规定，以非法经营罪定罪处罚。其中涉及数额在 100 万元以上的，或者造成金融机构资金 20 万元以上逾期未还的，或者造成金融机构经济损失 10 万元以上的，应当认定为《刑法》第二百二十五条规定的"情节严重"；数额在 500 万元以上的，或者造成金融机构资金 100 万元以上逾期未还的，或者造成金融机构经济损失 50 万元以上的，应当认定为《刑法》第二百二十五条规定的"情节特别严重"。持卡人以非法占有为目的，采用上述方式恶意透支，应当追究刑事责任的，依照《刑法》第一百九十六条的规定，以信用卡诈骗罪定罪处罚。

资金账户管理的风险

根据《非金融机构支付服务管理办法》的规定，支付机构应当在商业银行开设备付金专用存款账户存放客户的备付金，而且商业银行要随时监管，确保资金不被擅自动用。这一规定大大提高了资金账户的安全性，但是仍然没有对客户备付金的孳息归属作出明确的规定。而进一步来看，由于大部分第三方支付平台都采取了二次清算的经营模式，那么两次清算之间在途资金的管理就成为法律的空白，从买卖双方的合同来看，在途资金的所有权属于买方所有，第三方支付平台应当以何种方法进行管理才能避免纠纷，尚需相应的监管细则。

法律风险的控制

有人认为，我国现行法律，有关网上支付的立法非常缺乏，仅限于一些部门规章和政策，立法效力等级较低，而且主要集中在银行卡和网上银行的规制方面，对于第三方支付的法律地位、监管等诸多问题均未作立法规范。这种看法值得商榷，首先，在当前，我国涉及第三方支付的法律法规多达五六部以上，比较全面的对第三方支付以及网络支付模式作了规定。尤其是中国支付清算协会 2013 年 3 月 19 日发布了《支付机构互联网支付业务风险防范指引》，《支付机构互联网支付业务风险防范指引》是国内第一部针对互联网支付业务风险防范操作的具体规范性文件，提出互联网支付机构整体风险管理体系的基本要求。该《指引》分为 10 个部分，涵盖了支付、网络支付、机构风险管理体系、用户风险及防范、商户风险及防范、资金安全管理、系统信息安全管理、支付机构反洗钱和反恐怖融资管理要求、风险信息共享和风险事件处理等内容。该《指引》总结了建立互联网支付风险防范的行业规则，并支持支付机构个性化需要，建立与本机构支付业务规模、模式相适应的风险管理体系，同时主要关注了互联网支付的核心环节，明确提出风险防范的具体要求和操作规范，通过有效识别、评估、监测、控制和处置具体的业务风险，保障互联网支付安全。其核心内容，一是进一步落实实名制，有效保障用户账户安全；二是强化用户身份认证，防止用户信息被冒用、盗用；三是明确了支付机构与用户的权责。针对客户资金安全这个用户最为关切的问题，该《指引》一是严格备付金账户管理，保障客户备付金账户资金安全；二是规范资金管理与差错处理，保障客户合法权益；三是要求建立账户与交易监控系统，对支付交易全过程实施 7 × 24 小时监控。因此，针对当前第三方支付和网络支付等支付机构出现的各类风险，支付机构应严格按照上述法规指引，控制风险。

其次，针对本篇开头所述信用卡预授权套现的违法行为，支付机构应根据人民银行《支付机构反洗钱和反恐怖融资管理办法》的要求，采用合理手段核实客户身份，以加强控制。这些方式包括：一是客户输入身份证号码和手机号码，并正确回复手机号码完成身份核实；二是上传身份证件正反面；三是手持身份证件拍照上传；四是通过视频与身份核实人员通话。

　　再次，我国陆续出台《中华人民共和国电子签名法》、《电子支付指引（第一号）》等，分别从法律上确定了电子签名的合法地位，并对网上交易的安全性提出了指导性要求，为网络支付安全提供了基础保障。近年来央行等主管部门通过加强对网上支付的管理，出台数部法规和实施细则，对非金融机构开展支付实施了相应的金融管制要求。在规范经营方面，要求支付机构应按核准范围从事支付业务、报备与披露业务收费情况，制定并披露服务协议，核对客户身份信息，保守客户商业秘密等。在资金安全方面，主要强调支付机构应在同一商业银行专户存放接收的客户备付金，且只能根据客户的指令划拨等。

　　最后，针对网络与信息安全等问题，第三方支付机构应依法规建设相应的信息系统安全等级保护并进行测评。信息系统安全等级保护测评工作是指测评机构依据国家信息安全等级保护制度规定，按照有关管理规范和技术标准，对未涉及国家秘密的信息系统安全等级保护状况进行检测评估的活动。公安机关等安全监管部门进行信息安全等级保护监督检查时，系统运营使用单位必须提交由具有等级测评资质的机构出具的等级测评报告。关于信息系统安全全国等级保护测评机构推荐目录，请参见中国信息安全等级保护网：http：//www. djbh. net/webdev/web/ LevelTestOrgAction. do？p = nlbdLv3&id = 40 2885cb35d11a540135d168e41e000c. ■

第三部分　行业创新与发展

移动互联网带来新业务模式

胡启林

移动互联网与传统互联网在几个方面的区别是非常显著的，一就是把大家解放了，任何时候都可以上网，移动互联网甚至已经成为我们的一个器官（一个功能），走到哪就带到哪；手机上也有 GPS 功能，可以定位出你在哪个位置，通过 LBS 做推送，使得用户更容易产生消费欲望，再透过整个 O2O 关系链，商家也能提供更精准的服务；再说说数字化，以前大家习惯在报纸上剪一个优惠券，再拿去实体店消费，如果说把这个场景应用到 O2O 产业链上，那么原来传统的媒介，从纸变成了电子数字，放进手机钱包里，大家的生活方便度大大提高。中国人出门基本上必带身份证、手机、钥匙、钱包，这四样东西是不是有可能通过手机代替，甚至不带手机出门，也能够消费；另外，移动化带来社交化，就是说用户完成一次交易之后，可以在朋友圈里做一个分享，推荐其他微信用户参与进来。其实这个是很有意思的，在整个移动互联网下，大家对 O2O 的体验，如果通过社交化方式进行推广，会直接影响到用户的消费行为。

目前整个行业移动互联网程度不太一样。现在每个手机上平均安装 15 个 APP，但常用的只有两到三个，很荣幸其中就有腾讯的一款。刚才大家提到 O2O，腾讯基于本身 C 端用户非常强大的特点，无论是微信用

作者为财付通公司副总裁。

户还是手机 QQ 用户。但是 O2O 怎么落地？我个人认为，最关键要落到闭环流程中。O2O 重要的一点可能是用户购买欲望的产生，使用户产生购买欲望，就需要做电子化折扣券，或者说基于 LBS 做一些优惠信息推送，当用户产生购买欲望之后，马上能够做判断，列出来线上有什么存货？线下附近的店有什么存货？给用户做一个比较消费，促使用户把这个购买欲望变成交易，之后的支付环节是最重要的，如果没有支付这一环节的话，就没有办法完成交易。

另外有一点，二维码或者条码扫描也非常有价值，过往的传统，记住某个电视机的型号是很难的，通过二维码或者条码扫描能精准地知道商品是什么样，马上可以线上线下做比较，给用户一个非常理性的数据参考。尽管有时线上的东西比较便宜，我们还是想尽快用到，希望尽快拿到手。购买完成后，商户做一些积分或者客户忠诚度的管理也非常重要，这对消费者是一个非常好的促动。这种移动互联网的社交应用其实是非常有效的市场营销方式。

第二就是介绍一下腾讯平台，腾讯平台大家不陌生，它是开放的平台，这里面有工具，有内容，有娱乐，有游戏，也有商务。为什么说这个平台是开放的呢？因为上面有大量第三方开发应用程序，给平台上一些商业合作伙伴带来很好的案例，间接地也创造上百万的就业机会。

在国外，互联网公司社交加上移动互联网会带来一些新的业务模式，比如 Facebook。而腾讯平台所带来最大的就是海量用户，其次是开放平台，如果能够跟商业伙伴在这个平台上合作的话，可能就会有新的业务模式产生。比如，为什么现在各行都有微信银行公众账号？因为在微信平台上，有海量用户群，同时用户群体是开放的，我们愿意把我们的用户分享给合作伙伴，例如各家银行。

再就是我们做的一个彩贝产品，最开始只是通信平台上的通用积分，我们做了两年，用户超过两个亿。不光是在腾讯体系内的电商平台，还包括腾讯体系外的商户，积分是通用的。我们跟中信银行发行了彩贝联名卡，这个信用卡也是可以累计彩贝积分的。在不改变用户消费习惯情况下，这是我们在 O2O 方面的另一个实践。

　　最后给大家介绍的就是我们推出的微信支付，这是一款非常简单但是安全的产品，对于用户体验，很有口碑。只要添加一张银行卡，再设6位支付密码，你就可以在微信体系内公众账号中进行支付；另外在电商购物时，选择微信支付会弹出一个二维码，通过微信扫一下，就可以完成支付；再就是通过手机APP调动微信支付。

　　我们在互联网金融做什么事情？我们的想法就是结合我们自己的优势和资源，向用户提供更好更安全的产品，服务于广大网民和广大手机用户。■

互联网深水区的支付创新

唐　彬

　　我是1993年去的美国，当时互联网刚刚兴起。那个时候上网不用IE，甚至 Mosaic 都没有出来，人们通过 14.4K 的 Modem 上网，浏览用 Gopher，没有图形界面，其实很不方便。但那个时候我们觉得非常的新奇和激动，因为这是人类历史上第一次形成了一个"人人为我，我为人人"的理想组织结构，并带来了崭新的思维，技术和商业模式。从此时代对人们的影响力开始超越地域。过去的二十年，互联网主要意味着从原子到比特的虚拟化，如今20年过去了，互联网正在从比特回归原子，融合虚拟和现实世界，步入波澜壮阔的第二波，我称之为深水区，主要体现在如下三个方面。

　　第一是移动互联网彻底融合了线上线下。从此商务交易和人们的生活除了拥抱互联网以外别无选择，我们正在走进新的时代。三年前传统的行业，不管是卖服装的李宁还是卖电器的苏宁这样的公司，对互联网感觉都是温水煮青蛙，没有紧迫感。但现在完全不一样了：苏宁改名云商，李宁也在拥抱互联网，连餐饮和打车这样的传统行业也在快速地互联网化，因为移动互联网已把线上线下彻底融合了，现在大家不在 PC 面前并没有离开互联网，因为智能手机，iPad 可以随时随地上网，而且是带有个性化信息（如地理位置，朋友链接等）的上网。以前很多行

作者为易宝支付 CEO。

228

业，尤其是传统的服务行业，互联网很难进去，因为移动互联网的到来，所有的行业，人们的生活，已经全面进入了一个新互联的时代。我对互联网有一种信仰，我相信互联网时代，会彻底地改变中国，包括经济、社会、政治、还有我们的思想。

第二是互联网开始打破行业垄断，给商业带来了更多的透明、高效、活力和普惠。如近来微信打破通信垄断，微博打破宣传垄断，互联网金融打破金融的垄断。李克强总理说改革是最大的红利，其实现阶段改革的核心就是打破垄断，让市场作为决定力量主导经济发展。而互联网天生就是反垄断的，因为互联网的精神是自下而上、平等、民主、开放、透明的，所以我要接着说互联网是中国改革的最大利好。作为监管机构也好，作为媒体也好，作为企业家也好，要真正地拥抱互联网，如果不拥抱就会被抛弃，现在就是这样的时代。

第三是互联网带来了新技术，尤其是云计算，和这两年开始走向成熟的大数据技术。互联网的核心不是简单的规模化，一百年前福特已经实现了规模化，但无法同时实现个性化。互联网最核心的是个性化，让技术服务人性，回归人性必须要有足够的数据，因为人性希望个性化服务的，我的服务跟你的不一样，每个人都是独一无二的，互联网通过新技术，新思想，尽量高效地为每个人提供独一无二的服务。

在互联网进入深水区的第二波大浪潮中，支付企业该如何去应对？我们先来简单回顾一下历史，然后展望未来。2000年左右以互联网支付起家的第三方支付在中国开始起步，并伴随网络大潮一起成长。在此过程中对中国的电子商务、老百姓的生活、公益事业和金融创新带来了不可磨灭的贡献。目前250家持牌公司支付模式各有特色，但主要有三种基础模式。第一种是网关模式，以银联为代表，解决银行间的互联互通的问题；第二种是担保模式，以支付宝为代表，通过担保解决了某些特定环境下（如淘宝上）买家卖家互不信任的问题；第三种是行业模式，以易宝支付为代表，围绕行业交易链条提供量身定制的支付结算和相关金融及营销解决方案。比如在航空行业，交易链条包括上游的航空公司、中间的一级代理、二级代理、终端的用户。不是用户对商家点对点付款就够了，一笔交易要支付、分账、还有退款，旺季的时候还要给代理人小额授信等。这不是简单的网关支付和担保支付能解决的。

未来会怎样发展？我有如下四点展望。

一是移动支付会给第三方支付开辟蓝海并重新洗牌。在以用户为发力点的模式中，微信支付正在给支付宝带来巨大的挑战。在线上线下融合的新背景下，银联支付正面临新的挑战和定位，如何从线下垄断的传统思维跳出来，拥抱开放、分享、透明、去中心化的互联网思维，并通过重新定位和过硬的开放技术平台在线上线下融合的移动支付大潮中通过优质的服务重新确立自己的领导地位？

二是我认为行业支付还会有巨大的发展空间，因为在中国还有太多的行业需要量身定制的支付解决方案。尤其在移动支付的大背景下，如何在新的移动应用场景下把支付巧妙而安全地和交易结合。易宝支付在手机游戏领域的一键支付和餐饮行业的移动支付＋营销哆啦宝服务是新的行业支付模式尝试。

三是后牌照时代支付将改变金融，推动开放，创新和普惠金融服务。我们知道金融是来源于交易的需要，而支付是交易的核心环节，没有支付交易就无法闭环，所以金融、交易和支付是分不开的。因为支付是一个最基础的金融服务，以互联网支付起家的第三方支付是互联网金融的先锋队，也是互联网金融的基石。支付给互联网的金融奠定了数据基础，也奠定了商务基础和用户基础。目前中国的金融问题主要是两个单一，第一个是国有资本垄断，第二个是银行一枝独大。两个单一造成了在中国的金融生态没有形成一个多层次，良性平衡的生态系统。解决这个问题需要引入金融新物种，而作为互联网和金融杂交的第三方支付公司恰恰就是这样的新物种，新物种在壮大的过程中给传统的金融带来了压力，促使他们改革，并使得金融的生态更加良性平衡，这是中国金融的希望所在。两年半以来，央行与时俱进，发放牌照给支付公司，从此中国的金融领域就有了一个由民营占主导地位的第三方支付服务行业，而且是从一诞生就拥抱互联网，深具网络基因的行业。为什么支付宝的余额宝，一个基本没有金融创新但深具互联网精神（低门槛，方便，融合支付和理财功能等）的小产品一出来就对传统金融行业产生了重大冲击？因为传统金融已经跟不上中国的经济发展和老百姓的需要，迫切需要有时代精神的新产品来满足巨大的未被满足的金融需求，尤其是对于中小微企业和个人而言。如果阿里巴巴没有支付宝怎么做余额宝？

四是支付公司作为天然的信任中介，拥有了大量的真实数据和海量的用户和商户资源，基于支付大数据的挖掘可以做精准营销，成就大数据时代的个性化服务，并可以帮助建立更好的征信系统和促进社会的诚信。

总之，经过 20 年来的发展，互联网正进入深水区，全面的互联网新时代正在到来。支付公司作为一个既具网络基因，又有金融资质的新物种将在推动行业电子化、金融创新和基于大数据的精准营销与征信方面发挥巨大而独特的作用，并有力地促进经济转型，使得交易更加安全便捷和个性化，提高人们的生活质量。■

移动金融服务如何黏住客户

赵志宏

根据康德的星云假说，宇宙最初遍布尘埃，尘埃有大有小，在万有引力作用下，大的尘埃吸引小的尘埃，并逐渐聚集加速，大的引力越来越大，天体就是这样形成的。在互联网新应用的商业规律上也是如此，大者恒大，斗转星移，像价值黑洞一样兼并或消灭小的竞争对手，逐步占据难以轻易撼动的垄断地位，除非是另一种破坏性创新打破固有格局。互联网新应用吸附人群所依托的引力是什么呢，是客户体验，这一点在移动金融领域尤甚。Garnter 公司 2013 年下半年在中国、美国、英国、巴西、印度五国做的客户调查结果显示，在将来的移动设备上，全球范围内客户比较重视的应用功能有一些较为突出的特点，例如简洁方便、提供的服务价值和客户化定制。

移动金融服务的客户体验关键点之一——简洁方便

例如在中国，客户希望供应商提供的移动应用中，最基本的"快速查询余额"排在最前面，这个发现同全球其他地区的观察不谋而合。客户希望通过手机或者其他电子设备能够简单、方便地操作一些此前需要在网点或者登录网银才能实现的功能。在这个时候，界面的绚丽多姿、

作者为中国建设银行产品创新与管理部副总经理，管理学博士。

功能复杂或者说业务的创新都已经不是客户体验最重要的一个因素，客户希望通过移动应用，能够简化之前在网点和网银的操作。银行也需要将此因素考虑进去，一方面，需要考虑开发一个全功能的移动平台对客户体验的负面影响，譬如过多复杂的功能可能会影响客户体验，同时增加了安控的复杂度；另一方面，考虑开发一些针对单一功能的极简应用（如一键查询账户），改善客户体验的同时也降低了安全风险，并且较低的开发成本可以帮助测试当前市场下客户体验对移动应用带来的影响。同样的思路也适用于网银渠道：太复杂的功能是否影响了客户的体验，银行需要通过科学的数据分析考虑优化网银的菜单和功能结构。

简单易用的一键点击应用在美国、澳大利亚等各地的银行业都已经出现，例如澳大利亚的一家主要银行推出的单击显示账户余额（模拟可视化的油表界面）的功能，在照顾客户体验的同时也规避了安全风险。即使密码失窃也仅仅进行查询操作，没有资金损失的可能。马来西亚最具创新能力的银行 CIMB 在近期提供了一种叫做 One Clink 的应用（CIMB Clicks）。这种手机应用随身携带，可以为客户随时随地提供服务，通过简单的使用界面，方便客户管理账户。主要的特点是无需繁琐的登录过程，简化密码程序。具体功能包括：账户余额查询、查看交易历史记录、转账、缴费、预付重设、定期存款开立、有限的交易安排、有限的投资账户。

移动金融服务的客户体验关键点之二——提供的服务价值

就像移动支付的落脚点在支付一样，移动金融的灵魂在于金融，移动只是渠道载体，充分发掘移动渠道技术特点创造什么特定金融服务价值才是客户体验的关键。因为地域、人口、经济和文化的诸多原因，亚太的某些国家或地区包括中国和中国香港、日本、韩国、新加坡以及澳大利亚等在某些移动和支付的应用方面走在全球前列。数字钱包是移动支付的典型应用，其关键在于对未来数字化支付流程的控制权以及客户信息的掌控。例如 Hana Bank 在 2013 年推出了 Hana Money 移动钱包应用，除了支持移动支付功能外，还提供自动记账功能、支付理财功能，支持某些电子货币（点数卡）、ATM 取款以及电商整合功能。数字钱包是一个融合了金融、支付、零售商、电信、移动设备等各产业的解决方案，是关联了支付卡、会员卡、优惠券和其他在电子设备存放的敏感数据安全凭证的电子钱包。这些安全信息被用于在购买商品或服务时认证用户和初始化认证流程。银行需要在这波浪潮中博得先机，参与到数字钱包的建设中去。

移动金融服务在全球现金在线管理平台中已有令人炫目的应用，例如 JP Morgan ACCESS Mobile。其功能包括移动支付管理、在线支付审批和发布、资金交易；允许通过不同币种查看 JPMorgan 及其第三方银行的全部现金管理账户以及交易；"快速决定"功能支持预设置交易和目标余额；高安全级别、安全会话、加密和身份验证的控制；多语言支持等。

移动支付在某些新兴市场还建立了新的付款方式，例如通过优惠点数进行支付。金融机构逐步开始思考如何在这些新的货币形式下进行交易，包括允许非法定货币进行核算、定价、继承、征税的可能。这些一旦在监管下成为一种合法的贸易模式，那们将成为未来银行新的收入流。为了迎接虚拟货币和电子货币的大趋势，IT 需要在某个将来重新开发应用程序，以适应这些新资金，以充分利用未来货币的业务价值。

移动金融服务的客户体验关键点之三——客户化定制

互联网的长尾效应使得客户被无限细分，直至个性化极度彰显，使得大众客户化定制 Mass Customization 成为可能。能够准确把握住众多客户中的一个个体的需求，也就是个性化。一个比较常见的例子是，你可能经常接到一些保险或房地产营销电话或短信，如果你收到这个短信并不是你需要的，你会非常失望。而你在上次用信用卡支付剪发费用后，若有个银行分析到你的行为，推荐给你一些理发店，下次若使用这家银行的信用卡就有剪发的消费付款折扣，这必然给你带来满意的体验。如果这家银行在给你发送短信或微信营销此服务的同时，你能从这封短信或微信界面上点击进入其手机银行页面，选择性定制信用卡还款频率的参数，并顺便定制一个你所使用的若干家银行信用卡还款综合日志服务，这必将给你带来惊喜的体验，银行接下来针对你这个目标客户特定需求的交叉销售和提升销售就变得顺理成章了。

客户化定制的表现形式一方面是客户直接进行个性化定制，例如韩国 Kookmin Bank2012 年推出一个基于互联网渠道的客户个性化定制产品——"自主设计型存款"（Free style designed deposit）：客户资质要求必须是韩国人；期限可以选择，最少 1 个月；金额可以选择；利息支付方式可以选择。基于客户的所有选择，客户定制产品被可视化地展示出来，而且特定利率也被计算出来。客户可以选择通过个人网银或手机银行上定制该产品，系统界面的客户体验风格和操作步骤是完全一致的，只不过不同于个人网银系统界面的横向展示，手机银行的个性化定制屏幕是纵向展示。已有 4 家韩国银行有基于移动设备的个性化定制产品服务，但这 4 家银行的网站上均说明，针对更加复杂的客户化定制产品，需要客户前往网点进行面对面沟通。

客户化定制的表现形式另一方面是客户参与银行移动金融创新，例如法国东方汇理银行以客户需求为中心的移动开放式应用商店。由于该银行管理着一个联合金融集团，经常出现技术方面的优先项冲突问题，还需要支持越来越多样化的客户需求问题。在这种背景下，银行科技部门提出一种开放式开发方法，因为银行需要一个多样化的移动应用战略，而不仅仅是一个单一的大而全的手机银行应用。那么，具体实施一个多样化移动应用战略时，当分析客户体验最佳实践的时候，银行究竟需要提供给客户哪种应用（也就是应用类型）特别值得关注。这些应用包含很多类别，可以是按移动平台/操作系统、各分行产品和服务分类的。在这个案例里，银行提供了以下的类别：预算、储蓄、中小企业、旅行、青年教育、新闻、银行功能。在短短的时间内，通过第三方的力量，最终上线了总计近 30 多个移动应用。由于银行能提供的移动应用品种繁多，而且各个应用都可以由用户进行独立评估，因此可以为需要新应用的客户提供很多选择，在应用是否有价值方面也能提供很高的透明度。

235

这个商店还允许有超前设计理念的开发人员把他们的想法发布到网站上并获取潜在用户的反馈，以确保所推出的应用符合客户的需求。虽然这个商店还处于初期阶段，但从方法和战略方面看，这种方式是成功的，因为其在创新性和潜在影响上都是非常有前途的。■

关于商业银行发展对公结算账户业务的几点思考

刘奉祥

当前对公结算账户业务发展面临的形势

央行加快推进银行账户体系市场化改革

由于账户记录着社会资金运行的轨迹，账户管理已被国际公认为推动金融市场改革和维护经济金融秩序的重要手段。为适应市场经济的需要，人民银行作为银行账户活动的管理者，自 2012 年下半年启动了银行账户管理制度改革，明晰了"大账户"管理体系，进一步提升账户法律效力，突出了银行账户的市场化改革方向。其主要改革思想：一是鼓励创新、公平竞争的原则，取消账户许可制，放开对对公结算账户功能和使用范围的限制，强调银行账户是银行与存款人之间的民事合同关系，回归银行账户的本质，进一步推动商业银行账户的市场化。二是突出"大账户"管理体系，将账户管理范围由单纯的银行结算账户扩大到定期存款账户、通知存款账户、托管账户、理财账户、保证金账户等新型银行账户类型，由单纯的银行账户扩大到证券公司结算账户、非金融机

作者单位：中国农业银行现金管理部。

构虚拟账户等。银行账户制度改革将打破目前账户在银行、非银行金融机构以及非金融机构中的布局，重新洗牌，对金融机构特别是商业银行的账户营销理念带来较大冲击和影响。

非金融机构加快向银行账户领域的渗透

目前受法律及监管政策限制，非金融机构如支付宝、财付通、中移电子商务等不能开立实体账户，但自身已形成相对独立、与银行功能类似的结算账户体系（即"虚拟账户"），其对商业银行的影响主要体现为存款转移。以支付宝为例，截至 2012 年末支付宝注册账户数已突破 8 亿，沉淀在支付宝平台的资金达 300 亿元。基本流程是，买家购物支付的过程，在资金流上体现为广大个人客户存款转换为支付宝公司在银行的备付金存款；卖家结算收款的过程，体现为支付宝的备付金存款转换为公司或个人商户的存款。银行如果没有抓住支付公司的备付金账户，或者没有抓住下游商户结算账户，都将面临较大的存款流失。

同时，基于对网络理财业务前景的看好，非银行机构纷纷计划进军代理保险、基金、理财市场，创新产品也不断涌现。表面上看，目前非银行机构为基金公司直销网上交易的支付规模只有 300 亿～400 亿元，随着未来基金行情的好转以及第三方销售渠道份额的增加，存款分流效果将日益显著。2013 年 7 月 1 日，支付宝宣布，6 月 13 日上线的余额宝服务，到 6 月 30 日累计用户已达 251.56 万户，累计转入资金规模 66.01 亿元，累计消费金额 12.04 亿元。在余额宝的带动下，增利宝货币基金短短 18 天，用户数就已超过去年国内前 10 大客户数最多的货币基金客户数总和。

银行账户成为金融机构市场竞争的战略要地

银行账户是资金的载体和资金活动的基础，是客户金融资产、金融活动的根据地、大本营。账户背后聚集了巨大的金融资源。对此，国泰君安证券股份有限公司董事长万建华认为，现代金融业出现了一个重要特点，即得账户者得天下，只要拥有账户，就可以为客户打造金融理财、财富管理的综合服务平台。

基于此观点,从 2012 年下半年开始,证券经纪公司、货币基金公司以及以"支付宝"为代表的第三方支付组织等非银行金融机构纷纷向结算账户领域渗透,试点账户消费支付业务,并计划推进货币基金在 ATM 实时取现、POS 机实时消费,从而实现货币基金部分代替银行储蓄存款。据统计,货币基金用于消费支付后,预期有 10 万亿元的资金从银行储蓄存款转向货币基金。中国金融市场的格局正在发生一场惊心动魄的变革。可以预见,未来一段时间,银行账户将是金融机构市场竞争的重要领域。

商业银行对公结算账户业务发展情况

近几年商业银行对公结算账户取得明显成效

对商业银行而言,账户是客户的基础,是产品和渠道的载体。只有保持对公结算账户的优势,才能为促进对公业务的发展奠定良好的基础。从某种意义上来讲,一家银行拥有对公结算账户的数量、质量,可以体现该银行对公业务在同业中的实力和潜力。国内,工行最早于 2006 年提出要以账户为基础"打造第一结算银行"的战略目标,建立健全了从上到下的账户营销体系,对公结算账户营销与管理在基层网点得到较好的承接,工行对公结算账户市场规模一直保持同业第一。建行后来居上,将发展账户作为业务发展的起点和基础工作来落实,并在营业网点配置专职的对公结算产品经理,为客户的日常结算提供专业的服务。2012年,建行对公结算账户增速居四大行第一。中行则在对公网点推出了一站式账户服务,提供预约开户、专人服务和售后跟进等一系列服务模式,配套产品支持,有效解决了中小企业客户服务需要。农业银行将对公结算账户作为现金管理工作的重点之一,组织开展了"扩户提质"工程,积极拓展账户市场,狠抓账户质量,在全行上下形成了发展对公结算账户业务的良好氛围,并保持了较快的发展态势。2012 年末,全国对公结算账户总量达 3 169.57 万户,其中基本结算账户达 1 904.48 万户,占比

60.1%。注册资金规模在 100 万元以下的中小企业开立的银行结算账户在总量中占据主体地位，占比高达 68.9%。

存在的问题

账户是客户的反映，账户质量就是客户质量，账户结构就是客户结构。目前商业银行在账户客户方面的最大问题是，对占大多数的基本客户的培养不够，没有把基本客户群建设作为重点，造成银行对公结算账户市场竞争力总体趋弱，在账户存款、账户结算量、对公结算效益等方面存在一定差距。综合分析，制约商业银行对公结算账户发展的因素主要有：

一是对账户营销意识不强。调研发现，部分商业银行对结算账户业务存在认识偏差，把账户营销列为柜面操作的范畴，主要依赖传统的等客上门式的自然增长，停留在等客上门的层面，主动性营销意识淡薄，对公结算账户业务处于无人营销的尴尬局面。

二是网点账户营销能力普遍弱化。营业网点是对公结算账户营销最重要的基础平台。部分商业银行网点对公客户服务体系建设滞后，网点对公营销职能缺失、岗位缺失、人员缺失，账户营销和维护责任不明确，影响了网点作为对公结算账户营销主渠道功能的发挥，网点账户营销能力严重弱化，对公客户资源储备凸显不足。

三是资源配置缺失。据了解，目前部分商业银行对银行账户业务的重要意义和定位认识不清，对发展对公结算账户态度不坚决，动力不足，措施不多，导致机构岗位、人员配备、财务费用、产品计价等方面支持不到位。

相关建议

坚持战略导向，将对公结算账户业务作为全行战略核心业务来抓

账户是银行各项业务承载的基础，加快推进账户营销体系建设，既

是夯实对公业务基础，也是未来商业银行乃至金融机构下一步对公业务发展的战略制高点。建议从商业银行总行层面将对公账户业务真正作为战略业务和重要的客户营销基础工作对待，加强计价考核，并在组织机构、人员配置、财务费用、经营考核等方面加大支持力度，引导各行做好账户拓展工作。

设岗立制，加强网点对公账户营销服务能力建设

充分利用运营体系改革释放出来的人力资源，实施柜员转型，在网点设置"账户经理"岗位，充分发挥网点的营销和服务功能，按照"专区、专柜、专人、专职"的工作要求，做好账户柜面服务工作。同时，制定"账户经理"工作制度，明确工作职责、行为规范和工作目标。其主要负责辖内对公结算账户的计划实施、营销服务和维护工作，落实账户营销方案，以及负责辖内中小企业客户的对公账户服务指导工作。

充分论证，进一步改进有关账户评价机制

一是按照"既要保总量又要调结构"的原则，应对现行的对公结算账户评价机制进行优化，进一步理顺评价指标之间的关系，形成导向合力。二是对有效账户的概念进行多元化认定。长远来看，评价对公结算账户的价值，不仅仅包括账户存款，还应综合考虑账户带来的中间业务收入、结算交易量等，以全面评价对公结算账户综合贡献度。

统筹规划，加强对发展对公结算账户业务的指导

一是加强对对公结算账户业务的统筹管理，协同发展，制定《加快对公结算账户业务发展的意见》，总结推广典型做法，大力推进"扩户提质"工程，加大计价考核力度。二是加大对结算性存款的营销力度，深度拓展基于账户的存款、结算量和中间业务收入，提高账户综合贡献度，提升账户价值。■

浅谈二维码支付

唐　彬

二维码是 20 世纪 80 年代由日本汽车行业发明的一种用平面图形记录数据信息的编码技术。相比我们日常生活用品包装上常见的一维条形码，二维码能够记录比一维条形码多几十倍的数据信息。因此，就二维码技术本身而言，并不是新技术，而是一个成熟技术。它出现后的相当长时间内，主要应用在生产物流环节。

随着手机技术的发展，特别是手机拍照功能的普及化，使得手机成为显示二维码、读取扫描二维码的最佳工具。因此，二维码开始和手机快速结合起来，应用拓展到了营销、支付等环节。我们知道，在支付领域要引入一种新的支付工具，抛开支付习惯的培养不说，都存在一个"鸡蛋难题"，就是商户端和消费者端都要同时改变。而基于手机 + 二维码的支付，随着智能手机的大规模普及，消费者端已经具备了二维码的处理能力，因此，问题被简化到"如何改变商户端"。这就使得二维码这样一个老技术，很快在创新移动支付上发了些新芽。

在欧美以及韩日等智能手机发展先行国家，出现了不少基于手机 + 二维码的创新小额支付应用，比如，星巴克基于二维码技术在美国发行的手机预付费卡应用，2013 年处理了超过 10 亿美元的支付，被认为是美国最成功的移动支付应用之一；同时，也出现美国 The LevelUp、瑞典

作者为易宝支付 CEO。

SEQR 等基于二维码技术的新兴支付公司。

目前二维码支付应用分为两种模式：一是支付凭证模式，二是支付订单模式。

支付凭证模式。具体过程就是消费者手机显示一个记录凭证数据的二维码，商家通过二维码扫描设备对这个二维码进行读取，支付系统校验凭证正确后，扣取消费者关联账户的资金。二维码凭证关联的账户可以是预付费卡账户也可以是银行账户。美国的星巴克移动预付费卡就是前者，The LevelUp 就是后者。

支付订单模式。具体过程就是商家生成一个记录订单数据（订单号、订单金额等）的二维码，消费者通过自己手机扫描读取这个二维码，确认订单信息后，通过手机支付这笔订单。

由于二维码技术从诞生之日就不是针对支付应用设计的，因此，在安全角度存在一些原生隐患。

第一，二维码图像可以被无失真、无限制地转发和复制，因此，如果与其他安全措施相结合，单纯把二维码作为支付凭证是不安全的。

第二，由于二维码可以携带大量数据，人眼无法识别编码后的图形，使得不良分子可以在二维码中夹带恶意数据。消费者一旦通过普通的没有特殊安全防护的手机扫描软件读取这种二维码后，手机就会被植入木马病毒或者"钓鱼"。

针对二维码支付的这些安全隐患，国外支付行业的一些成功案例都是秉承开放创新的形态，从支付体系的多个层面入手，综合管理防范风险安全隐患。这些层面包括：

一是技术层面。通过一些技术措施强化二维码支付的安全。比如：采用动态二维码凭证，简单地说就是每次支付交易都会生成一个一次性使用的二维码凭证，使用后就失效，有效防止了二维码被非法复制。再就是采用双因素认证，结合持卡人照片、手机的地理定位技术和二维码绑定，以及大额交易时候，要求额外输入密码等附加验证措施。

二是行业标准层面。针对二维码支付这类的无卡手机支付应用，由几大卡组织联合成立的 PCI 安全标准委员会及时修订了相关的支付应用安全标准（比如：PA – DSS 标准，Payment Security Standard），成为卡组织的入网条件，要求手机支付应用遵循标准并且通过认证，以确保入网手机支付应用的信息安全性，能有效防止敏感信息的泄露、抵御恶意数据的攻击。

三是应用场景层面。不同的公司针对不同的应用场景，在支付系统中设立与应用场景相匹配的风险控制规则，最简单典型风险规则就是针对应用场景的消费限额。基本上，国外成型的二维码支付大多还是应用在小额消费场景。

四是行业信息互动层面。为了鼓励创新，同时确保风险能够被行业参与者充分重视，支付行业的领头机构会发布一些最新的移动支付安全最佳实践指引，将技术、行业标准、应用等多个层面里行业最新、最好的实践信息进行汇集和系统性梳理，呈现给整个行业。

借鉴国外的先行成功经验，我们可以看到，二维码支付作为一种新的支付方式，必须站在整个支付体系的视角，从多个层面入手，这样才能实现既开放融合创新、又确保体系安全运行的目标。因此，支付行业的不同角色参与者应一起秉承创新开放、重视风险的原则，与监管部门和同业充分互动沟通，在监管部门的引领下，共同构建一个以行业标准为基础的创新安全支付体系。■

第三方支付：理论、
实务与政策辨析

杨 涛

当前，第三方支付机构在我国支付体系中发挥着越来越重要的作用，目前获得《支付业务许可证》的支付机构已经达到 250 家。除了支付业务本身之外，2013 年以来，凭借与传统金融业的深度合作，第三方支付机构寻找到了众多新的业务增长点，并且与满足公众的金融需求更加密切地结合在一起。

正是由于对第三方支付的社会关注度越来越高，因此该领域的"风吹草动"更易引起热议。2014 年，关于央行对于第三方支付机构相关业务的规则讨论，在社会上炒得沸沸扬扬，一定程度上偏离了监管者的意图、也不利于理性认识第三方支付机构自身的发展与完善。在此，我们有必要在全球支付领域新趋势、支付技术新变化的大背景下，对于我国第三方支付的定位、主要矛盾及监管思路，进行更细致的分析和审视。

作者为中国社科院金融研究所所长助理、支付清算研究中心主任研究员。

第三方支付机构在支付服务市场中的定位

全球的基本情况

就海外情况来看，近年来在银行加快脱媒的趋势下，各国支付体系都在发生剧烈的变化。其中，非银行机构主导的支付结算活动规模日益增加。例如，2011 年末，美国的非银行结算中介持有可转账存款总值为 11 995 亿美元，而银行结算中介（包括中央银行准备金、商业银行可转账资金）为 15 653 亿美元；而在欧盟国家里，前者甚至超过了后者。这都表明，非银行机构在支付体系中的作用逐渐提升，尤其在零售支付领域，非银行使用的支付工具交易规模，已经与银行的支付工具相比肩。

需要承认的是，各国对类似第三方支付机构的业务管理都比较严格。一方面，监管部门对这类机构往往都有准入牌照，并且有相对严格的日常动态监管。例如，在美国，对于货币服务机构的沉淀资金管理是非常严格的，如果其规模太大，则被监管者视为系统重要性机构，并需要进行压力测试，甚至提高监管标准。另一方面，许多支付机构自身也会主动限制业务风险。如倾向于小额支付，设定限额；或者避免介入某些违规支付交易领域，如网上赌博、色情、毒品等。在趋利避害的市场机制下，这种主动性并非是企业自己形成的，而是在其所处制度规则体系引导、市场竞争环境下，长期造成的结果。

可以看到，在银行间支付清算、非银行支付、证券结算这三大体系中，对后两者加强监管，已经成为最新的全球趋势，特别是在 21 世纪初的"9·11"事件、2008 年国际金融危机这两大时点之后。比较来看，近年来我国监管部门对于支付机构的态度确实比较宽松，市场开放度也相对较高，因此才能出现第三方支付体系的蓬勃发展。当然需要注意的是，一方面在海外，由监管部门直接为支付机构设定业务限额的情况很少见，大多是由支付机构自身决定，监管部门更倾向于游戏规则的统一和完善，并主要盯住系统重要性机构的潜在风险。另一方面，我国的网络经济、电子商务发展带来的支付创新需求具有某些特殊性，很多方面在国外没有先例可循，所以强化风险监管的同时要减少对这些领域健康发展的损害。

第三方支付机构在我国的定位

我们知道，现代金融体系的基本功能，包括支付清算、资金配置、风险管理、信息管理等。有鉴于此，可以把我国第三方支付的定位，概括为"2＋3"，即：两个服务、三个弥补。

第一，所谓两个服务，一个是服务于现代电子商务及网络经济的需求，并且支持与伴随其成长，另一个则是服务于金融信息管理。

第二，所谓三个弥补，包括对支付工具、商业信用、金融服务的弥补。

首先，长期以来，一方面由于对商业银行体系的管制非常严格，另一方面实体企业很难介入到金融领域，因此国外常见的非银行支付工具，在我国也一直没有出现，这些都使得过去的非现金支付工具发展缓慢，难以适应现代电子商务和消费经济的增长需求。由此，第三方支付的涌现，实际上起到了弥补零售支付工具奇缺的效果。

其次，是弥补商业信用环境的缺失。众所周知，如支付宝的出现，最早就是为了弥补在国内电子商务交易活动中、个人信用环境不佳的问题。比较来看，Ebay 和 PayPal 所在的发达市场经济国家，则没有这一矛盾的突出性，所以在设计支付机制的初期，就只利用信用卡、支票等传统工具的信用约束机制。

最后，是弥补金融服务渠道的不足。例如，实现支付功能与其他金融服务功能的结合，包括资金配置、风险管理等。

综合上述的"2＋3"定位来看，"两个服务"方面的增长潜力是毋庸置疑的，也是我国第三方支付最大的潜力所在，更是政府政策应该重点支持的领域。前两个"弥补"则具有期间过渡性，随着将来金融市场化、自由化的发展，可能支付工具丰富程度、商业信用环境都会改变，第三方支付基于此的定位潜力也将弱化。当然这一过渡时间可能会较长，并取决于某些特定因素，如个人支票、实体企业信用工具等的发展与创新速度，还有个人信用体系和制度的建设进展。

对于最后一个"弥补"的前景，则取决于利率市场化、银行等金融机构持续改革的进程。现在相关互联网金融产品的"制度套利"空间，将来必然会逐渐缩小，资金价格的"多轨制"渐渐消失，而支付渠道在金融产品定价中的作用将会弱化，逐渐达到欧美金融市场的一般状况。

由此综合来看，"两个服务"是第三方支付的存在基础，也是应该大力支持的方向；"前两个弥补"取决于第三方支付之外的制度变化；"最后一个弥补"则只是金融改革中的"浪花"，监管者可以在风险可控的前提下，给予适度的容忍。

那么回到问题的出发点，我们之所以要讨论第三方支付的定位问题，因为这直接影响到监管者、业界、学界对于第三方支付相关政策规则的判断。长期以来，监管思路是把第三方支付定位为支付体系的"小额、补充"部分，现在看来，一方面，对于支付功能本身来说，坚持第三方支付的"小额"也是符合国际主流特点的，但是结合过渡期的支付基础上的互联网金融创新，则可能会短暂地突破"小额"原则，这一领域的问题挑战是我国所独有的，国外并没有太多可借鉴的先例，因此如何实现风险与效率的平衡，值得深入研究和思考。另一方面，就第三方支付机构自身来说，虽然越来越活跃，但仍然是整个支付清算体系的补充部分，并非主干，但是从我们已经谈到的海外非银行支付的发展趋势来看，已经在零售支付领域发挥着与银行不相上下的作用，这就意味着，未来需要跳出"第三方支付"的概念，逐渐从所有非银行机构的支付功能创新入手，从非银行支付业务的开拓着手，而非只局限于特定类似的支付机构，以此来适应现代零售支付体系的基本发展趋势。

第三方支付虚拟账户的性质及风险防范

第三方支付虚拟账户的功能定位

在现实中，人们通常用虚拟账户来描述第三方支付机构为客户开立的支付账户，当然这一概念还缺乏严谨性。如果用英文的 Visual Account 来看，在国外通常包括两类，一类是 IT 企业常用的用户相关概念，并没有金融含义，另一类则是指银行的在线开立账户，尤其是指网络银行、直销银行的账户。如果从欧盟等主流模式的理念来讲，则虚拟账户实际上是现代电子账户的一种类型。

当然，如果要对这些第三方支付机构的账户进行功能剖析，首先则需要从现代账户体系的支付功能分析出发，也就是包括：交易或轧差、清算、结算。众所周知，国际支付结算委员会（CPSS）将清算系统定义为一系列使得金融机构能够提交和交换与资金或证券转移有关的数据和文件的程序安排。其一，是为参与方的应收应付关系建立净头寸，以便于后续结算的过程，称为轧差（netting）。其二，清算则指的是交换、协商并确认支付指令或者证券转移指令的过程，清算发生在结算之前。其三，结算指的是包括卖方转移证券或者其他金融工具给买方，并且买方转移资金给卖方的过程，是整个交易的最后一步。结算系统保证了资金和金融工具的转移能够顺利进行。需要注意的是，这一系列环节在实时大额结算系统（RTGS）中并不适用，RTGS 是一类特殊的结算系统，其中每一个指令不需要通过轧差清算，而是都立刻得到处理。应该说，在零售支付模式中，这一清算系统流程是典型适用的。

同时，所谓的各类跨行转接清算组织，实际上主要是介入到清算环节，起到的是一个"账房先生"的作用，它收集一定时间内所有成员银行之间的交易信息，形成标准化的应收应付关系，将相反方向且等量的应收应付关系进行抵消，并计算出每家成员银行的净头寸。以支付宝为例，支付宝通过逐一与各家银行签署协议，对网上支付指令进行收集、整理和轧差，并通过在各家银行的备付金账户的资金增减，完成实际意义上的清算过程，主要是清算信息流的整合，并没有深入到资金流结算过程。

由此来看，国内第三方支付机构的虚拟账户功能，实际上分为两种，一种是少数如支付宝一样，介入到清算功能里，另一种是停留在支付发起的交易环节，而把清算后续环节留给了其他组织，如拉卡拉与银联的合作。客观上来看，在支付系统的三个重要功能环节中，结算环节往往由央行所严格把控，因为涉及宏观稳定性和安全性；而清算市场的适度开放是符合一定趋势的。其关键问题是如何在提高清算效率的同时，使得相应的风险最小化。

如果要进一步探讨所谓银行账户（这里所说的是具有支付、清算、结算功能的银行账户）和虚拟支付账户二者之间的关系，可以用类似的支付工具演变来进行对照。如：银行卡—卡组织—银行账户；支票—清算所或交换所—银行账户等。可以看到，我们所提的类似第三方支付的虚拟账户，本质上意味着：网基支付的工具或模式—（与网络支付配套的跨行清算系统）—银行账户。就此来看，所谓虚拟账户与银行账户并非是同一层次的概念：以交易衡量，则虚拟账户代表从卡基到网基交易方式的转换；以清算衡量，则意味着与原有跨行转接清算规则和模式的矛盾及冲突；以结算衡量，虚拟账户仍然对应着特定的银行账户（即备付金账户，只是相对缺乏监控和透明）。

可以说，监管者和银行对于支付宝等第三方支付虚拟账户的担心，无非是其介入到清算环节之后，清算信息流动出现了封闭特征，不够透明，且结算环节也难以被银行所监督。在某种意义上说，当前的第三方支付虚拟账户，实际上同时承担了交易（基本功能）、清算（附属功能）、结算（隐性功能，这是由于银行对备付金账户资金流实际上缺乏监管）三大功能。这样所有功能集中到同一超级账户体系中，确实会存在一定风险。

要解决这一矛盾，无非有两条道路：一是提高对第三方支付虚拟账户的清算、结算环节的监管模式和力度；二是促使第三方支付的交易与清算、结算环节分离，由主要的第三方虚拟账户提供商、银行等作为发起人，成立新的、适应网络支付清算特定的跨行转接清算组织。

总之，我们看到，当前网络与信息技术的飞速发展，对于零售支付的冲击尤其巨大，2008年以后，各国政府也在深入研究如何应对电子支付领域日新月异的变化。面对"线上"、"线下"两种存在差异的零售支付模式，需要深入研究背后的支付系统功能性质、流程特点的变化，在此基础上才能了解合理的监管重心、行业模式、规则如何实现纵向公平和横向公平等。这也是我们目前的研究重点之一。

防范第三方虚拟账户潜在风险的思路

当然，推动新的跨行转接清算组织设立，还需要相应的论证和政策博弈，并非短期内能够实现。另一方面，如果用行政模式来防止第三方虚拟账户介入到清算环节，并改变其对于结算的隐性影响，虽然能够控制住相应风险，但也会带来较大的效率损失，损害到部分零售支付创新功能的实现。因此，短期内的可行选择与政策重点，在于加强虚拟账户监管、打破第三方支付虚拟账户的信息"闭环"，有效防范虚拟账户被利用从事洗钱、套现，特别是资金非法跨境转移等非法活动。具体的措施可以包括：

第一，强化第三方支付企业为反洗钱义务主体的责任。在第三方支付机构提供支付服务过程中，客户资金在机构内部的流向可分为资金流入、资金沉淀和资金流出三个阶段，每一个阶段客户资金都面临不同的问题和风险隐患。对此，需要针对不同环节特点，设定相关反洗钱机制，而对于跨境支付监督来说，最为关键的是要有真实的贸易背景支持。

第二，强化支付账户的实名制等管理，增加信息透明度，本来支付备付金账户也在银行开立，之所以现在监管部门要探讨是否把收款放到银行其他实名账户，改变第三方支付备付金账户的"闭环"信息流和清算功能，就是因为对支付备付金账户的动态监管存在空白。因此换一种思路，是否可以直接强化该账户监管，提升到与其他银行账户的同等监管力度，从而打破外界对第三方支付虚拟账户资金流动信息不明的担忧。

第三，对于各类非银行支付组织来说，各国都是引导其开展小额支付清算业务，从而可以避免相关风险，这也符合了全球支付体系的发展趋势。但是，这一模式的形成，通常需要监管者通过完善游戏规则、实现外在约束，由此促使支付机构主动调整相关业务重点。例如，PayPal不仅对于账户功能分为"强""弱"多种，而且对大额支付转账、非交易性转账都看得很紧，经常冻结存在异常的账户，背后肯定有监管或规则的潜在压力。

第四，降低第三方支付的沉淀资金余额，看来是非常必要的。这对于支付机构同样也是一把"双刃剑"，带来巨大压力。实际上，2013年以来日益火爆的、第三方支付机构合作推动的货币基金、证券消费支付功能创新，也是一种间接降低备付金余额的手段，从而可以把余额所代表的支付企业信用，转换为货币基金或证券的信用。另外，支付企业产生大量沉淀资金的根源，还是支付信用担保模式的存在，预计随着商业信用环境、个人信用机制的完善，以及网络电商退换货等机制的保障等，长远来看这一模式的作用是会逐渐下降的，进而就会降低备付金沉淀的必要性和可能性。

第五，当前我国的第三方支付企业发展良莠不齐，虽然整体相对健康，但也出现了一些问题。对此，一方面，未来监管部门可能需要适度把握牌照发放数量，并且逐渐建立第三方支付机构的市场退出机制。随着日益激烈的市场竞争与整合，现有的支付机构很多都会出现业务萎缩、丧失竞争优势，数量的减少是必然的。对此，应该使竞争力不足、无力进行风险控制的支付机构逐渐退出市场。另一方面，重点监管第三方支付系统的重要性机构，抓住主要矛盾。当然，随着第三方支付市场的格局演变、市场集中度提升，也要注意新的反垄断问题。

对虚拟账户实现限额管理的分析

我们看到，在第三方支付机构的清算结算功能迅速增长，但是缺乏有效监管和信息透明的情况下，政府适度加强监管是必要的。但是，是否采取限额手段，采取怎样的限额，还需要深入探讨。

就近期政策的目标来看，确实某种程度上具有合理性，即实现第三方支付的小额、便利、风险可控。当然，行政限额的好处是立竿见影，能够起到一定效果。但是，零售支付领域的市场化已经是趋势，如果依赖短期行政性措施，总体上看，还是弊大于利。一则，短期来看，即便要实施限额规则，其重心应该在没有真实交易支持的转账上，而对于消费支出实施限制则显得不合理；二则，长期来看，重心还是应该在两方面，一是规范市场化的游戏规则，缩小风险空间，二是加强研究，借鉴国外已有的成功经验，看其他国家监管者如何通过给支付机构戴上规则"紧箍咒"，以及充分发挥行业自律功能，从而促使支付机构主动加强内部风险控制和业务约束。三则，这类行政限额手段究竟效果如何，需要进行量化评估。例如，要结合典型支付企业的案例，看其现有的支付账户中消费、转账、充值的结构与规模如何，这里的矛盾是，如果政策影响很大，就要看哪些是不符合消费者利益，而应该避免的；如果政策影响不大，则这种政策的真实作用又显得有限。

总之，如同对银行卡刷卡手续费的行政调整一样，我们坚持认为，在金融体系、支付体系的市场化程度不断提高的大趋势下，各类行政性政策虽然更加好用，但是负面效应不容忽视，需要谨慎使用。

如何看待支付业务监管的一致性

目前，正是由于商业银行、第三方支付机构等的经营理念存在较大差异，因此才产生了各种矛盾和争议，监管者也更加关注如何保持对二者开展同类业务监管的一致性，避免监管套利。在理解和认识这一问题之前，我们有必要从如下几个方面展开分析。

概念统一规范与制度适用性

第一，为了更好地进行各类新兴支付业务的定位，无论在学术研究、行业探讨还是规则制定中，都需要规范、统一相关的专业概念。

例如，这次央行的讨论稿经过几次修订，其名称也相应由此前《支付机构互联网支付业务管理办法》调整为《支付机构网络支付业务管理办法》，其中将"网络支付业务"界定为"客户通过计算机、移动终端等电子设备，依托公共网络信息系统远程发起支付指令，由支付机构为付款人和网络特约商户之间的电子商务交易实现货币资金转移的活动。规范范畴涵盖互联网支付、移动电话远程支付、固定电话支付和数字电视支付等各类网络支付业务。"

比较 2010 年发布的中国人民银行 2 号令，其中的"网络支付"，则被定义为："是指依托公共网络或专用网络在收付款人之间转移货币资金的行为，包括货币汇兑、互联网支付、移动电话支付、固定电话支付、数字电视支付等。"由此来看，二者存在一定的概念差异。

再比如，在现有的官方年度支付体系统计中，实际上把互联网支付与移动支付分开统计；而在行业内，又通常把互联网支付分为 PC 互联网和移动互联网两类。另外，刚刚在讨论的《关于手机支付业务发展的指导意见（征求意见稿）》中，"手机支付"的概念同样需要商榷和规范。谈了这么多，我们的核心观点就是面对技术冲击下的零售支付环节的迅速变化，亟需确定一套规范的概念、术语及规则，在此基础上推动业务模式、风险特征、监管思路的统一，否则很难跟上千变万化的市场形势，不利于整合颇显混乱的零售支付市场创新格局。

第二，要注意新形势下支付制度规则的适用性问题。

2010 年中国人民银行的 2 号令，主要适用对象是"非金融机构支付服务"，即非金融机构在收付款人之间作为中介机构提供部分或全部货币资金转移服务。这次的《网络支付业务办法》针对"支付机构"。实际上二者都是指面对第三方支付机构。对比来看，《手机支付业务指导意见》的适用对象，却同时包括银行和支付机构。

由此我们认为，随着支付工具、金融工具创新的快速发展，以业务提供主体为对象的监管规则制定与监管思路逐渐遇到很大问题，传统的规则可能很快就不适应实践需求。

要解决这一问题，首先就需要跳出各种"办法"的层面，努力推动支付领域的"上位法"建设，为我国支付清算体系发展确定基本制度"标准"。就美国和欧盟等发达经济体的情况来看，其支付体系的发展都建立在一系列重要法律基础之上。如进入 21 世纪以来，欧盟先后出台了 2000 年《电子货币指令（2000/46/EC）》、2004 年《金融工具市场指令（2004/39/EC）》、2009 年 11 月《支付服务指令》等。这些指令（Directives）在欧盟区具有最高法律效力，也是要求欧盟各成员国把有关立法纳入欧共体法律的条文，它只能以成员国为发布对象，是对成员国具有约束力的欧共体法律。

而在美国，早在 1978 年就出台了《电子资金转账法》，到了 2010 年 7 月 21 日开始生效的《多德—弗兰克法案》的第三章——《2010 年支付、清算和结算监管法案》（Payment，Clearing，and Settlement Supervision Act of 2010），又对支付清算体系做了最新的规则调整。与总法案一致的是，该法旨在通过缓释金融市场基础设施的系统性风险，促进金融体系稳定。该法赋予美联储在支付清算体系监管中更加强势的角色：一是作为系统性风险管理的主导机构，美联储将对系统重要性金融机构和基础设施制定统一的风险管理标准；二是贯彻国际社会普遍接受的风险管理原理和最低标准，强化金融市场基础设施的流动性管理；三是强化对系统重要性金融机构支付、清算和结算活动的审慎管理。

再如，与其他国家和地区相比，加拿大由于支付市场的自由化程度较高，所以国内关于支付清算体系的监管法规相当完善，制定了单独的《支付清算和结算法》。此外，国际软法尤其是 2008 年国际金融危机之后出台的、针对系统性风险管理的软法，开始受到重视并在加拿大国内发挥辅助作用。例如，《促进信息化框架法》和《电子商务法和数字签名法》。这两部法规致力于推进和普及电子支付，从法律上保证电子商务使用电子单据和数字签名的合法合规。

相较而言，目前我国对支付体系的监管依赖于《中国人民银行法》、《银行业监督管理法》、《票据法》和央行颁布的相关支付管理办法，这些法律法规或者太注重原则，不具操作性，或者层级太低，约束力有限。目前迫切需要制定的法律法规既有《电子支付法》等行业基础规则，也有统一的支付体系监管法等。

监管思路与模式需要转变

首先，为了避免监管规则的不适用性，或者类似业务的不同提供主体面临不同规则，就需要尽快把现有的监管思路，从由行业主体监管，逐渐转向业务功能监管。

实际上，现在证监会推动《证券法》修改，也在提倡功能监管。我们看到，支付清算体系作为整个金融体系的基础设施，涉及各种类型的金融与非金融机构、不同的金融行业部门，更应该强调功能监管问题。从全球来看，银行、非银行、证券结算这三大支付清算领域之内，都在探索如何针对产品创新建立可持续性的规则框架。在确定了从主体监管到功能监管的转型之后，则一方面，只对支付系统重要性机构进行重点监管。另一方面，进行产品和功能导向下的新型监管机制建设。

总而言之，在完备的"上位法"规范和新型的监管新模式下，应该把将所有的同类支付工具纳入同一个监管法，并根据其用途范围作不同的监管。监管规则应一般地适用于从事类似支付业务的所有组织。例如，从支付类型来看，应同时适用于大额支付组织和小额支付组织；从支付系统的主体来看，应同时适用于支付系统的参加者、运营商和结算机构；从支付组织的性质来看，应同时适用于金融机构和非金融机构，尤其是目前法律监管仍相当薄弱的第三方支付机构。我们看到，前面所提到的欧盟"电子货币机构"、美国"货币服务机构"，都是基于业务功能监管的思路。

在此基础上，我们对于同类业务的概念定义，需要有一定的标准与衡量。尤其对于商业银行和第三方支付的同类支付业务，需要更深入的研究界定，因为我们已经提到，在整个业务流程中，线上与线下已经出现了诸多根本性的区别。例如，网银业务与支付账户业务是否算同类业务？

对此，我们认为解决问题的思路有以下三方面：

一是借鉴全球新的监管规则变化，以及相关支付组织的情况，对于线上与线下的类似支付业务进行深入研究，同时要考虑中国在某些领域已走在国外前面的特殊性，注意不应该简单地把线下规则生硬地搬到线上。

二是在明确线上业务模式特征的同时，推动相应的规则建设，这里的规则不仅是指导意见，而且是基础性的规则，要放在整个电子支付发展的大环境下，以功能与产品监管规则为核心，把不同类型的金融、非金融机构都纳入其中。就此来看，我们关注的已经不是传统的线上、线下的概念，而是以支付媒介、交易清算流程来衡量。如移动支付按照过去的分法，既有线上又有线下，在其发展中肯定遇到规则矛盾，以及不合理的地方。

三是转变监管理念，换一种思路。既然现在之所以有监管套利，就是因为存在不合理的"双轨制"，如传统金融体系受到过度金融管制。那么，是否可以适度提高银行类金融机构等的创新度呢？包括电子账户、支付与银行账户结合的创新容忍度等。既然通常认为银行类机构的风险控制能力较强，那么这种思路转变，同样也有助于在改革的过渡期内，实现平等竞争秩序的形成。

应该说，大致上看，所谓实现银行与第三方支付机构的同类业务监管一致，可能是前者稍微"松"一点，后者稍微"严"一点，从而达到新的合理均衡。

第三方支付业务创新及监管建议

从支付行业本身来看的相关建议

进一步看，第三方支付的作用可归纳为：一是通过与电子商务充分结合，以及与居民日常生活关系密切的支出服务相配合，可以促进居民对商品和服务的消费。二是促进商业贸易活动的效率提高，并且通过供应链金融模式，对小微企业提供支持。三是促进支付清算体系功能的完善，如果说金融机构支付着重于满足大客户的"批发"服务，则非金融机构支付则偏重居民和小企业的"零售"需求，后者正是现代金融体系的发展方向。四是对于货币结构和流通速度产生复杂影响，如减少人们的现金偏好，增加对电子货币的需求，并且间接促进信用数据的积累和信用体系的建设。五是为金融资金配置、风险管理、信息管理等金融体系功能的实现，提供了支付的承载渠道。六是能够成为促进人民币国际化的重要支撑，尤其在金融机构支付清算体系跨境运作存在障碍的背景下，可以通过适度发展跨境非金融机构支付，为人民币境外市场的形成创造条件。

与此同时，对于第三方支付行业自身来看，目前也到了行业转型与发展关键时期。此时制约行业健康发展的有几方面问题。

第一，交易的支付安全问题。在支付环节中，便捷与安全往往是此消彼长的关系。随着市场竞争的日趋激烈，为了对市场份额和客户资源"跑马圈地"，第三方支付工具的创新越来越简单便捷，这在提高支付效率的同时，也必然产生更多的交易安全风险漏洞。此外，在国内对于客户信息保护的法律保障不完善的情况下，也难以充分保障消费者利益。

第二，混业经营带来的挑战。目前，第三方支付的功能逐渐多样化，除了支付功能之外，逐渐涉足到其他资金配置、风险管理等金融领域，这样的角色快速转换，容易出现很多问题。不仅是很多第三方支付机构重发展，不重视管理，而且没有形成相对健康的金融风险管理机制。除了少数行业领先的第三方支付机构，多数支付机构的内部控制、人员配置、风险应对等都比较薄弱，这也是现在第三方支付更容易出现洗钱、套现等行为的主要原因。

第三，能否理解金融文化、参与规则改良而非颠覆。无论是互联网企业还是互联网精神，"藐视权威"是其文化生命力的重要源泉。但是与21世纪初的草根阶段已经不同的是，当前行业领先的互联网企业，已经逐渐成为新"权威"的一部分，不管其是否承认或认识到这一点。传统金融文化是一种风险管理文化，也是一种利益分配文化，二者纠缠在一起。无论在中国还是欧美，实际上都难以区分开来。只要金融活动仍然存在，就会有"金融利益集团"，无非是利益分配能否相对公平一些，2008年国际金融危机之后美国华尔街的兴衰，已经让我们充分看到了这一点。

对于支付企业、互联网金融企业来说，既应该适应现有金融领域的风险管理文化，又积极参与到利益分配规则制定中，通过各方把"蛋糕"做大，逐渐在增长中实现共赢，同时有效服务于金融、支付消费者。总的来看，无论从零售支付，还是整个互联网金融来看，现有支付企业和介入金融的IT企业，都无法真正对现有金融体系实现"颠覆"，而是对既有运行机制实施"改良"，在满足更多普通人群利益的同时，自己也在其中获得合理的"蛋糕"份额。现在很多人所强调的普惠金融，英文"inclusive financial system"的含义，更多是指"包容"、"多元化"，这就需要各方以非对抗性的姿态介入其中。普惠金融的实质不是利益倾斜，而是政治经济学意义上的利益再平衡，实现横向、纵向相对公平。

在互联网时代，信息的高速传递、交易技术的改良、市场效率的提升、金融资源配置的趋向"无缝对接"，都使得系统性风险产生了新的演变。在大众金融狂欢的时代，风险亦可能会突然爆发，同时严重损害监管者、行业机构、公众的共同利益，这是必须要警惕的。

由此来看，各类领先的新兴支付机构、准金融组织应该努力向行业"建设者"靠拢，增强自身适应和理解传统文化与规则的能力，在积极创新的同时，也充分重视创新风险的外部性，在此基础上发挥自己的建设与改良作用，实现市场经济、商业规则引领下的各方共赢。

从支付机构业务层面来看的监管建议

我们的整体判断是，第三方支付领域近年来的监管有点宽松，创新走得有点快，积累了一些风险。需要适度慢一慢、严一严，把技术快速革新带给支付领域的风险看清楚，并且建立新的风险防火墙或舒缓机制。但是，监管政策不要走向另一个极端，即运用行政手段和模式干预。结合本文前面对第三方支付的功能定位，我们认为：

第一，针对与电子商务相关、有真实交易支持的第三方支付机构业务创新，是大力支持的重点。同时，针对支付机构如何利用大数据优势，发挥金融信息功能的，也是亟需支持的创新业务重点。此外，针对与非真实交易支持的业务创新，应该采取谨慎性监管，监管部门要注意如何对支付机构实现外部约束。最后，针对与金融资金配置、金融服务弥补等有关的业务，也就是所谓的各种"互联网金融"创新，央行应该加强与其他监管部门的协调，促进其业务与线下同类业务的同等合规性，尽量不在支付环节增加新的风险积累。等到金融市场化改革的过渡期走过之后，这些环节的套利空间自然就会减少。

第二，应该先在支付业务监管时间上将管理重心前移，尽可能地将问题消灭在萌芽状态。在做好事后监督的同时，要突出事前管理，强化事中监管，避免不良后果的出现，有效规避管理风险。其次，要积极引入社会监督。例如，当出现重大问题、处理重大案件、出台重大举措的时候，依靠新闻媒体进行广泛宣传，社会公众通过微博等新型媒体方式快速传播，可以有效传递监管方面的信息，加大对违法违规行为的曝光，增强监督的威慑力，争取社会公众对行业的支持和信赖。再如，对于第三方支付机构的各类安全性问题，有时会存在不同看法，市场上也有众多真假难辨的信息。那么监管部门和行业协会就应该推动各类独立研究、官方研究等，形成权威的行业或业务的量化风险评价评估报告，或者具体事件的分析报告，并且对社会公开，既能够形成震慑力，也可使公众看清究竟有无问题、有多大问题。

第三，强化日常支付业务监管能力，加强支付监管部门的现场监管人员配置。尤其要加强动态监管，对静态监管形成有益补充，既要依据现有的法规对支付机构准入、业务范围、资本状况、内部控制、系统运行、风险管理等是否符合规定进行静态监管，又要从技术上完善监管手段，加大资金监测力度，建立动态、实时的风险监测和预警系统，及时评价和反映支付机构的业务与经营风险情况，便于监管部门采取有效措施防范和控制风险，保护有关各方正当权益。

第四，构建分类监管标准。第三方支付包括支付网关型、虚拟账户型、电子货币发行型等多种类型，不同第三方支付模式的差别较大，对监管的个性化要求较高，需要建立分类监管的监管体系，而不宜采用"一刀切"的监管做法。目前我国对第三方支付的分类监管，主要体现在针对不同的地域范围要求不同的注册资本，未来，应针对不同的第三方支付业务模式，建立相应的监管模式。

第五，就行业层面来看，需要尽快推动第三方支付的市场退出机制建设，不能只进不出，从而降低支付牌照的"虚增"价值。同时，在整个金融消费者保护的大框架里，着重加强支付消费者保护，促进良好的支付消费文化形成，对于整个市场的健康运行，形成倒逼力量。

从改革与制度角度来看的监管建议

第一，推动支付清算体系中的重大制度改革。针对各类"线上"、"网络"支付交易的新特征，尽快推动成立新的网络支付跨行清算转接组织，由涉及清算环节的第三方支付机构、银行、非银行机构等作为股东或会员。

我们看到，21世纪初中国银联的成立，是为了推动"金卡工程"的建设，解决商业银行支付体系"山头林立"的情况，提高支付效率。那么现在，则需要再次推动"金网工程"建设，解决各类网络支付清算环节的混乱状况。应该说，现有银行卡跨行支付、网上支付跨行清算系统都难以支撑这些新兴支付模式的功能属性需要和增长规模。

第二，建立支付系统性重要机构的遴选、监测、约束和控制机制。充分借鉴国外支付体系的监管经验，面对各类监管对象支付机构，由不同监管部门协调建立支付系统重要性机构的选择和监管机制。对于银行、非银行金融机构、第三方支付机构，当其可能影响到支付系统安全稳定、风险有较大积累之时，就可以启动相关机制，抓住主要问题，没必要泛泛地对整个行业出台一般性政策，这也是宏观和微观审慎监管的国际趋势。

第三，推动支付创新业务的技术规则与标准制定。例如，我们看到，整个移动支付领域的规则标准制定都相对落后，虽然2014年5月开始有国家标准，但是还需要各类具体业务的安全规则完善。例如，对于二维码支付，真正的风险不在于二维码本身，更重要的是二维码读取过程中的金融安全与金融技术标准缺失，以及客户身份的难以确定等。这里就需要支付监管者与信息技术监管者、行业企业等的密切联系与沟通，加快推动相关标准制定。

第四，加强政策事先解释与沟通，以及事后评价。一方面，政府要加强与公众的沟通。在信息化时代，监管者要强化应对公众、应对互联网时代、应对媒体的能力，尤其是在与老百姓密切相关的零售支付领域，应主动进行政策的事先、事中、事后论证与评估，而非被动进行。例如，我们相信在十八届三中全会确立的改革路径之下，行业保护性的政策已经不是主流，尤其是金融市场化的背景下，更多政策的出台还是为了切实防范风险。那么，从监管者的角度来看，特定支付业务究竟有哪些风险呢？这里就需要把一项政策的意图、制定依据、防范风险的内容、量化评估衡量的标准等，向公众表述清楚，否则就容易产生思路误读、概念扭曲以及观点误导。

另一方面，是政府应加强与被监管对象的沟通。这里有两方面的原因，对于互联网企业来说，在激烈的 IT 市场竞争中形成了"急脾气"，习惯于先做后说、"跑马圈地"，还没能充分接受良好的金融文化，这是其需要适度调整的。对于监管部门来说，也要注意促使被监管对象培养自己的监管交流文化，并且更主动地进行动态监管，及时发现问题，了解创新动态，及时交流意见。还应该尝试确立支付创新业务申请的程序原则、材料报送原则，等等。如果政策有重大的调整，尽量给予支付机构以足够长的缓冲期和适应转型期。

此外，事后评价很重要。比如，银行卡收费定价政策改革之后，究竟对于中小商户产生什么影响，对于居民消费产生什么影响，我们认为就需要定量的调查分析，这样才能知道一项政策究竟作用如何，从而在未来的政策制定中汲取经验或教训。

第五，高度重视支付理论、实务与政策研究。国内总体上看，支付领域的研究相对落后，一方面对于国外支付清算体系的最新情况缺乏了解把握，另一方面很多国内的支付创新又在全球都居于领先，没有先例，也缺乏理论分析与指导。正是由于整个支付清算尚未形成健全的理论学科体系、教育培训机制等，所以在实践中难以形成共识，尤其在各类与公众利益密切相关的热点讨论中，有大量非专业的观点，导致理解与认识的混乱，以及非理性的行为。

第六，以支付为着手点，推动跨部门的监管协调，加快推动更高层面的法律规则建设。十八届三中全会指出"加强金融基础设施建设，保障金融市场安全高效运行和整体稳定。"这里的金融基础设施，很大程度上就是指支付清算体系。因此，支付体系应该从过去的技术后台，逐渐走向金融体系的中前台，甚至放到与货币政策同等重要的地位。我们看到，很多国家的中央银行除了成立专门的支付体系管理部门，还有专门的支付结算委员会，用于进行监管协调，这是我们完全可以借鉴的。■

银行卡标准推动支付产业发展

柴洪峰

在科学技术迅猛发展的今天，国与国之间的竞争已经变为经济实力和科技水平的竞争，标准作为创新技术产业化、市场化的关键环节，成为经济、科技竞争的制高点。实施全方位立体标准体系建设，已成为国家、产业和企业标准化工作的重要目标。

银联标准化工作机制的思考

标准，是指为了在一定范围内获得最佳秩序，经协商一致制定并由公认机构批准，共同使用和重复使用的一种规范性文件。

国家标准、行业标准的制定，可以促使一个国家或特定行业内所有企业有个一共同的执行标准，达到规范企业生产活动的目的，保证企业生产的产品、提供的服务至少达到标准规定的最低水平。同时，通过对国际标准的采标，可以使一个国家特定领域的标准达到国际先进水平，在一定程度上实现国内企业达到国际先进标准的要求。

标准、市场哪个先行，并无定论，需辩证看待

标准与市场之间存在着复杂和可变的逻辑关系，其产生的先后顺序

作者为中国银联执行副总裁。

并不能简单地一概而论，根据实际业务和市场特点存在两种常见的模式：标准先行，推动市场。统一的技术标准是业务落地前提条件时，适合采用该模式。例如银行卡联网通用的技术标准。同时也存在市场先行，催生标准的模式。很多情况下，不同的业务模式和需求要先经过市场的选择和淘汰，才能最终得以统一，此时再出台标准，便可在已有经验的基础上促进业务更好更快地发展。例如，移动支付近场频率 13.56MHz 就经历了市场先行探索和试点，由产业经过讨论筛选，最终被写入了各级移动支付标准。因此，标准和市场哪个先行，并无定论。标准可以先行，从起点便设置好路径和方式；市场亦可先行，从实际运用效果中总结经验并催生标准。两种模式需因事而异、辩证看待。

标准是一个受诸多因素制约、平衡后的产物

标准是一个需求、利益、约束相融合的综合体，受业务需求、监管要求、市场策略、风险控制、技术实现、参与方利益、产业水平和发展状态等诸多因素的制约和影响。因此标准工作的一大核心，便是协调多方观点、平衡利益诉求，只有这样才能形成真正的标准，标准才能真正产生效能。

以移动支付近场频率为例，标准对方案的选择既要体现自主研发的精神，也要顺应全球融合的趋势；既要保护金融行业的投入和利益，也要兼顾电信行业分享机遇的诉求；既要鼓励个别企业技术创新，也要保证金融安全、应用效果和成本可控，并且维护产业整体的公平、有序。近场支付频率标准的确定过程最终演变为一次具有极大影响力的产业大讨论，一方面说明了标准在现代化产业发展过程中的重要性，另一方面也充分展示了标准背后复杂的相互关系和权衡过程，体现了对标准化工作的挑战和要求。

标准从产生到成熟需要经历一个客观的历史周期

标准对于产业技术，类似法规之于社会行为。一方面，标准虽不如法律法规那样神圣，但其科学、严谨、实用、权威的要求，与制定法规

条文是相似的。为了在不断变化的时代环境中满足上诉要求，法规需要反复修正、不断完善，这一过程是长期的、周期性的；同样，随着业务发展和产品技术水平的提升、市场需求的变化、运用效果的反馈，标准也需不断调整，经历一个持续、动态的发展周期。另一方面，虽然专业领域不同，但标准工作对人才需求的广度和深度，与法规制定是相似的。法规涉及社会生活方方面面，其研究、编制和修订工作集合了大量各个领域的专家学者；同样，银行卡产业除金融业务外，还涉及芯片、智能卡、软件、终端、系统、通信、安全等诸多技术领域，对专业人员的知识组成和水平都有较高的要求。

正是基于上述特点，任何标准都需要集合众多专业人员进行长期跟踪和深入研究，并结合市场最新趋势进行反复完善，才能使标准真正成熟、适宜产业发展。这是每一项标准必须经历的客观周期，也是标准工作所需的基本要求。

银联标准化工作机制的建立

建立"内外兼修、层次分明"的银行卡标准体系

内外兼修

"内"是提升并借助内力促使标准落地，即银联发挥自身产业影响力，从企业角度联合商业伙伴，以市场化手段实现标准应用，从而推进自身业务发展。

"外"是引入并借助外力推动标准落地，主要指在参与方波及面广、利益关系复杂、产业撬动难度大的领域，银联可将自身诉求与国家或行业的管理要求相结合，或与国际和国内行业组织的核心需求相结合，通过把标准上升为行标、国标、国际标准、从上方和外部对标准落地施加力量。

合理利用各类资源、"内外兼修"，是实现标准落实度和影响力最大化的有效手段，也是银联标准工作长期以来总结出的宝贵经验。不管采

用何种方式，目的都是为了银联标准能被市场广泛使用，能体现银联合作共赢的产业理念和目标。

层次分明

技术标准可分为上级标准和企业标准两个层次（其中上级标准包含国际标准、国家标准和行业标准），共同构成了完整的支付产业标准体系。上层标准应是基础性、框架性的，体现大范围的兼容和平衡；而企业标准往往是更趋细节性、特色化的，体现企业主体的操作实现。两个层次应是各有侧重、互为补充，呈现逐步细化、层层递进的形态。

银联标准工作一直关注整个支付产业、注重对标准体系层次性的理解把握和合理利用，所采取的基本原则是：将通用的、基础的要求体现在国家标准、行业标准以及国际标准中；把具体的、个性化的要求体现在企业标准中。既保持企业标准与上级标准的兼容性，以获得产业的响应和支持；又保持企业标准自身的灵活性，实现银联的市场化需求。

建立标准的联合制定机制

每一项标准在制定过程中均依次具有一系列状态：产生需求、方案分析、内容编写、文本评审、标准发布、落实执行，而在执行之后，又会通过收集市场反馈和持续研究，产生新的需求，进入到又一个轮次的修订过程中，直至标准废止。如此，便构成闭环运行、周而复始的标准生命周期。

上述标准生命周期的运行过程，其实也是一个全产业链共同参与、互相平衡、协同进步的过程。银联标准制修订的参与方，覆盖领域广、行业代表性强、参与程度高，这是银联标准工作机制的一大特点。一方面，充分体现了银联标准对产业各方利益诉求的综合考虑，保证企标的权威性、全面性、可操作性，确立"银联标准"这一品牌的市场地位，使标准既能够"为设计主体所用"，又能够"为合作方所接受"。另一方面，参与方的加入，也为标准工作引入了新的资源和力量，在一定程度上弥补了银联在芯片、智能卡、操作系统、通信、安全、生物识别等专项技术领域上的专业人才缺口，缓解了技术研究和标准化的压力。

267

实现标准与市场的平衡是标准落地执行的关键

标准与市场最核心的关系是两者之间互相影响、彼此作用，还存在一定的此消彼长的特点。标准缺失，市场灵活度很高、发展速度很快，但是缺少规范和控制，容易出现兼容性、通用性甚至安全性问题，市场有可能陷入无序的状态，难以进一步形成更大的规模。若制定标准，产品和业务就必须满足相应要求，灵活性和类型丰富程度上肯定具有一些影响，市场发展势必受到一定的制约。产业发展的理想状态便是标准和市场之间实现平衡，而如何找到并且把握好这个平衡点，就要求标准执行需要遵循一定的原则和策略，即实现执行的层次化。

既要提炼共性，设置统一要求，夯实产业稳固的发展平台，又要为参与方保留个性化的空间，不轻易扼杀技术、业务等不同层面的突破和尝试，在统一框架下鼓励创新。例如以银行卡产业标准为例，既要服务于联网通用这一基本战略，又要服务于参与方在市场服务定位上的个性需求。具体实施层面，可充分利用"必选"和"可选"的实施指引来体现层次化、差异化的要求。对于核心的、基础的内容，以必选的形式列入标准。对于非核心的、特色化的内容，以可选形式列入标准或不在标准中直接体现。值得注意的是，"必选"和"可选"的关系并非一成不变，标准从业者应根据市场发展的实际情况灵活转化。

国内移动支付标准与银联标准国际化

国内移动支付标准践行

移动支付作为新兴的支付方式，牵涉到产业链诸多环节，包括芯片、卡片、移动终端设备、POS 终端、后台应用管理和密钥系统、清分结算系统等。在其发展初期，由于缺乏统一的技术标准，国内存在多种移动支付解决方案，市场产品形态混乱。为推动移动支付产业健康、有序地发展，2008 年，国家标准委员会向全国信息技术标准化委员会（以下简称"信标委")下达了 5 项移动支付系列国家标准制定任务，涵盖了移动支付基础技术内容。此后，信标委和国家金卡工程多功能应用联盟也先后成立了移动支付工作组，共同推动中国移动支付国家标准的进程。

2010 年 4 月，银联向国家发改委申报了 2010 年信息安全专项，联合产业链生产企业专门就移动支付安全标准进行研究，并获得发改委批复同意；2011 年 7 月，为推动银联卡移动支付业务的发展，银联率先发布了《中国银联移动支付技术规范》。2012 年 4 ~ 7 月，人民银行组织银联、商业银行、三大运营商及部分产业生产企业开展了移动支付金融行业标准的研制工作；2012 年 12 月，移动支付金融行业标准《中国金融移动支付标准》正式发布。在移动支付的企业标准、金融行业标准先后出台的激励下，经反复论证、审核，2013 年 10 月 14 日，国标委发布了移动支付国家标准《基于射频的移动支付》。此标准出台后，在统一的技术框架下，移动支付产业发展方向将更加明确。

银联联合主要商业银行、运营商以及国内外的芯片、手机、终端厂商共同开展移动支付产品化和试点商用工作。例如，与建设银行的试点已在北京、上海等 13 个地区同时开展，首次将 PBOC 标准的 NFC（SD）模式移动支付应用正式推向大规模普及商用；与中国联通在北京、上海、宁波等地区开展基于双界面 SIM 卡和纯远程支付 SIM 卡的合作，在宁波合作推出了"一卡多用"的"沃·阳光手机金融 IC 卡"，能够兼容目前的银行、交通和行业账户功能等。此外，银联还支持多家第三方机构发展移动支付自有品牌，实现"一点接入，连通全网"，全面打通支付通道，为银联、银行和运营商的合作起到了协同和促进作用。

在标准推进的思路上，标准化工作团队逐渐意识到，标准的最终确立既涉及上级主管单位，也涉及商业银行、生产企业、运营商等多方面的利益，需要有策略地、智慧地推进。因此，银联标准化工作团队积极参加到金融行业标准、国家标准、ISO 国际标准的制定工作中，并引导各级标准工作组接受和采纳适合中国的技术解决方案，使其最终成为全球产业的共识。

在标准落实措施上，2011 年初，全国支持国家标准的非接受理终端数量仅仅 20 万台，支持 NFC 手机也仅有 1 款。经过银行卡产业各方近两年的努力，截至 2013 年底，全国非接受理终端数量已达 248.5 万台，支持 NFC 手机 21 款，移动支付交易金额 645.2 亿元，交易笔数 10 153.57万笔。

银联标准国际化

为进一步加强中国银联在国际标准化组织中的话语权，扩大银联技术标准的影响力，银联从 2012 年开始启动了标准国际化工作。先后加入了 EMVCo、ISO、PCI、SDA、NFC Forum、GP、Multos 等国际标准组织，从金融 IC 卡、移动支付、支付安全等领域大力推动银联技术标准的国际化进程。

金融 IC 卡方面，2013 年 5 月，银联以股东会员身份正式加入了 EMVCo。EMVCo 是专门负责制定与维护国际 IC 卡支付标准 EMV 规范的专业组织，并负责推动 EMV 标准在全球范围的实施落地。目前，银联已深入参与到 EMVCo 内部的各项工作，并推动银联非接 IC 卡内核规范纳入到 EMVCo 非接规范体系，促进了银联金融 IC 卡在全球的发行和受理。

移动支付方面，2012 年银联通过金标委申请加入 ISO 移动支付标准工作组（ISO/TC68/SC7/WG10），在对移动支付国际标准 ISO12812 深入分析研究后，结合国内移动支付产业发展情况提交了符合我国利益的标准提案并获得了工作组的采纳。同时，银联在 2012 年 2 月以执行会员的身份正式加入了 SDA（SD 卡协会）组织，SDA 是制定和推广 SD 卡技术标准的组织，其制定的 SD 卡标准已成为全球 SD 卡产业事实上的国际标准。银联在加入 SDA 后，提出了银联自主的 SWP - SD 卡方案纳入 SD 卡国际标准并获得通过，推动了银联自主标准在 SD 卡产业的落地实施。2013 年 2 月，经过 SDA 董事会选举，银联升级成为 SDA 董事会员，进一步增强了银联在 SDA 内部的话语权。

此外，银联还分别加入了 NFC Forum（负责制定 NFC 相关技术标准）、Global Platform（负责制定国际主流的智能卡多应用管理规范）以及 Multos 等组织，一方面及时跟踪了解国际上关于近场通讯技术和智能卡技术标准的最新进展，另一方面也在标准制定过程中联合同为成员单位的我国相关企业共同发挥影响力，保证我国移动支付产业的利益。

支付安全方面，2012 年银联以"参与机构会员"身份加入了 PCI 组织（支付卡产业安全标准理事会）。PCI 组织是国际支付安全领域的权威标准组织，决定了全球支付安全技术主要发展方向。目前，PCISSC 拟对其组织架构进行相应调整，并邀请银联由现在的"参与机构会员"升级为"战略会员"或"创始会员"。目前银联内部正在对会员升级工作进行进一步评估，同时与 PCI 组织就会员升级展开一系列洽谈工作。

银行卡标准推动支付产业发展

2002 年 3 月 26 日，中国银联股份有限公司成立。

2004 年 4 月，中国银联发布并推广实施企业标准《银行卡联网联合技术规范 V2.0》；12 月 10 日，第一代全国银行卡跨行交易清算系统正式上线，银行卡跨行交易成功率上升到 80%。

2005 年 3 月，《中国金融集成电路（IC）卡规范（版本 2.0)》正式颁布。

2009 年 6 月，中国银联正式对外发布《第三方机构接入中国银联的技术安全要求》；11 月，正式发布《银行卡联网联合技术规范 V2.1》。

2010 年 2 月，中国银联联合国内主要商业银行、通信运营商、银行卡产业链企业、手机终端企业等成立移动支付产业联盟；10 月，中国银联发布《中国银联技术标准体系及发展历程（企业标准)》，共涵盖七大类 88 项技术标准，其中已有 3 项成为国家标准，5 项成为行业标准，标志着银行卡产业技术标准体系的正式建成。

2011 年 6 月，中国银联发布行业内第一个全面的金融 IC 卡芯片安全规范——《银联卡芯片安全规范》。

2012 年 4 月人民银行正式颁布《中国金融集成电路（IC）卡规范（版本 3.0)》；11 月中国银联编制发布《银联差错服务联网对接技术规范》。

2013 年 1 月，中国银联向 ISO20022 组织申报，申请将差错服务规范纳入 ISO20022 标准体系；10 月中国银联在连续开展 4 次重要信息系统登记保护测评后，测评符合率达到 94%，居行业领先水平；12 月中国银联"国家金融 IC 卡安全检测中心"整体项目建设完成验收。

2013 年，世界银行卡支付标准进一步融合统一。美联储召开移动支付产业工作组会议加大 NFC 非接支付推广力度；欧洲央行 ECB 成立欧洲零售支付董事会 ERPB 取代原 SEPA 理事会，负责制定并监督实施欧洲零售支付市场的规则及标准；Discover 于 9 月正式加入 EMVCo；VISA 加强推广其移动支付业务标准，提供统一的 API 和 SDK，支持移动 POS 收付款，借此加强对手机厂商、软件开发商、移动运营商等合作伙伴的技术授权支持；VISA、万事达、美国运通联合推出电子支付标记标准，提高电子支付的便捷性和安全性；香港银行公会推出 NFC 移动支付实务守则，确保电子钱包及支付交易流程安全性。

在国内，截至 2014 年 5 月，中国境内银联标准卡发卡总量达到 42.1 亿张，境内联网商户达到 951.7 万户，联网 POS 机达到 1 310.1 万台，境内 ATM 达到 58.5 万台；1226 个国家和地区的 85 家发卡机构累计境外发行银联卡超过 2 973.5 万张，银联卡境外受理网络已延伸至五大洲 142 个国家和地区。

总 结

银联一直以促进整个产业链上下游企业的共同发展为目标，倡导"自主创新与开放兼容相结合"为标准战略，既要有我国自主的标准，又要实现和全球的互联互通，为产业链的上下游企业的发展提供了技术指引和支持保障。自成立以来逾十年的时间里，银联技术标准在助力公司完成联网通用金融战略目标的同时，维护了银联在产业中的核心地位和话语权，同时为机构、厂商、商户等众多的合作伙伴营造了合作共赢、健康持续的产业生态环境，共同推动了支付产业向前发展，并最终促进经济发展、惠及百姓民生。■

参考文献

1. 柴洪峰. 银行卡产业标准管理与服务 [M]. 上海：上海交通大学出版社, 2014.

2. 中国银联股份有限公司. Q/CUP 037—2011 中国银联移动支付技术规范 [S]. 2011.

3. 中国人民银行移动支付技术标准课题研究组. 中国移动支付技术标准体系研究报告 [M]. 北京：中国金融出版社, 2012.

4. 苏宁、时文朝. 中国银行卡产业发展报告 2014 [M]. 上海：上海文化出版社, 2014.

支付变革和互联网保险

刘经纶

作为互联网金融重要组成部分的互联网保险，借助移动互联网、大数据、云计算等技术，实现了保险覆盖面的扩大和保险渗透率的提升，在保险业创新发展的过程中扮演着越来越重要的角色。

近几年来，随着智能手机的快速普及，移动支付业务正步入高速发展期，它不仅是现阶段支付变革的关键，也是互联网保险发展的基础，更将成为未来互联网保险进一步发展的强大引擎。

移动互联网推动支付的创新和变革

当前，基于互联网，特别是移动通信技术的移动互联网革命正在席卷全球，移动互联网对传统产业的渗透、改变乃至颠覆，似乎是无处不在、无孔不入。移动互联网正在重塑着社会，重新构建着商业规则，开启一个崭新时代。

我们可以深刻感受到移动互联网经济迅猛发展的强劲势头，以电子商务为代表的互联网经济商业模式是迄今为止发生的影响最为深刻的商业革命，快速崛起的电子商务经济对我们的社会生活带来颠覆式的影响。

借时代东风，移动互联网金融应运而生，其源于技术、成于信任，

作者为泰康人寿保险总裁。

并迅速成长为不可忽视的力量，在第三方支付、P2P、互联网理财和众筹领域发展很快。

新技术的不断应用也加速了支付创新步伐，特别是移动通信技术、大数据、云计算等新技术应用于支付行业，让支付这一最基础的金融活动发生巨大改变，并呈现出多种全新的交易方式，逐渐改变着人们的生活习惯和消费行为。比如非接触式支付、指纹支付、声波支付等。在传统银行主导的支付体系之外，第三方支付方式借助新技术实现快速崛起。与传统模式相比，第三方支付不仅主体不断增多，而且支付规模也在迅速提高。

移动支付已经成为支付的一种新趋势，其发展的基础是移动终端设备的普及和移动通信技术的发展，主要表现是随时、随地支付，并嵌入到金融消费流程中。移动支付行业的发展呈现出如下几个特点：一是基于移动终端的支付方式创新快速推出。二是移动支付客户基础和推广方式日趋多元化。三是移动支付的应用不断扩展和深化。四是移动支付跨界合作不断升级，趋向生态化。五是移动支付带来新的风险和挑战。

移动支付将成为支付变革的关键，主要体现在以下三个方面：一是移动互联网的应用日益广泛，推动大众生活消费碎片化，这将成为移动支付应用推广的核心基础。二是移动支付终端能够集支付指令承载、接收、发送为一体，未来将可能直接作为货币资金的载体。三是移动支付内含价值远大于其他支付方式。

移动支付将成互联网保险发展新引擎

保险作为现代金融业的重要组成部分，也在经历着移动互联网的冲击，移动互联网在对传统保险业的碰撞和融合中，变革着传统保险业的经营模式，重塑着人们对于保险的消费习惯。从理论上来讲，互联网对保险业的冲击主要分为两个方面：一是传统保险企业的互联网化；二是基于互联网的保险创新。两者互不矛盾，相互补充，相得益彰，且两者涌现出加速融合的趋势。前期大家都在讨论互联网时代到来以后，传统的队伍和传统的销售模式还存在不存在？我们认为在现阶段，传统保险互联网化的意义、影响远大于互联网保险创新。

通过近几年来互联网保险的发展，不管是互联网保险业的主体，以及发展规模和速度，都不难看出未来互联网保险有着巨大的发展空间。互联网保险产品具有保险责任简单、保险期限较短、保障程度低和产品价格低等特征。

互联网保险发展的途径主要有四个方面：

一是富有想象力的产品创新是互联网保险发展的方向。要敢于打破保险固有思维模式，寻找让市场尖叫的创新。余额宝的传奇案例告诉我们，一个关键的产品创新可以一夜之间改变一家公司甚至一个行业。

二是大数据平台建设是互联网保险发展的核心。金融本质上是一个信息行业，数据是其经营的核心，保险行业是所有金融行业中对大数据需求最为明显的一个行业，借助保险大数据能够实现个性化、点对点、端到端的销售、运营和管理。

三是线上线下结合的 O2O 全覆盖是互联网保险渠道建设的方式。线上体验、线下购买，强大的线下是线上强大的基础和保证。

四是前中后台的全面互联网化是互联网保险发展的保障。在互联网金融的战场上，前中后台的界限已经模糊，实施互联网战略将更加比拼传统意义上的中后台。

未来互联网保险的发展将呈现如下几个特点：一是保险消费的长尾市场形成，蕴含巨大商机。二是围绕提升客户体验，深度嵌入互联网生态。三是保险互联网和互联网保险不断融合，趋向移动终端化。四是互联网保险开始向其他产业渗透，新的跨界商业模式不断出现。五是监管政策不断完善，互联网保险将有更大施展空间。六是开放、分享、快速成长的互联网保险消费生态体系正在形成。

互联网保险支付在现阶段呈现多元化特征，第三方互联网支付、手机支付等多种方式共存，并且具有监管要求严格、金额跨度大和集中处理量大等特点。从总体上讲，整个保险行业目前正在积极探索第三方支付在经营过程中的应用。

基于以下五点原因，我们认为移动支付将成为互联网保险发展的新引擎。

第一，移动支付和互联网保险相互促进。一方面移动支付是互联网保险发展的基础；另一方面互联网保险助力移动支付的推广和应用。

第二，移动支付为保险公司不断拓展的经营场景提供了有力支撑。不管是人身保障，还是资金融通，甚至健康管理、财富管理以及我们的生活管理，都可以体会到移动支付对保险企业的发展将会起到至关重要的推动作用。

第三，移动支付为保险公司进行大数据营销提供数据和场景支持。移动支付积累海量客户信息，利用大数据分析结果，可以帮助企业实现精准营销。

第四，移动支付为保险公司开发移动支付安全产品提供了新的思路。例如近期众安在线联合百度推出了手机支付保险产品"百付安"。

第五，移动支付可以解决保险资金安全性和收益性的问题。移动支付将改变保险企业传统的第三方支付合作模式，转而与保融、金联万家等数据处理商合作，资金不落地、无沉淀，由银行处理支付结算，加强资金的安全性和收益性。

泰康在互联网保险支付实践方面主要有以下四点：一是快速布局手机支付的全流程运营体系，行业首家实现全流程线上理赔。二是积极创新移动支付的互联网保险产品，比如2014年推出的"求关爱"和"飞常保"等产品。三是不断加速泰康"云中心"基础设施建设，为互联网保险支付提供全方位的技术支撑。四是加快完善泰康的支付体系，全面考虑业务需求与成本，以应用场景化和成本最优化的最佳匹配实现支付体系的最优化。

完善移动支付促进互联网保险发展的几点思考

第一，大力推动移动支付促进互联网保险发展。互联网保险的兴起与互联网金融直接相关，更是以强大的移动支付发展建设为基础，需要多方市场参与者共同开展深度合作。

第二，建立支持移动支付创新发展的配套机制。建立健全支持移动支付创新发展的机制，给予较为宽松的创新氛围，鼓励新产品、新业务在小范围内的测试和推广。

第三，加强移动支付和互联网金融的知识普及。强化消费者的自我保护意识和法律维权意识，加强"一行三会"的配合力度，共同推进移动支付和互联网金融的培训和教育体系建设，形成行业间的联动机制。

第四，搭建移动支付风险信息的共享平台。利用行业自律组织，搭建会员之间交流协商平台，加大对话沟通，消除恶意竞争等不和谐成分。建立支付风险信息共享系统，推进行业风险信息库，提升新型支付风险的防范能力。

第五，建立跨行业的移动支付监管协调机制。互联网金融和移动支付涉及资本市场、货币市场、信贷市场等多领域，存在不同行业、不同市场之间风险传递的可能性，需要相关部门建立跨行业的监管协调机制，统一认识，明确目标，制定监管政策和行业标准。

第六，做好互联网保险支付的系统性风险防控。技术风险、法律风险等系统风险是互联网保险支付面临的重要风险，要高度重视互联网保险支付信息安全工作，采取严格的技术安全措施，保障互联网保险支付信息系统安全运行，确保支付交易安全和数据安全。

互联网金融是保险业追赶国外同业实现弯道超车的最佳战场，移动支付是这场车赛中的加速器，借助"新国十条"的东风，抓住移动互联网的发展大势，利用移动支付这一利器，大力发展互联网保险业务，必将实现中国保险业的新变革、新腾飞。■

互联网金融时代的新生态

彭 蕾

互联网金融的发展速度，说实在的，远远超出阿里也包括我本人之前的预估，2014 年 12 月 8 日是支付宝十周年纪念日，十年前，我觉得支持淘宝就好了，为什么要成为一家公司，到今天，我还比较保守，为什么呢？大家对互联网金融这个事赋予了太多的热情和关注，各界都在谈这样一个新生的东西，未见得是一件非常好的事情。从十年前到今天，我一直觉得它的发展需要一个慢慢孕育的过程，我们看互联网金融未来十年的趋势，我自己真心认为是水到渠成的过程，就像我们今天不会特别谈互联网媒体、互联网娱乐，不会在前面特意加互联网一样，十年以后，互联网金融是渐渐会消失的词，也不会那么热，每时每刻，像网银支付、移动支付会成为人民生活的一部分，是慢慢消失的热点，会深入地渗透到我们的生活当中。今天谈互联网金融生态，生态中的物种非常丰富，十年前非常简陋，十年前支付宝怎么运作的呢？那会儿支付宝用户要做一笔交易，需要到线下银行网点付钱，或者到邮局汇款，这个很难想象，在淘宝或者在某个电商网站上买东西，要到银行填汇款单，今天坐电脑前全搞定了，十年前就是这样的状况，在这样的状况下，那么多障碍都阻挡不了互联网网络消费的热情，当年支付宝又是什么样呢？今天支付宝大楼里有一台非常破的传真机，如果大家有兴趣以后去支付

作者为蚂蚁金服 CEO。

宝参观的时候可以看看这个古董，交易完以后，要把汇款底单传到淘宝财务部，那帮小姑娘人工核对，然后通知卖家钱收到、发货，当时出了很多纰漏，汇款单看不清楚，通知错了，张冠李戴，各种各样的错误都有。我们看一下十年以后的今天，在双"十一"，那一天移动支付笔数是1.97亿笔，很难想象在十年前如果用传真汇款底单方式放到今天的话会发生什么状况，我们开玩笑地说，如果还是那样的作业形态的话，估计今天惠普的打印机、传真机都得被我们包了也不一定做得了，今天坐而论道，谈互联网金融的趋势，谈整个行业的发展，对我个人而言，我最最关注、最最关心的其实往往是那些非常小的地方发生的一些非常意味深长的变革，对每一个人的生活乃至于对每一个身处其中的机构、每一家公司乃至对于监管可能都会产生始料未及的很深远的影响。

2014年10月我们正式发布了公司的名字，叫蚂蚁金融服务集团，我们是崇尚非常微小的力量，今天我们做的所有事情希望给社会、给这个世界、给所有的人创造一些虽小但是非常美好的体验，这是互联网金融在用户体验层面上的一个本质。说到比较高大上的层面，我们也有一些虽不太成熟的理解。

互联网金融生态，生态系统里边的物种非常丰富，有用户、服务提供商、银行，包括监管其实也都是互联网金融生态当中非常重要的一个环节，前几年，支付宝提出了一个战略，叫做"ABC"战略，什么意思呢？A其实就是应用场景，今天作为一个基础的支付服务提供商，你要在什么场景，比如网购、医院或者哪儿，你要为他提供什么服务；B是什么呢？B是银行，从第一天开始到未来，银行都是互联网金融当中非常重要的一个合作伙伴，非常重要的参与者和建设者，互联网金融会不会替代银行，我自己的看法是不可能的，但是，最后会在某种层面上形成互相融合、互相支撑、互相补充的体系。当然，我们不能回避大家在界定、界限和局部领域难免有些竞争，在这方面，银行从一开始到未来都会是非常重要的合作伙伴。除了银行以外，这几年很多其他金融机构保险、基金甚至信托参与也越来越多。C是什么？消费者，没有无缘无故的支付，像世界上没有无缘无故的爱和无缘无故的恨一样，同样没有无缘无故的支付，有用户、有场景才发生支付，才绑一张银行卡，这也就是为什么互联网进入金融行业的从业者会比任何一个其他的主体更关注用户体验。用户肯定是第一位的，我们做的所有创新都必须以用户作为创新的出发点。我们投入很多技术和人力，其实就是在做一件事情，也许就是为了让用户从七步变为六步，从六步变成只需要五步、四步、三步，每减少一步，对用户的体验是非常重要的，生态圈里丰富和活跃，随着影响力越来越大，监管者在生态系统的参与和建设中也会变得越来越重要。

对于商户、对于里面的服务机构和主体而言，是越来越成熟和丰富的生态群体，最早的时候，也许最早介入支付领域的可能是网上卖货的，就是做电商的，现在很多政府机关包括社会公用事业缴费、医院等提供服务的主体也会慢慢变得越来越丰富。在这个过程当中，银行的发展速度让我们叹为观止，前几年，以双"十一"为例，10 日到 11 日晚上基本通宵，银行小伙伴们基本跟我们通宵，IT 这两年的水平是一日千里，前两天蛮心跳的，特别是零点开闸放水的时候，不过今年基本有惊无险，感谢银行的投入和大力支撑，是非常重要的系统性的合作伙伴。金融云，其实是互联网金融技术的延伸，我们今天更愿意用金融云这个概念来谈所谓的互联网金融的技术，我们从什么角度看呢？比如双"十一"那天，移动支付 1.97 亿笔，数据背后意味着什么？每一秒钟完成支付的量峰值是 3.8 万笔，用传统的方式基本还是比较困难的，如果今天不用一个更加互联网、更加分布式计算的能力去构建这一整套互联网金融技术的话，你很难服务那么多海量的长尾的非常屌丝的客户，整个能力的建设特别重要，经过十年的发展，也成为了今天蚂蚁金服非常核心的能力。对于互联网金融技术而言，不但效率很高，而且成本非常低，今天那么多交易笔数，一分钱转账、两分钱转账，为什么可以做？如果 IT 成本不能做到很低的话，做一笔就亏很多钱，但是，我们今天可以做到，一笔交易成本可以做到非常非常低，今天具备了用非常高的能力，用非常低廉的成本，用一套云安全技术服务于海量用户。互联网金融服务应用可能区别于其他的应用，对安全性有要求，体验要多几步。互联网云金融技术发展到今天，会成为越来越重要的力量。

基于上面的理解，互联网金融会带来四种能力：第一，从大数据到活数据的能力。互联网金融也好，传统金融也好，其实它的信用能力和风险能力是非常核心的两个能力，获取大数据以后，用什么模型、用什么方式计算，是离线计算，还是在线计算，有些要求在线实时计算能力很强，计算器处理能力怎么样，对于在线的实时计算能力特别重要。同时，如果做一些创新，针对这些数据，怎么找到用户的需求？怎么发觉未来的服务机会和未来的创新点？对大数据离线处理能力提出非常高的要求，互联网金融提供了这样一个可能性，我们获取大量数据以后到这些数据未来怎么可以转化为安全体系，怎么可以转化为未来的创新的动力，互联网金融提供了这样一种可能性。第二，互联网金融技术在不断发展，云计算在不断发展，让做任何创新不再成为一个壁垒，像天弘基金，是余额宝的重要合作伙伴，从第一天开始它的系统就是上云的，2013 年双"十一"那天，一天处理 1 700 万笔基金赎回和支付，如果按照传统方法做，成本非常高，而且很难实现。感谢银监会对我们的支持，我们拿到了网上银行筹备许可，未来网上银行会全面架在云金融系统上，包括核心系统、查账查询等所有系统都会基于云计算技术体系做这个机构。第三，互联网金融风险管控，监管确实非常不容易，为什么呢？用传统的一些方法，今天很难管控发生在互联网金融上的事情，对于数据的获取能力、对于当下这一刻在发生什么样的事情、对于走账整个来龙去脉的要求，对于监管来讲，其实也是挑战，另外，我觉得也是机会，这里有一个不成熟的想法，对于监管而言，包括我们为了加强行业自律，我们设计任何系统的时候，那个系统能不能够做到实时查询，不是公司为业务所用的，而是从合规、规范、安全角度考虑的，比如今天要知道你的账按照什么结构在走，比如反洗钱，洗钱背后肯定有规律可寻找，像这些东西能不能用互联网大数据方法、用云计算能力去支撑？我们看到了有这样一个可能性，而且我们坚信这个也是未来互联网金融监管非常重要的一个发展方向。第四，信用体系，蚂蚁金服的使命叫做"让信用等于财富"，希望通过数据沉淀下来每个人的信用，有些人说在网上怎么知道他可信、不可信呢？蚂蚁金服下面的小贷公司做的全部是纯信用无抵押、无担保的贷款，客户余额总量将近 80 万户，贷款余额量不是很大，200 多亿元，有意思的是我们没有去一个店铺看过，完全根据网上信用记录、成交记录以及客户反馈情况通过一个模型计算出客户的信用，他今天可以拿到 10 万元的授信，如果需要 5 万元、7 万元、8 万元，他一进后台，一点按钮，钱一分钟到账，这个事情让我们觉得特别有意义。还有一个可能性是什么呢？今天我们跟很多保险公司合作，今天只要有信用的商家，比如要做一个生意，先付保证金，对于有信用的商家，不需要质押那么多资金，比如开一个店，要交 20 万元或者 5 万元押金，今天这个店是有信用等级的，买一个保险，就不用押那么多钱在那儿，对于小商家和创业者而言也是非常有价值和意义的。我们做余额宝也好，今天做纯信用保证险也好，本质上是干掉我们的备付金，有人说备付金放银行，可以拿很高利息，比如 2 点几、3 点几，拿掉以后，收入不是没有了吗？其实我们从第一天就知道这个事情，我们今天看中的并不是客户资金放我这儿我可以赚多少钱，而是真正用互联网不同种类金融服务方式可以满足今天的小微创业者和小微蚂蚁般的投资者。让"信用等于财富"这个思想自始至终贯彻在我们的大数据、云计算、开放和平台化中。

互联网金融生态能够为中国带来什么？第一，肯定会对现有金融体系形成非常有效的补充。互联网金融发展到今天，生态的逐步成熟，为我们服务广大的草根用户、海量的用户提供了更多、更丰富、更具有可能性的选择，也会成为现在主流金融体系有益的补充，包括农村，很多农民家里不可能有电脑，但哪怕耕田时候都会拿手机，像这样的现象都会让我们思考未来整个互联网金融乃至移动互联网金融发展路径，靠社会各界和各位从业者共同推动。第二，服务实体经济，帮助大家更好地消费，帮助大家更好地投资，同时，可以有很多个性化服务，可以让实体经济在发展当中更加健康，提升运转效率，降低成本。第三，提升中国金融体系的国际竞争力。单从技术层面来讲，今天中国金融企业的 IT 能力以及移动互联网也好、互联网在技术上的能力我们已经准备好了，可以到更大的舞台创造更多的可能性。

作为生态参与者，回到我们自己，我们可以做一些什么呢？我们觉得在以下三个方面可以有所作为：开放的服务平台，开放的云金融平台，开放的大数据平台。

互联网金融生态需要什么呢？互联网金融绝对不是颠覆者，尽管这两年特别这一年多有很多惊世骇俗的言论，回到当下，回到此刻，回到用户中间，回到商户中间的时候，你的核心能力是什么？可以给他创造什么价值？为什么是你而不是别人？他为什么用你的服务？我觉得还是要回到这些最基本的问题，包括和合作伙伴的共融关系，绝对不存在哪个把哪个灭了或者取代谁，互联网金融生态拥抱并需要监管，对于这点我们有深刻而清醒的认知，坦率地讲，不但是中国的互联网金融，即使是今天中国所有的金融行业，改革开放30多年以来，并没有经历过真正意义上的金融危机，尽管在2008年也好，1997年也好，其实对于中国经济的影响还没有到伤筋动骨的层面，但是，这一天会不会来？或者什么时候会来？是以什么样的形态爆发？其实对于这个事我们从第一天开始弦就紧绷，去年定了8字方针，"稳妥创新，拥抱监管"，为什么拥抱监管，去年很多监管机构到阿里、小微、蚂蚁这边调研，不客气地说，其实是来帮我们体检的，今天多一个视角，可以让我们冷静下来，把各方面做得更合规，对于公司长远发展来讲是有百利而无一害的，对于互联网金融来讲，今天确实到了拥抱而且需要监管的时期。但是，对于互联网金融生态，期待与时俱进的监管方式，用大数据、云计算、实时的方式更好地实现，包括我们怎么和央行监管系统打通，希望系统层面对接，创造一种创新的监管方式。■

让支付价值超越支付本身

章政华

移动时代正在把我们的手机变得万能，以前我们只能在线下或者电脑上完成的很多需求，现在都可以在手机上轻松实现。比如我用手机选座位，用手机订餐。可以说，便利是移动互联网时代带给我们最大的感受之一。而手机之所以能够满足我们购票、订餐等生活服务需求，多半要归功于移动支付的实现和便捷，说到这，我们也就明白，移动支付在移动端时代为什么变得格外重要。

这也是百度做支付的初衷和目的。百度在支付领域与其他同行有一些区别，别人是先有了支付工具，然后再去找场景，与第三方去合作。百度则不同，我们的支付是受场景和需求驱动的，是在有了丰满、成熟的移动生态体系，在2014年年初用户在移动搜索的需求中65％都是与支付相关的。而我们的商户的需求也发生了变化，以前他们希望百度给他们输入流量，把客户带过去。而现在他们希望缩短和用户的距离，在百度平台上快速完成服务交付，满足用户需求。所以，在这个时候百度平台需要做得更多，我们不只要做流量分发，更要做服务生态，并需要拥有更多的服务保障。

可以说，这是一个主动释放需求的过程，而不是被动去推动落地的过程，对用户来说，很多人觉得在手机百度上看到一项服务，有很多优

作者为百度钱包百度百付宝公司总经理。

惠的活动，随手就参与了，发现百度钱包的支付工具很方便、很实用，很自然地就选择了交易，久而久之就形成了从搜索到支付的习惯。其实这就是支付的价值和意义，如果没有支付这个通道和工具，服务就是一个断链。有了百度钱包，我们所倡导的O2O战略，通过"入口 + 场景 + 支付"的服务生态，就真正为用户缩短了到达服务的路径。以上是百度在移动端的战略方向和支付的意义。

那么，移动支付的价值在哪儿？我认为，是让我们的未来生活更加便捷与智能。

在传统支付里，其目的是交易双方为最终完成交易而进行的货币债权转移。在这一过程中，银行作为支付中介，其目的单一，所掌握的信息十分有限。

在互联网、移动互联网时代，支付的目的虽然没有实质改变，但支付活动所产生的"信息量"却大增——客户信息、交易信息、位置信息、消费路径等，使得支付的基础功能被急剧放大，支付的价值从此不再局限于支付本身，而是与互联网技术相关联产生"化学作用"，将使未来支付更加智能。

百度倡导的是工程师文化，以技术见长，在智能化技术的探索上也一直走在行业前列。这也影响着我们做移动支付的理念——就是秉承让人们生活更加便捷与智能的目标，做好连接"人与服务"的事。

首先，区别于支付宝等以独立APP方式作为入口，百度钱包选择了走"一体化"路线：通过入驻拥有6亿用户的手机百度，用户可以在"我的钱包"及搜索各类服务中使用百度钱包，前接搜索的精准流量，后接落地商户，作为手机百度、手机地图等14款亿级APP的底层支付工具，与百度系移动端产品全线打通。这也使得百度钱包的用户快速聚合。

其次，在场景建设上，"百度钱包"一上线，便具备满足用户在线充值、在线支付、交易管理、生活服务、提现、账户提醒等的支付工具功能。同时通过商户参与，迅速扩容场景：通过与景区、院线、彩票等合作进军票务市场，五一期间推出的"半价门票"掀起了旅游高潮；而通过百度糯米、KFC 等的合作，覆盖了餐饮、酒店等生活场景；此外，还通过与中信出版集团、山东航空、中粮我买网等的合作，为出版、航空、生鲜等领域实现了O2O。

值得一提的是，百度钱包在与金融机构合作构建移动生态上也进行了探索。例如，通过与华夏基金、嘉实基金、富国基金、广发基金等公募基金大佬合作，树立"基金＋钱包"的理财服务模式，推出的"百发"、"百赚"成为最受网民欢迎的互联网理财品牌；与联通联营，创造"运营商＋钱包"，打造"通信理财"的模式；与中信信托公司携手推出"百发有戏"，将影视、消费信托和理财结合，搭建起行业金融生态。

再次，百度将战略级产品"直达号"与百度钱包有机结合，快速打造移动支付平台。2014 年 9 月，以随时随地、直达所需为设计原点的"直达号"横空出世。这个类似提供免费 APP 制造的直达平台，为数十个不同行业提供了模板，并将百度巨大的流量、云计算、云直播等技术手段植入，通过在百度搜索框中@＋商户并能完成直接进入商户服务的过程。这种"直达所需"成为当下最具广拉新、强留存、易开通等优势的载体——吸引了大量商户的关注，在不到 3 个月的时间里，40 余万商户入驻百度直达号。而后端的百度钱包作为底层支付工具进行对接，使得百度迅速打通了前端搜索、后端商户，完成从营销到销售的转化，百度移动端的O2O"最后一公里"完成。

百度搜索的基因和积累，对挖掘用户的诉求本身有很大优势。百度钱包的介入，将移动支付接入，实现了从"百度一下，你就知道"到"百度一下，你就得到"的转变。百度正在做和未来要做的就是让移动支付更加智能，贴近地连接每个人与所需服务，让移动支付成为每个人生活的福利！■

互联网理财 2.0 时代构想

赵新宇

　　我刚刚在微信朋友圈发了一个感想，2013 年的时候，互联网金融一直在讲颠覆，今天大家一直讲的是融合、合作，已经不再讲颠覆了。其实，在去年互联网金融热里边，它的爆发是从基金行业和互联网支付机构化学上的结合开始的，在整个过程里，我们称之为互联网理财 1.0 时代，其实很简单，把货币市场基金和互联网支付功能放到一起，在这个过程中我们作为亲历者，经历了"颠覆"的历程，好像仅仅被"颠"了一下，还没有被"覆"。

　　2013 年，当余额宝推出以后，"BAT"都加入到货币基金的革命中来，这其实是渠道的创新，货币市场基金这个产品在中国已经存在了十年，从 2003 年到 2013 年，为什么一直没有得到老百姓的认同呢？原因是信息的不对称，原来的传统渠道在银行，货币市场基金是和银行存款形成直接竞争关系的一个竞品。在过去十年里，货币市场基金收益率一直高过存款，但也没有多少人关注到这个产品，这时候出现了互联网，通过传播优势、渠道优势让产品瞬间爆发了，当然也配合着去年我们利率市场化的开端。

　　在这个过程中，华夏基金作为传统企业，也做了一些与互联网结合的尝试，获得了很大收益。我们互联网直销平台基金销售规模一度超过

作者为华夏基金公司董事总经理。

了 1 000 亿元的存量！华夏基金从 2007—2012 年，5 年时间里互联网基金销售规模不到 100 亿元，但 2013—2014 年年中，短短一年半时间里，规模上升了 1 000 亿元，对我们来说也是爆炸性的发展。我们开发了自己的移动互联网品牌，叫活期通，在余额宝推出半年前，2013 年 1 月 8 日就召开了产品发布会。当我们发现跟互联网合作能更加产生渠道效应的时候，作为行业里唯一一家分别和腾讯、百度、阿里开展了互联网平台的合作。两年过去了，我们现在产生了一些困惑：一个是现实的困惑，简单的渠道创新带来的问题就是现在成规模的互联网渠道已经饱和了，而且只有货币市场基金这么一个单一的产品；第二，渠道合作的成本不断地在上升，各种金融机构对"BAT"的追求趋之若鹜，成本水涨船高，最后会演变成金融机构为了发展互联网渠道付出了非常高的成本去买流量，然后简单地拼收益，并没有改变原来生存的商业模式。

我们从 2013 年开始真正跟互联网机构合作，一直在研究、分析为什么在互联网文化最发达的美国没有见到谷歌卖基金，我们也没见到推特推出推特宝、推特通？同时，我们也没有看到有一种纯粹互联网金融商业模式对美国传统的金融机构产生非常大的影响，这个问题是非常困扰我们的。周一时我在网易新闻上看到的一个新闻，泰国清迈有一头大象被一堆野蜂叮死了，我一下子有了一个感觉，通过我们对美国各种创新的互联网金融形式进行分析，我们这些传统金融机构就像是一头大象（像华夏基金，原来我们是全行业的老大，而且持续了七年，管理资产规模远远超过第二名、第三名），我们一直担心的是在这个丛林里面再出现一头大象，它比我们还强壮，把我们从这个丛林里赶走。但是，其实你的挑战者不是一头大象，是一群蜜蜂，或者是一群蚂蚁。我们可以看到，目前这些新的互联网金融模式：第一，没有一家规模做得很大，每一个模式都是专注于一个非常小的细分市场，而市场受众都是年轻人。这些意味着人家没有正面跟你作战，人家做的是非常小的细分市场。第二，在未来 5～10 年之后，这批年轻人可能会成为金融市场消费者的中坚力量，传统金融机构所担心的被侵占的市场并不是现在掌握的市场，现在主流客户人群大概在 40～50 岁之间有一定金融资产的人，而腾讯理财通用户结构是以 20~40 岁为主力（70%）。所以，未来真正决定胜负的不是今天，而是 5~10 年以后，我们未来的对手不是现在的某一头大象，而是可能会成为一个军团的一群蜜蜂和一群蚂蚁。他们现在已经侵入到了不同的市场里，他们所掌握的客户和他们所应用的场景并不是传统行业目前所占领的市场和客户，但是，他们占领的是未来，我们最大的挑战是来自于未来的。所以，通过对市场的分析我们得出结论：我们的敌人不是另外一头大象，而是无穷的新生的像蚂蚁、蜜蜂一样的挑战者。

我们也对自己的优势和劣势做了一些分析，有的专家也提到了，金融机构本身还是拥有自己非常强大的优势：我们掌握着客户的资产数据，我们有成熟的风控系统，我们的系统是安全的，我们也有专业的金融服务能力。我们的缺点是什么呢？缺乏立体化数据，其实我们不缺数据，华夏基金管理公司有两千多万投资者真实的交易数据，有他们真实的身份证号码，有他们真实的电话号码，有邮箱地址，有交易数据，但是这些数据不是立体的，或者说是二维数据，不是丰富而立体的数据。我拿到这些数据做不出什么有效的分析，尤其是我跟这些客户的交互不是高频的。还有一个客观的劣势，我们有一个高度监管的环境，很多创新业务在目前的监管环境下相对于互联网企业比较受限。还有封闭的系统架构，比如现在大部分金融机构还是采取大的自主开发的模式，动辄希望建立几千人的开发队伍，我经常跟银行朋友聊，每家银行都有一个庞大的 IT 开发队伍、IT 研发中心，上千人的开发队伍，但是，对于他们开发出来的网银，如果不是非常必要的话，没有人会去用，比如百度章政华提到用百度钱包买电影票这个事，银行网银 APP 早就做到了，但是没有人用，为什么呢？我们采取的是传统的系统开发的模式、传统的商业架构，我们跟用户离得太远，当然了，我们认为我们也还有机会，我们刚才说了，这是一群新生的像蜜蜂、蚂蚁一样的力量，未来他们的力量很强大，但是，现在他们还是分散的，他们还是在各个细分市场发起挑战，没有形成真正庞大的军团，给了我们改变自己和创新的时间，让我们得以在未来的商业模式变化中自我生存，甚至自我发展，甚至创造出新的机会。大家谈到互联网金融的时候谈颠覆，我觉得很难颠覆，但是，最终的结果是有这些创新机构的出现、有这些新的技术手段的出现会提高整体金融运行的效率。当然了，如果我们稍微慢一点、晚一点，我们也面临着很大的威胁，我们缺乏互联网思维的方式，我们缺乏开放的文化，这些都是我们所面临的一些威胁和难度。

我们应该怎么做呢？如果你的脑子里这边是一头大象，这边是一群蜜蜂，我怎么做似乎也很难跟他们正面的作战，有一天我想到了《大话西游》里曾经出现过这么一个画面，孙悟空使用自己经常用的一个手段，七十二变招数之一，拔下一根毫毛去跟别人打，当孙悟空使出这招的时候，牛魔王抖抖自己身体，变出无数多的小牛魔王，跟小孙悟空打。随着创新的倒逼，我们要做到几点：第一，要做到化整为零的面对市场，我们要细分市场，比如以前我们推出一个产品，希望一个产品满足天下所有的人，我们有一个基金产品叫华夏盛事精选，大家能听得出这个基金是干什么的吗？是投资于什么的？有什么投资策略？面对什么市场？没有，但是我们希望大学刚毕业学生一直到 70 岁老人都买这样一款产品，这样的发展可能不复存在了，我们要做市场细分，我们要做客户需求的细分，也要做服务商的细分。举一个简单的例子，银行网银，基金公司也做过，第一款移动 APP 在 2010 年推出的时候，当时比照的竞品就是银行的网银，我们学习的对象，希望像网银一样里面有丰富的功能，满足投资者所有的需要，但是，效果非常差，现在国外最新的趋势是什么呢？法国里昂信贷银行委托金融机构做了一个 APP 接口，在三个月时间里，合作伙伴帮他们推出 29 款 APP，移动流量急剧增加，非常成功，不再用一种服务打天下。第二，化敌为友，我们总觉得别人是敌人，我们觉得我们跟同行之间是敌人，我们跟金融行业的同行是敌人，然后跟未来的挑战者还是敌人，在未来网络化的世界里，可能不再是这样，在互联网生态圈里，我们要化敌为友，主动融入到互联网生态中。我们都知道余额宝，其实余额宝什么都没有变，还是一个货币市场基金，还是投资于传统的金融市场，只不过它融入了淘宝整个的生态圈，变成了淘宝生态圈里的一环。作为金融机构，我们未来要有一个开放的态度，我们要跨界整合我们的流程，不再是让投资者费很大劲到你的网站上买一款你的产品，而是和互联网生态融入到一起，出现在客户需要你的地方，改变单向推销的模式。第三，跨界整合数据，描绘一个完整的用户画像，以我们现在的数据而言，证监会对我们这个行业有一个要求，叫销售适用性，简单地说，把合适的产品卖给合适的人，但是，这一点从来没有做到过，为什么呢？因为我们对客户需求了解并不是很清楚，比如在网上放一份问卷，为了降低客户对烦琐流程的厌烦，我们帮客户把勾全选上，还有的时候用年龄划分，比如50岁以上的投资者是保守型的，30岁以下的投资者就是激进型的，实际上自始至终都没有做到精确的客户定位，因为没有完整的用户画像，为什么20几岁的年轻人一定冒险呢，也许就求稳，为什么50岁以上人不容易激进呢，也许他就喜欢投资高风险的产品。未来的数据也要开放，金融机构对数据是最谨慎的，天生觉得我们要保密，因为数据太珍贵了；天生觉得所有人跟我们都是敌人，在未来互联网世界里，我们所拥有的这一点点数据可能只是沧海一粟，只有开放才能更有利于我们了解客户，也更有利于我们推出有针对性的金融产品。第四，化繁为简，用户体验要简化，用户流程要简化，产品创新要简化。有个公司推出一个产品，叫 MOTIF，当理财行业面对客户时候，我们说你应该投资理财，怎么投资理财呢？请你来买股票，客户说我不懂，上千只股票，怎么挑呢？这个时候，行业给出的解决方案是你买基金吧，买基金以后，把钱交给我，我替你做，但是，自打客户买完以后，我们三个月才向客户公布一次我们在三个月期间都干了什么，我印象特别深，原来我们公司说三个月以内的两个星期还是15个工作日要公布你的投资组合，我们公司以前说咱们能拖就拖，能晚公布一天就晚公布一天，这就是十年以前传统的思维，我干嘛那么早的告诉你我干什么了，对客户来讲是非常大的信息不对称，几个月之后不知道你干了什么，公布结果时候说亏了，我不知道为什么会亏。MOTIF 干了一件什么事呢？让所有有能力做投资的人都可以在我的网站上公布你所投资的投资组合，而且你要告诉我你真的买了这几只股票，你的持仓结构是什么，每天收益率的变化，这些组合每分钟都在更新，只要客户认同，就可以一键下单，是股票吗？不是；是基金吗？不是。而且这是有很多有意思的组合，有人起了一个名字，叫"打死也不赔"，组合买了五只股票。还有人在阿里巴巴上市前推出一个组合，叫"等阿里上市"，我买的股票都是跟阿里巴巴有关的，他预测阿里上市时候这些股票都会涨，形式很有趣，实际上本质是非常简单地告诉客户他在干什么，目前简单地告诉投资人他的成本、业绩是多少以及他每天都在干什么，如果客户认同他，就来买。有人说这个模式可能会颠覆资产管理行业，会不会呢？我觉得也不会，但是，这种商业模式的出现在倒逼传统的基金资产管理机构要改变过去我们和客户沟通的方式。基金的"申购"和"赎回"，我不知道当初为什么翻译这个名字，其实就是一个买、一个卖。当时设计我们活期通产品的时候，给我们做策划的广告公司的老总说我对你们全行业推广、广告、网站做了一个认真调研，我送你们行业四个字：自娱自乐，为什么叫自娱自乐呢？他说你在金融街大街上站着，过来一个人你问一个人什么叫申购和赎回，直说有一半以上人不明白，不就是一个买、一个卖，一个存一个取嘛，为什么叫申购和赎回呢，我们一定要简化，不断给客户简约的体验。

对于所谓互联网理财 2.0 时代或者互联网理财对未来怎么构想的呢？第一，充分利用互联网技术、利用大数据实现一个目的，就是规模地提供个性化理财服务，而不是像以前那样一款产品打天下，有的人对金融行业感兴趣，有的人对互联网行业感兴趣，有的人对生物技术感兴趣，我为什么给对生物技术感兴趣的人推荐做公共设施、做交通类的基金呢，为什么不能精准地为他提供有关生物医药类产品呢？第二，充分利用互联网技术为客户提供前、中、后全方位的服务，以前我们跟客户只有一个接触点，就是买的环节，到卖的时候，我就不管了，你自己愿意卖就卖，你是亏钱还是赔钱，无所谓。我们的客户到底在想什么？为什么说颠而未覆，不是只有货币市场基金，我们有上千亿元股票型基金，同时，这里面有一个非常大的隐患，我上次做了一下数据分析，一千亿元权益类基金里，有将近 50%~60% 的投资者是亏损的，他们在股市 6 000 点、3 000 点的时候进入的，大家设想一下，当我们的指数涨回到 3 000 点的时候，这些人会干什么？这几年人家亏了钱，你也没有理人家，你也不知道人家在想什么，到 3 000 点一定会走，本好不容易回来了，再也不跟你产生任何关系了。互联网大发展之前，传统渠道有 1 600 万的投资者，华夏基金一共有 600 人，不到 100 个客服，怎么跟 1 600 万投资者联系呢，银行也不愿意帮我们做这个事，有了新的技术，我们可以为客户提供更及时的前、中、后全程服务。第三，一定要跟客户有一个开放而平等的信息交互，不再像以前一样有高高在上、居高临下的感觉，去掉你所有的神秘感，要跟客户平等开放的交流。金融行业的人都知道，现在有一个股票社交公司叫雪球，我们公司有一套系统，叫投研平台，每天有全国几百家券商和研究机构提供给我们的上千份研究报告，原来我们的研究员要找相应资料，我们通过这个平台找，现在我们的研究员基本每天拿着手机看雪球，为什么呢？雪球上有交互，可以开放地讨论任何一个公司、任何一个话题，甚至跟我们讨论的人不是研究员；原来基金经理找研究员讨论，研究员自己和别的公司的研究员讨论，现在在开放的平台上，我们研究员可能直接跟上市公司的人讨论，研究员可能跟草根调研者讨论，可能跟行业内的专家讨论。有一家新成立的基金公司说以后我的研究员从雪球上招，再也不从你们这个行业里招了。意味着什么？未来的世界是开放的，我们和投资者之间、我们和我们的同行之间、我们和我们的合作伙伴之间都要依赖于一个开放而平等的信息交互，所有这些的终极目标是通过有效地利用互联网最新技术创造一个开放平等的平台，帮助投资者作出最好的金融决策，而不是再像以前硬性地向投资者销售一个商品。■

支付再思考

唐 彬

在历史长河中，当人们还不会用同一种语言交流的时候，就已经在以物易物了。商业的力量和人们的交流分享造就了茶马古道、丝绸之路这样的传奇。支付在人类历史进程中扮演了至关重要的角色。在商业和生活中，我们基本每天都离不开支付。但对普通人而言，支付是一个既熟悉又陌生的词。在过去的十来年里，随着网络技术的进步，用户需求的变化，以及支付企业和监管方的努力，支付从工具型的网关模式，到支付宝为代表的担保增信模式，再到易宝支付为代表的行业支付模式，目前支付正开始融合线上线下，跨界金融，打破清算垄断，进入了平台模式，包括互联网金融，营销增值服务，甚至是比特币这样的纯互联网的产物，支付的内涵得到了极大的丰富和提升。尤其是近三年来，移动支付的到来使得支付创新加速：Square 模式、二维码支付、比特币、虚拟信用卡、P2P 托管、Ripple 网关、余额宝、哆啦宝、一键支付、微信支付等支付新方式层出不穷，极大地方便了人们的生活，有力地推动了互联网金融的发展，以及传统行业的产业互联网化。为应对技术进步和消费者支付需求的变化，美联储"未来支付小组"主席 Ken Isaacson 在"2014 中国支付清算与互联网金融论坛"上提到美国将推动实时支付革命，希望通过完整，高效，可介入的全美支付与结算体系，来支撑金融

作者为易宝支付 CEO。

稳定与经济增长。

大家可能会问，支付到底是什么？为什么会有此能耐？

我们先来看时代大背景：从20年前中国第一次和世界互联，到今天连接已变得无处不在。通过移动互联网，把连接从表层的简单的信息沟通变成深入到媒体、通信、金融这样垄断的行业。如果说20年前，互联网意味着虚拟化，今天这个连接已从比特回归原子。人们在生活中随时随地自由联网——人们口袋中有iPhone，掌上有iPad，手上可能还有JAWBONE手镯或者智能手表，甚至嵌入身体，成为身体的一部分都不再是遥远的未来。互联网正从流量为王的消费者互联网进入崭新的产业互联网阶段，我称之为互联网进入深水区。深水区的互联网在倒逼很多东西，如倒逼金融的开放，倒逼通讯市场开放，倒逼清算市场开放，并促使我们反思什么是金融，什么是通信，什么是支付？

为什么短短20年，互联网能产生如此巨大的影响？我归结为三个T，一个是云计算（Cloud Technology，CT），一个是移动技术（Mobile Technology，MT），一个是大数据技术（Data Technology，DT）。记得邓小平曾说过，科学技术是第一生产力，如果没有技术保驾护航，互联网将只是美好的想象。20世纪90年代代初，在IT信息技术上，首先诞生了云计算技术。Sun Microsystems 于90年代初推出Java编程语言，并创造性地提出网络就是计算机这个前瞻性的概念，其实那就是云计算的雏形。大约6年前亚马逊通过AWS把云计算大众化了。云计算的核心不是技术有多高明，而是让技术民主化，让每一个人、每一个中小微企业都可以用得起最先进的计算能力，在此基础上通过移动技术自由连接一切，从此让所有生活场景和商业场景变成可数据化，催生着大数据。互联网从简单的信息连接，随着云计算的出现降低技术门槛，再加上移动技术连接和记录所有场景，催生大数据推动整个互联网最终走向智能化和个性化。

现在我们来重新思考和定义支付。

先引用一些国外同行的话：

支付从来都无关金钱，而是买家和卖家之间的价值交换。

——Jack Dorsey，Square 创始人21世纪的支付，是为了保护每一个人的货币财产。

——Peter Thiel，PayPal 创始人我们搭建的不是支付网络，而是货币的未来。

——Chris Larsen，Ripple 创始人支付，是人类一切经济活动的基础设施。

——Patrick Collison，Stripe 创始人数据是新世界的货币。

——Max Levchin，Affirm 创始人有一天，我们的客户再也不需要带着钱包来喝咖啡。

——Howard Schultz，Starbucks CEO 这是献给这个星球上每一个人的礼物。   ——Dee Hock，Visa 创始人

在国内，在传统金融机构看来，支付很简单，就是把钱从 A 安全地转移到 B。但像支付宝，易宝支付这样的第三方支付企业，我们认同安全是基础，同时我们秉承互联网以用户为中心的理念，还同样重视便捷，以及通过支付提升交易的公平性，效率和个性化。

能不能通过支付平台的特殊地位，让信息更对称，让买家不被骗？怎么通过支付和行业紧密结合，通过支付和互联网金融等服务促使行业交易更高效？我还在乎交易是不是个性化的，因为每个人的交易需求不一样，为什么所有人要搞 U 盾呢？如果小额交易，一百块钱以内干嘛要 U 盾，甚至密码都不需要，只要有手机号。这是传统金融机构很难理解，更难落实的东西。

在基本的支付安全需求上，以交易服务为目标，加上便捷，个性化、公平、高效、透明等，才构成更加丰富的支付内涵，引领第三方支付行业在恶劣的环境下保持斗志，不断创新进步。我想这也正是第三方支付行业在制度未能与时俱进（如 271 分润制度），行业垄断未破，竞争白热化的情况下仍然充满活力和希望的核心所在！

2013 年诺贝尔经济奖得主席勒教授在《金融与美好社会》一书中阐述了一个基本道理：金融不应该高高在上，因为金融来源于交易，是为商业和生活服务的。金融作为人类的伟大发明和每个人的一项基本权利，一是为了促进商贸交易，二是为了保障人们财富增值，三是为了使人们

的生活更加个性化。而支付作为现代商业最重要的经济和金融基础设施，更应该反思自我，与时俱进，在互联网深水区发挥促进产业互联网化，推动互联网金融，以及使得交易更加安全便捷高效公平和个性化，最终提升人们的生活质量和推动建设美好社会。■

互联网金融:"大而全"
还是"小而美"

杨 涛

当前,随着互联网金融早期火爆引起种种"审美疲劳",政策层、业界和学界对其认识也逐渐趋于理性。无论是过分夸大互联网金融对现有金融体系的颠覆作用,还是因为 P2P 网贷平台的"跑路"事件而对各种相关创新"一棍子打死",都不符合互联网信息技术发展与金融结构变迁所带来的新趋势与新需求。

在互联网金融的相关争论中,我们认为首先需解决三个问题,即互联网金融是什么?通常是干什么的?在我国有什么用?

首先,要弄清互联网金融的概念,还需回到金融或金融体系的内涵上来。黄达教授在《金融学大辞典》中提出的概念相对比较清晰,即"金融体系包括一些基本要素:制度,机构,工具,市场和调控机制。"根据这一定义的思路,则可看到,互联网金融体现在互联网对于金融制度、金融机构、金融工具、金融市场和调控机制所产生的影响与改变。在这些影响中,有些仅仅是互联网的存在使得金融体系需要为之服务或作出改变(如由于互联网推动商业活动而带来的融资与支付需求数量与特征的改变),有些则是互联网直接构成了金融运营的一个部分(如基于互联网进行的支付与 P2P 融资)。在现实中,互联网金融应该更多地

作者为中国社科院金融研究所所长助理、支付清算研究中心主任研究员。

指后一方面。

同时需要注意的是，就严格意义上看，互联网金融中的"互联网"概念也需要加以厘清，如银行运营的网络化（包括银行间的支付清算系统），其依托的是内部网，与互联网的开放性有所不同。所以互联网金融与更一般性的"电子金融"或"网络金融"概念应有所区别。

其次，要明白互联网金融能够做什么，仍然需要回到其对金融功能的影响上来。从学术角度出发，货币经济学研究的核心是各种货币的功能，而金融经济学则研究现代金融的支付清算、资金与资源配置、风险管理、信息管理等功能。互联网信息技术的发展，对于这些功能的实现带来不同层面的冲击，进而对组织架构、产品服务、效率与安全都有深远影响。就此视角来看，当前值得研究和关注的互联网金融形式，最重要的包括：互联网货币、互联网支付、互联网资金配置、互联网金融风险管理和互联网金融信息管理。只有明确了这些概念基础，才能够进一步探讨相应的产业形态和盈利模式，以及政策及监管的应对环境。

具体来看，一是互联网使电子货币逐渐演变出虚拟货币，进而深刻影响货币的概念及流通；二是从资金配置来看，基于互联网的低成本金融创新和应用，抵消了主流金融机构在资金规模和网点上的优势，促使传统金融组织不断采用新技术来改善服务渠道；三是互联网技术的发展，使得现代支付清算体系的效率不断提高，以非金融机构支付为代表的零售支付融入人们的生活；四是从风险角度来看，互联网金融模式下的风险对冲需求下降，对信用风险的控制加强，单个主体的风险更易被分散，复杂的衍生品不再成为主流；五是互联网环境下的电子商务、社交网络等，能够发掘和集聚全新的信息资讯，有助于促进金融市场各类价格的发现与均衡。

最后，虽然互联网在全面影响着金融体系与金融运行，但是在迄今为止的各国实践中，现有的某些完全创新型的互联网金融模式，仍然还主要是起到功能补充作用。另外，我国的互联网金融发展动因，除了国外通常具有的技术层面的因素，还多了制度层面的原因。之所以要认清这些，是因为技术因素导致的互联网金融创新，往往是在中长期具有生命力的；而制度层面因素引发的互联网金融创新，则许多是经济金融市场化改革过渡期的中短期现象。

如果针对互联网金融在我国当前的功能作用，还需要围绕"缺什么补什么"的思路，找出当前中国金融体系中的"短板"，这就是通常所说的"小微金融服务"领域。

目前，以 P2P 网贷平台为例，在"做大做强"式的传统企业与金融文化影响下，国内的许多互联网金融组织也走上了"求大"的路径，这既是因为互联网金融领域拥有相对模糊而宽松的监管与制度环境，也是因为互联网金融组织期望在日益激烈的市场竞争中获得先机，更希望在市场规则明确下获得"大而不倒"的先手地位。

当然从本质上看，虽然很多互联网金融模式具有分散化、去中心化的特点，并且能够通过特有的信息优势发掘，更好地为"小微客户"提供服务，但是客观上说，互联网金融并非一定是服务小微的。在发展到一定程度之后，互联网金融领域同样会出现"巨无霸"和"小微机构"的并立。例如，当前国外的 P2P 网贷行业已经在发生一些变化。美国最大市场贷款平台 Lending Club 总裁 Renaud Laplanche 曾在 2014 年 5 月的一次会议上建议将行业名称改为"市场贷款"（Marketplace lending）。《纽约时报》此前也借用了第二大贷款平台 Prosper Marketplace 总裁 Rob Suber 对该行业的另一说法——"在线消费者金融"。再如，据报道专做学生贷款的美国 P2P 平台 Sofi 去年底就宣布开展首个 P2P 资产证券化项目，总额达 1.53 亿美元，且面向机构投资者，2014 年又发布了 2.51 亿美元的资产化债券。

可以看到，国外典型的大型 P2P 网贷平台都逐渐放弃了"PEER"的提法，个人借贷或者投资者发挥的作用逐渐变弱，而包括对冲基金和银行在内的大型机构则又逐渐成为游戏主角。

但是在我国，在金融体系的"高大上"仍然居于主流，在小微企业、居民的金融需求仍难以得到有效满足的背景下，我们并不需要互联网金融带来更多"大而全"的平台组织，更需要其满足"小而美"的特征。究其原因，一是因为小微领域是最典型的普惠金融，也是当前我国金融体系发展中的最大"短板"，无论是小微企业融资，还是居民财富管理、消费金融服务等，都亟需支持；二是我国的技术创新最缺少的是自下而上的"草根创新"，而草根企业和个人的创新，又需要多元化的小微金融支持；三是随着产业升级与经济结构优化，与大工业、大企业相应的金融体系已经逐渐不适应需要，先进制造业和服务业变得愈加重要，而小企业将来逐渐成为解决就业的主体，这也需要包括融资、投资、支付、风险管理等在内的小微金融服务，成为与经济转型相配套的新型金融体系的核心。

由此来看，一方面，从 P2P 网贷为代表的互联网资金配置模式来看，其真正价值所在，一是服务于小微企业融资和个人创业，二是提供给居民丰富的投资产品，三是使更多个人和小微企业能享受到金融交易服务，从而增加金融交易信用建设与信息积累，四是促进民间融资的"虚拟"阳光化。可以看到，如果 P2P 网贷平台过于寻求做大，并不是不可以，但是必然带来更高的潜在风险，另外就需要有更严格的市场准入与运营监管，因为其业务特征逐渐与现有持牌的类银行组织接近。

另一方面，支付和信用信息环境都是重要的金融基础设施，对此，互联网对于零售支付创新的巨大推动作用，深刻改变着个人的消费行为与习惯；源于互联网和大数据的信息处理与信用发掘技术，能够为整个社会信用体系建设奠定"草根"基础，这些同样也是重要的互联网"微金融"创新。

无论如何，未来随着制度环境的完善，我国的互联网金融组织发展或许也会出现某些"巨无霸"，但无论大还是小，在将来较长一段时期内，服务小微和个人仍然是互联网金融在我国最丰厚和坚实的土壤。■

银行卡产业发展：
标准先行和谐共赢

柴洪峰

银联是银行卡产业标准化的立交桥

2002 年，由国务院批准同意、人民银行批准，中国银联正式成立，成为我国银行卡产业的核心和枢纽。中国银联成立的首要目标是满足银行卡联网通用的需求，银联的联网通用接口标准先后经历了联网联合标准 V1.0、联网联合标准 V2.0 和联网联合标准 V2.1 这三个阶段。

在最初的联网通用阶段，全国执行 V1.0 标准，且只在少数机构之间实现了联网通用，交易成功率只有 48% 左右。在第二阶段（2004—2009 年），全国执行的标准不太统一，只有部分机构执行 V2.0 标准，联网通用效果有所好转，跨行交易成功率不到 80%。在第三阶段（2009 年至今），全国入网机构统一执行 V2.1 标准，跨行交易标准化率有了根本性地提高，跨行交易成功率和交易量也得到了极大地提高，交易成功率达到 99.10%。

截至 2014 年上半年，全国累计发行银行卡近 50 亿张，银行卡总量是 2002 年的 10 倍。2014 年上半年，中国银行卡业务 271.46 亿笔、金额

作者为中国银联执行副总裁。

220.1 万亿元，分别占非现金支付方式的 95% 和 25%。用于消费的交易 84.34 亿笔、金额 19.58 万亿元，分别约为 2002 年同期的 80 倍和 200 倍，成为银行卡各项业务中增长较快的业务。2014 年上半年，银行卡渗透率约为 47.7%，银行卡已经成为居民主要非现金支付工具。

随着我国银行卡产业体系的不断完善，我国银行卡产业规模也不断壮大发展。银联的成立使得我国银行卡联网通用呈现规模化发展，推动入网银行的联网接口标准化率不断提高。标准化率的提高直接带来了交易质量的提高，也推动了银行卡产业规模化发展。在人民银行组织下，银联参与了 IC 卡行业标准 PBOC 的编写工作，并制定相应的检测标准，在行业标准发布后，银联先后以企业标准形式发布 15 项 IC 卡的技术指南和应用规范，为国内的芯片卡迁移提供了强有力的支撑。

进入 21 世纪，为提高我国产品和服务的竞争力，我国将标准化工作提升到前所未有的高度。对于近年来快速发展的银行卡产业来说，规范各类技术研发、指引创新方向、统一通信接口、协调产业各环节发展、整合资源、提高工作效率、降低产业总成本、加快国际化进程，标准化都起到至关重要的作用。中国银联通过标准化体系为银行卡产业各方提供了利益一体化的平台，成为产业发展的立交桥，建立标准先行的发展思路，保证这个立交桥畅通，使产业高速发展，达到和谐共赢的局面。

银行卡产业涵盖银行卡、智能卡、手机、软件、发卡、收单、转接化服务等各类的上下游企业，标准方面我们一直促进整个产业链上下游企业共同发展，倡导自主创新和开放兼容相结合的标准战略，有我们的自主标准，还要实现全球互联互通，为产业链上下游发展提供技术指导和支撑保障。

银联积极组织产业各方形成产业联盟，以联盟为依托，由产业链各方推进标准化工作，移动支付标准出台、网络安全防范和建设合作研究；与人力资源和社会保障部合作，推进社会保障和金融应用结合；与卫生部合作，推进医疗应用和金融应用结合；与教育部合作，推进教育应用和金融应用结合；直接和间接带动了产业的全面发展。

我国银行卡产业标准化已超越突破国际技术标准化

我国银行卡产业标准化经历了逐步统一、不断完善的过程，现在已形成了以银行卡为主要载体的支付网络和支付产业的标准体系。

银行卡标准化工作基本上分为跟随学习、同步发展和超越突破三个阶段。跟随学习阶段采取拿来主义，吸收国际成熟先进的技术标准，快速完成产业的标准统一。同步发展阶段主要是制定产业核心规范，与国际标准发展保持同步。目前已经进入超越突破阶段，具有电子支付转变、创新支付等特点，在这方面驱使下，开始了面向产业链的标准化推动工作。在磁条卡方面我们是学习阶段，在 IC 卡我们和国际上已经同步，这个阶段实际上我们和亚太地区与欧洲地区同步，并领先于美国。在移动支付角度可以说是到了超越突破的态势。因为我们企业标准，人民银行的行业标准以及国家标准都是成体系的，并在全球领先。

截至目前，银联已发布了七大类、88 项涵盖产业链的各环节的企业标准，形成了规范产业安全、推动产业发展的技术标准体系。同时银联也积极开展对银联卡产品受理终端管理和第三方支付的资质认证的服务工作。银联还积极参与了 ISO、EMV、PCI、NFC、SDA、JHAS、JSIC、JTEM 等国际标准化组织，在这个过程当中，我们也得到了产业的支持。我们建立了产业联盟，建了专家库，拉动这些专家一起参加国际会议，来提高我们在国际银行卡产业标准的地位、话语权、参与权和竞争权，我们希望和大家合作走向国际，将国内自有创新标准推向国际的同时，引进国际先进的标准应用于国内的银行卡产业。

银行卡标准化对用户的意义

跨越式的支付服务

回顾银联经过 12 年发展的进步，12 年是一个轮回，中国支付产业已成功实现了对个人支票阶段的跨越，步入了以银行卡为主要支付工具的电子支付阶段。

在美欧等发达国家和地区，个人支票自从1811年诞生起一直是重要的非现金支付工具，在个人支付市场发挥重要作用。时至今日，由于消费者的使用惯性，个人支票仍占有美国约30%的市场份额。当然，近些年美欧个人支票市场规模一直处于下降趋势，逐渐被银行卡取代。

而在我国，支付产业快速发展的同时，个人支票在国内却少人问津。虽然个人支票在中国的发展基本上与银行卡同时起步，但其在中国支付市场可谓昙花一现，几乎可以忽略。2013年，我国个人支票交易笔数、金额分别仅为880万笔、5 760亿元，分别不到银行卡消费支付的0.1%、2%。可见，银行卡产业的快速发展，已使中国支付业成功实现了对个人支票支付阶段的跨越，进入到以银行卡为主要支付工具的电子支付阶段。这说明我国的支付产业已经实现"弯道超车"，从现金支付时代跨越式进入银行卡支付时代。

中国支付产业经历十余年快速发展，已成功实现对个人支票的跨越，步入以银行卡为主要支付工具的电子支付阶段，用户能够始终享受到国际领先的银行卡支付服务。

走向国际

为了使用户在国外也能够享受同样的银行卡支付服务，银联技术标准也在走向国际化道路，针对境外交易的特点，专门对境外交易的币种、小费、双信息交易等特点，推出银行卡联网联合标准跨境卷，在业务分类、交易服务功能等方面与境内保持同步，并翻译发布了英文版本。

同时，面对境外直联POS终端的管理特点和受理特点，以英文版本推出了直联POS终端规范的境外卷，极大地改善了境外收单合作机构的沟通效果，从标准层面促进了业务的发展。目前，中国银联与境外超过400家机构开展广泛合作，银联网络已延伸到亚洲、欧洲、美洲、大洋洲等142个国家和地区。

服务民生

银行卡标准化是按照顶层设计的思路，从服务民生、医疗、教育、养老等角度出发，通过专业化分工和市场细分，在银行卡产业布局标准体系。

一方面，随着金融 IC 卡的推广和普及，持卡人将能够享受到更加便捷的金融服务。无论是在 ATM 上交水电费，还是到医院挂号看病、乘坐公交车，或者是去超市购物，用户可持非接触式金融 IC 卡在支持银联"闪付"的非接触式支付终端上轻松一挥便可快速完成支付。这是 IC 卡多应用标准为服务民生带去的便利。另一方面，对接医疗、教育、养老大数据。引导创新型电子支付技术在医疗、教育、养老等国计民生领域的应用落地，通过行业合作，创造新的产业蓝海。通过大数据技术量化生活，培养科学数据理念，在数据中不断探索和学习，推动科学化的决策、精细化的生产、可预测的经营，以及个性化的服务。

统一标准运作管理体系保障支付安全

银行卡支付安全，其本身包括的范围很大，大致上分为两大块：金融信息系统安全与金融（产品）信息安全。

一是金融信息系统安全，根据国家重要信息等级保护标准，金融信息系统安全主要保障系统不间断提供服务、保障业务连续性，根据系统被破坏时造成的影响（包括业务信息安全与系统服务安全两方面）程度，划分为五级系统，级别越高、重要性越高。银联的跨行转接交易平台被定为四级系统，是人民银行系统内唯一的四级系统；银联还有 7 个三级系统，包括各类交易前置系统与生产网络；这些重要的信息系统构成了银联系统的核心。

二是金融（产品）信息安全，最近发生了一系列与产品信息安全相关的事件，如乌云平台爆出著名电商网站数据泄露事件，2014 年美国的黑帽大会也展出了有关支付系统方面的攻击。银联的安全管理团队都在持续跟踪、并分析了应对方案。

面对不断发展的业务需求和日益增多的产品形态，形成统一标准运作管理体系必不可少。银联从单一孤立技术标准文档编写向科学分层管理演化，将标准管理分成上层的管理安全原则和下层的具体标准，上层是根据通用安全要求提炼编写，形成一套金融支付类技术标准的规范原则，及安全的框架式软件。指导下层具体技术标准支付业务部分的编写，为标准起草人员提供编写标准还有安全框架安全。保证金融支付类技术规范逻辑性和完整性，使标准编写内容完备并达到规定水平的安全要求，从根源基础上保障基础安全的三性原则，即唯一性、安全性、不可替代抵赖性。上层的框架原则分别从整体要求、技术安全和业务安全三个方面提出要求。特别是在政策法规、总体安全、信息安全、资金安全，通信传输，软硬件平台等核心点上体现了与时俱进的安全要求。

安全原则与具体标准是一种互相作用、互相完善的双向模型。上层的安全原则和下层的具体标准不是单向的管理关系而是形成相互作用、相互参照、相互完善的双向模型。首先自上而下，上层原则起到三个方面的作用，一是编制指南作用，指导具体标准基础安全的编制，指导标准设计具有体系性，确保标准的整体安全性提升。二是检验性，标准技术的标准基础安全强度并评分，保障具体标准的业务安全，逻辑安全的完整性。三是同步完善，上层原则随着市场新技术的发展不断丰富完善，并作用于下层标准，促进标准的不断补强，并形成周期性机制。其次自下而上，下层具体标准实现过程的检验起到促进原则完善的推动作用，通过具体标准实现过程的检验结果，对上层原则进行的检验，不断反作用于上层原则，检测安全原则覆盖面是否全面。下层标准的市场实践在不断完善其安全的防御能力同时，也向上层原则提出完善需求，促进整体通用安全强度和完整性的提升。我们这个方法论在银联企业标准推进当中不断完善，也在我们IC卡标准完善过程当中，在移动支付标准制定过程当中，在配合行业做安全标准过程当中，我们都用这个方法论来指导我们的工作。

互利发展模式构建健康产业生态环境

银行卡标准化推进过程中，如何协调产业各方利益，推动使用统一标准，是我们面临的主要问题之一。回顾移动支付产业和标准的发展，会发现无论在国内，还是在国外，凡是产业良性发展、速度快、规模大的国家和地区，都有一个共同的特点，就是产业各方都认同开放、合作、共赢的核心理念，并在这个原则下建立了向整体产业链开放的业务合作体系和互利发展的商业模式。

在北美、法国、德国、新加坡以及非洲的肯尼亚，虽然移动支付业务模式和技术方案存在很大的差异，但商业银行、卡组织、运营商、支付公司共同建立了合作共赢的和谐产业链，并以相应合作组织的形式将合作模式固定下来，实现了当地移动支付产业的快速良性发展。通过"需求推动、标准先行、顶层设计、联动转化"的产业链协同战略，构建健康的产业生态环境。

我国的商业银行、运营商、卡组织、支付公司开展了不同层面的合作，在各个地区也开展了很多成功的试点项目，积累了经验。以移动支付为例，2012 年，在建立移动支付统一标准后，产业各方都将移动支付作为一项重要的战略进行投入，初步形成了围绕支付和 TSM 两大核心业务的整体产业链。我们应该借助这个良好的机会，积极推进，求同存异，在人民银行和国家相关部委的领导下，以市场化方式建立开放、合作、互利、共赢的合作模式，共同建立规范和谐的移动支付产业链。

从国际银行卡标准发展趋势观察，专利壁垒正替代关税壁垒，成为后世贸组织时代中国银行卡产业面临的重大问题。我们需提前进行专利布局，打破壁垒，赢得主动。通过技术专利化、专利标准化、标准平台化、平台国际化等手段突出重围，提前布局。当然，"打铁还须自身硬"，以芯片国产化为例，2011 年 6 月，8 名院士联名向国务院领导人建议金融 IC 卡采用国产芯片，并建立自主可控的芯片安全检测认证服务体系；7 月，43 名院士再次联名向国家领导人提出上述建议。银联主导，联合产业各方，聚集产业优势资源，通过"实现检测技术突破带动国产化"的技术路线，在攻关工程组织中"分解攻关目标、组织协同创新、攻防合作联动、专利流程同步"，特别是在重要难关面前，实现了"攻防博弈，快速迭代，重点突破"。重点提升芯片性能及安全，设计相关标准，建立我国自主可控的芯片安全检测认证体系，建成国家金融 IC 卡安全检测中心，推动金融 IC 卡的国产化，同时提出国产密钥算法在金融 IC 卡领域应用的方案和标准。

国内外银行卡产业的政策环境、监管环境、市场环境、技术环境较以往均发生着深刻的变化，随之而来的是增加了标准工作推进的难度和复杂度。面对严峻的挑战，希望银联能够联合成员机构、合作行业，成为高效安全的转折清算平台的提供者、规则标准的制定者和推广者、新业务新产品的创新者和引领者、支付产业各方利益的协调者、中国支付产业国际化的组织者和实践者。

银联 TEEI 方案推动移动金融服务

可信执行环境（Trusted Executive Environment Integration，TEEI）智能终端安全解决方案，是在智能终端主操作系统（如安卓、IOS）之外构建一个独立的操作系统，专门处理各种安全相关的敏感信息，并隔绝恶意软件，从而保障用户信息和资金安全。

银联 TEEI 方案的主要目标是为各类智能终端设备打造一个统一的、高等级的金融安全服务入口，实现"用户放心、机构省心"，让各类移动金融服务能够为用户提供更好的安全体验。

近年来，以移动支付为代表的移动金融服务发展非常快。据不完全统计，每天有超过 8 000 万用户使用各种支付类软件，但需要引起重视的是，这其中 1 400 万用户面临较大支付安全风险，这是非常触目惊心的数字。我们分析下来，之所以有这么多的安全风险，其原因在于现在人们获得移动金融服务的根本入口其实是各种智能终端的开放式多媒体操作系统。而这类开放式多媒体操作系统在安全功能方面是有先天不足的。入口的大门没把好关，里面的各种应用就很难独善其身了。

银联 TEEI 方案的思路是，让手机等智能终端在提供开放多媒体操作系统的同时再额外提供一个基于硬件保护的可信应用环境。这个可信应用环境可以有效防御来自于开放多媒体系统的恶意软件攻击和病毒入侵等非法行为，将作为智能终端的一个统一安全入口来为用户提供各种可信的金融安全服务，比如身份识别、密码输入、支付网关调用等，让用户和应用开发者都不用再担心基本的安全问题。同时银联的 TEEI 方案在立足于安全的同时为广大服务提供商、软件开发商等提供了一个开放合作的平台，能够满足各行业对于智能终端"既安全，又开放"的双重需求，较好地实现各产业合作方的共赢。

当前，我们基于 TEEI 技术构建的移动终端安全解决方案已经走出实验室，进入市场化阶段。我们希望能够协同各个合作伙伴们一起建设一个智能终端安全生态圈，带动整个智能终端安全产业的发展，从而更有效地促进我国移动金融服务的创新。■

"实时智能金融服务"
与"快速创新"

赵志宏

　　正在蓬勃发展的移动互联和万物互联使很多企业的产品服务变成有互联网体验，使商业模式从一次性买卖的模式变成能提供互联网服务的模式。在所有企业都将变成互联网企业的逐步加速进程中，为客户提供端到端全流程的实时智能综合服务是市场的必然趋势。例如美国联邦储蓄银行（USAA）在网络平台上提供的端到端住房综合服务模式，包括"选房、协商、融资、搬家、办证"一整套服务，其中银行传统服务只有融资一项，其他四项都是整合商业价值链上其他商业伙伴服务。至于银行和商业企业谁整合谁，就看谁在价值链上是核心环节，以及谁转型更快。所有企业都将变成互联网企业的时代是"快鱼吃慢鱼"的时代，在这个时代市场竞争中争取主动的关键，就是首先使自己首先具备实时智能企业的 DNA。

Apple Pay 引领"实时智能金融服务"大潮

　　不同于 Facebook Messenger 通过隐藏可与好友相互转账功能来涉足移动支付的伏笔，北京时间 2014 年 9 月 10 日凌晨，苹果公司已在美国加

　　作者为中国建设银行产品创新与管理部副总经理。本文不代表作者任职机构观点。

州直接发布了 Apple Pay 支付服务现场视频展示的支付过程，利用近场通讯（即 NFC）的技术和苹果的 Touch ID 技术，用户可以轻松完成支付。Apple Pay 的出现，不仅将对银行、第三方支付企业，甚至整个支付生态环境都可能产生深远影响，更重要的是进一步掀起了网络化、数字化环境下"实时智能金融服务"的大潮。从中国来看，与网络化、数字化引发的实时金融服务大潮一并席卷而来的还有利率市场化改革加速和正在酝酿中的证券市场改革，银行同质化经营难以为继，加快培育快速、灵活创新能力势在必行。

众所周知，无论线上、线下，"安全，可靠，快捷"是终端消费者对支付的基本要求。在安全性和可靠性方面，苹果此次推出的 Apple pay，并不是简单的一种技术打天下，而是集合了 NFC 近场通讯技术，Touch-ID 身份验证技术，以及传输加密技术，实现了从银行卡到支付终端机的安全信息传输通道。通过指纹授权，生成相应的支付请求，然后将加密数据通过 NFC 传送到支付终端，实现了端到端的安全。同时，苹果公司承诺，Apple Pay 将用户信息放在"Secure Element"（与 Touch ID 信息放在"Secure Enclave"原理类似，用户的支付信息将被存储在手机内部的一个芯片上），自己不存储任何的银行卡信息。即使手机丢失，因为获得手机的人并没有相应的指纹信息，也一样无法盗刷银行卡里的钱财，而用户只需要通过 find my iphone 远程解除绑定。为此，从某种程度上说，Apple Pay 甚至比传统信用卡本身还安全，即便连收银员都无法看到消费者的姓名、信用卡号或安全码。而在支付快捷性方面，Apple Pay 借助于 NFC 和 Touch ID 技术，使得用户只要将手机放在支付装置前，按住 Home 键，几秒之内就完成支付，非常方便。

在与第三方合作方面，苹果表示，已与美国运通、万事达和 Visa 达成合作，并与美国银行、摩根大通、花旗银行等 6 家银行达成合作。这意味着，苹果将覆盖约为 80% 的美国信用卡用户。苹果还公布了 Apple Pay 的初期合作伙伴：赛百味、麦当劳、迪士尼、沃尔格林、丝芙兰和梅西百货等，当然还有苹果商店。这在一定程度上解决了支付周围环境问题。

正因为 Apple Pay 基于商业价值链建立了新型的"合作共赢"的商业模式，而不是可能昙花一现或局限一隅的"一输一赢"或"半输半赢"，所以它将对银行、第三方支付企业，甚至整个支付生态环境都可能产生深远影响。

Apple Pay 将进一步引领"实时智能金融服务"的新潮流。"实时智能金融服务"是一种理念，指的是以客户为中心快速整合资源，主动、及时、智慧地响应客户金融服务需求。这里所说的"实时"，实际上是"智能的实时感知和响应"，"智能"的实质在于"对流程和数据进行测量分析基础上"的"感知和响应"支持能力。例如银行能及时识别和提示客户一笔支付的账户处理方式是不是对于客户最省钱，或者对于可能是卡片丢失后的异地支付对客户进行核实。"实时"加"智能"体验的成熟度越高，客户黏性越大。

对于后乔布斯时代的苹果公司而言，有一种情结："既然产品无法改变世界，那就让服务改变生活"，这也是 Apple Pay 的使命。一般而言，任何一个企业的客户都希望企业所给予的响应速度越快越好。容易联络、快速了解、迅速将注意力聚焦到需要的资源上，如此等等都是客户对企业的需求。而 Apple Pay 作为客户消费价值链的中游环节，有机串接上游的银行和信用卡组织，以及下游商户，其所发挥的从银行卡到支付终端机的"安全，可靠，快捷"信息传输通道作用，给消费者带来实时支付的超级客户体验，给银行和卡组织带来有利于增值服务的数据挖掘资源，符合"平等、自由、普惠"的互联网精神，有助于提升客户的忠诚度和价值贡献度。

对于包括银行和信用卡组织在内的金融市场参与者而言，Apple Pay 带来的启示还包括，在网络化、数字化生态环境下，应特别加强与商业价值链上外部伙伴的合作创新，以及与前沿科技的融合创新，为"大众客户化定制"提供实时金融服务。这种实时金融服务对客户意味着，在金融机构对客户市场信息、网络信息、位置信息、交易行为信息的动态、综合挖掘分析基础上，能为大众个人客户和小微企业提供财务管家和规划服务，能在资金冗余时提供实时理财投资服务、在资金紧缺时实时提供信贷透支服务，意味着跨渠道实时服务协同的超级客户体验。实时服务对于金融企业本身而言意味着，基于面向服务的企业级业务统一视图及业务架构、技术架构，提高管理层和一线员工的信息能见度、准确度、及时度和集成度，有利于以客户为中心实时整合内外部资源，提高投入产出效率。

"实时智能金融服务"趋势正在激发"快速创新"活力

一是科技进步拉动实时智能金融服务。Apple Pay 所使用的指纹识别技术，只是前沿科技在实时金融服务应用之一。有远见卓识的金融企业正在与先进的互联网企业和智能穿戴设备制造商合作创新，诸如 Google Glass、Smart Watch、Wrist、Vehicle Device、Coin 等，应用指纹、声纹、掌纹、心率等生物识别技术，使用 3D 打印、二维码 P2P 支付等。这些与前沿科技结合的新型实时金融服务有的已经面世，有的在预售之中，有些仍藏在实验室作为战略产品储备。例如 Sabadell 在 2014 年开发出谷歌眼镜金融服务 APP 原型，支持客户寻找银行网点、购物、跟踪投资股票。澳大利亚西太平洋银行与 Smart Watch 合作，为客户提供集成银行应用程序，可从智慧腕表检查账户余额。客户在地铁站候车时，可以使用 Identifymine 提供的虚拟购物服务，客户在墙上扫描选定商品二维码付款后，Identifymine 提供送货上门，美国银行（BAC）受此应用启发，推出了一项在自动取款机上安装 video - call 服务，允许客户借此与出纳员或理财专家接触，以扩大销售和延展服务。"硬币公司 COIN"（一家美国的非银行新兴金融服务公司），推出用户可以上传他们的信用卡和借记卡信息的智能卡，客户可以把各种卡（信用卡、借记卡、会员卡等）的信息放在一个卡里，当卡离开客户超过一定距离时，手机会实时报警。

二是优异基因跨界组合带动实时智能金融服务。实时金融服务不是"过顶传球"，而是"跨界合作"；不是"一输一赢"、"半输半赢"，而是合作共赢。大量发生于金融服务企业与电子商务平台、其他垂直电商以及社交网络合作，拓宽产品服务渠道。例如，意大利 Banca Sella 银行推出 Facebook 银行，以社交网络作为登录入口，允许用户通过一个网页日志管理自己的账户的应用。PayPal 2013 年 9 月推出营运资金管理服务，提供一个快捷和易于使用的专用方法来选择投资 PayPal 的成长型企业客户，并可提供年化利率 8%、最高额 20 000 美元的贷款。Barclaycard 推出了一种灵活的在线金融服务产品，消费者可使用这个产品为其网购即时支付，而且在网络页面上用户可实时查看自己选择的分期付款期数所对应的每期付款金额，以方便选择和决策。中国某大型银行的境内分行围绕产业链和资金流，推出一系列与学校、医院、工商局、交通局 ETC、专业市场发展服务中心 D 等机构信息系统对接的金融服务。新西兰的 Kiwi Bank 与房屋出售中介公司合作推出一种住房综合金融服务 Home Hunter，根据客户输入的预算自动搜索价格相符房源，预估所需住房贷款，并在 10 分钟内完成贷款预审批。英国 Barclaycard 与专注某一领域的专业机构（住房、装修等）合作，推出一种线上金融服务，提供配套住房装修指导和控制预算服务。KLM 公司，即根据其他乘客 Facebook 和 Linkedin 信息，为客户提供飞机座位预定服务，受到这个经验的启发，BANK of UTAH 将银行产品专家档案信息发送给客户，方便其选择其最喜欢的专家为其服务。花旗银行为投资者提供网上风险评估平台，引入市场基础设施投资热图（风险地图），向投资者和中介提供花旗全球网络所作出的风险评估，方便客户快速轻松地评估跨多个属性的基础设施风险，服务内容包括账户结构、定居点、保管、资产维修、税收等。

　　三是大众客户化定制驱动实时智能金融服务。基于互联网的大众客户化定制是金融机构将部分产品参数配置权交给客户，同时基于对客户化定制进行"客户、产品、渠道"的综合分析挖掘，推送配套金融服务，扩展交叉销售收益。这种客户化定制既可以金融机构自行安排，也可以与其他行业供应商合作推出，提供围绕客户生活圈的全时综合服务。例如美国的 Motif Investing，这是个投资组合服务提供商，它的投资组合被称为 Motif。一个 Motif 包含一组具有相似主题或理念的多只证券（包括股票、证券等，最多达 30 只），例如云计算、移动互联网、3D 打印。用户可以根据自己的投资理念，从平台上选择已有的 Motif 直接使用，也可修改（包括调整其中包含的股票/基金组成和比重）后使用，更可以创建自己的全新 Motif。该平台的新颖之处在于：（1）提供了强大的自助式投资组合设计工具，用户可非常方便、实时、直观地修改、创建、评估 Motif，只需要几分钟便可拥有个性化的投资组合；（2）引入社交机制，用户可以把自己的 Motif 分享给好友或者选定的圈子，大家共同对 Motif 进行讨论和优化。Motif Investing 的实质是应用先进的技术手段和社交机制，帮助每个用户成为自己的基金经理。其收费策略也非常独特，无论用户在某个 Motif 上的总体投资额是多少（最低不能低于 250 美元），也无论该 Motif 由平台提供还是用户定制，用户每按照该 Motif 购买或出售一次股票/基金组合，平台都会收取 9.95 美元。如果只是交易其中的一只证券，则每次收取 4.95 美元。商业银行如若依托集团所属投行业务能力或与证券市场第三方机构合作，向目标客户精准推送或实时响应客户化定制资产管理服务，难道还会陷入 "同质化" 的渊薮吗？

"实时智能金融服务" 呼唤 "快速创新" 能力

对于商业银行而言，一方面，可以此为契机，学习美国银行、摩根大通、花旗银行等积极主动与苹果公司探讨合作方案，采取更加包容的态度，在即将到来的 NFC 支付浪潮中迅速抢占市场。过去，Square 和 Google Wallet 之所以未能获得其所预期的大面积成功，根本原因在于用户使用银行所提供的支付手段已经足够方便，可以说 "如无必要，勿增实体"。这些银行和信用卡发卡机构本身也在推广自己的移动支付标准，和自己的系统链接更紧密，将成为它们的独家优势。但这种 "各自为政" 其实上也并不利于移动支付的推广与普及，与其如此，还不如一起先将 "蛋糕" 做大，利用 Apple Pay 的通道掌握更多交易数据，然后利用数据挖掘提供其他增值服务。另一方面，银行也可以利用 iPhone6 以及 Apple Watch 的 NFC 和 Touch ID 技术等进行便捷、安全的身份认证研究，提升网点、网上银行、手机银行等客户体验。

Apple Pay 是诞生于网络化、数字化生态环境的产品服务创新卓越成果。Apple Pay 的一个重要启示在于，网络化、数字化生态环境金融竞争的特点是"快鱼吃慢鱼"和"优异基因跨界组合"，"实时智能金融服务"采用企业工程方法论，将"客户—产品—渠道"从"流程"中剥离，这样既能使流程保持稳定，又能根据商业价值链上横向价值定位或纵向功能延展创新需求，快速、灵活进行"客户—产品—渠道"组合拼装。我们形象地比喻一下，在某个特定服务领域，将 3 种客户细分、4 种产品、3 种渠道作为参数设计，采用一个流程就可以支撑；而传统的基于软件工程的"客户—产品—渠道—流程"混杂的"竖井式"设计，就可能会设计 $3 \times 4 \times 3 = 36$ 个流程，无论是在速度上、灵活性上还是成本上，都难以适应网络化、数字化生态环境的创新要求。这里说的流程是整合后的流程，而"整合"是指标准化、组件化、参数化基础上的整合，也就是"智能整合"，这种"智能整合"的魅力在于化繁为简，整合的对象可能是企业内部，也可以扩展至跨界合作伙伴，尽管整合价值链上有多个合作伙伴，但因为是智能的整合，所以流程仍是快捷、实时的。金融服务企业需要按照企业工程方法，建立业务和技术的全面 SOA 模式和企业级业务模型，基于业务模型进行快速的产品创意分析、产品原型设计和产品体验测试，这称作"产品工厂"创新模式。

产品工厂创新模式是支撑实时金融服务的基础，金融企业运用产品工厂既可以快速利用 Apple Pay 数据挖掘进行提供增值服务的微创新，也可以快速进行类似于 Apple Pay 的突破性产品服务创新，而不是仅仅成为跟随者。其应用范畴涵盖以客户为中心的各个金融产品服务领域，以及在金融机构内部或跨界合作的综合金融服务。例如，在人民币国际化进程中进行"人民币利率互换"产品原型设计，其产品本质是高信用公司向低信用公司出售信用，互换的结果使得双方都取得了更低的融资成本。依托业务模型中的"资金交易约束"、"利率标的"和"互换交易"产品组件，就可以设计能灵活支撑多币种间利率及本金互换，支持多种计息基础，支持全额及差额交割，可以根据实际业务需要自由配置。而客户收取和支付利息重置频率、利息类型、交换期限和交割计价类型等部分产品条件及其参数可以开放给企业 CFO，在手机 APP、PAD 或 PC 机上进行客户化选择定制。

2014 年 10 月我们已经看到有商业银行也已经推出了嵌入手机银行系统的直接购买基金服务，随着技术更新速度更快和市场化体制成熟化程度更高，未来几年会进入更为广泛的"实时智能金融"服务时代，更便宜、更快捷、更方便的技术将层出不穷，互联网带来的长尾效应会使客户体验需求被无限细分直至个性化，对金融企业产品服务创新速度和灵活性的要求会越来越高，利率市场化带来的成本压力越来越大，证券市场的改革会对货币市场的同质化服务提出更大的挑战。金融企业一旦构建出自身的业务模型——基因图谱，就更容易通过产品、流程和数据综合挖掘进行基因组合，乃至优异基因跨界组合，进一步提高产品服务创新投入产出效率。谁能掌握更强大的快速创新能力，成为"实时智能金融企业"，谁就会引领金融市场发展。■

参考文献

1. 凤凰数码讯 2014 年 9 月 10 日消息："苹果发布 Apple Pay：支持 Touch ID 指纹支付"。

2. Accenture Innovation Series, 11th edition, Aprill 2014, Innovative ideas in the Banking industry.

构建互联网时代供应链金融平台助力银行对公业务转型

邵理煜

当前经济形势依然是错综复杂，国内经济仍面临下行压力，金融行业已经告别高速增长时代进入个位数增长甚至负增长时代。面对金融脱媒加剧、利率市场化加速、监管力度强化等更加严峻的环境，毫无疑问，创新服务模式已经成为各家银行求生存、谋发展当务之急的必由之路。

供应链金融助力银行对公业务转型升级

信息技术的发展突飞猛进，日新月异，社会已经全面进入互联网时代。大数据、互联网、云计算以及移动化等新技术席卷了各行各业，市场、服务、产品及管理方面都发生了历史性的、实质性的变化，信息技术的发展从根本上重建了产品服务模式，甚至对某些行业产生颠覆性的变化，金融行业也难以独善其身。一方面，信息技术特别是互联网的出现，使金融业突破了传统金融业在时间和空间上的局限，金融市场的全球化得以实现。信息技术的应用带来了金融服务的多样化和全方位化，传统银行金融业务的内容和范围也产生了质的变化。另一方面，信息技术也促进了以核心企业为代表的企业电子化流程和信息处理也逐渐成熟，

作者为中国光大银行信息科技部软件开发中心处长。

也催生了电子交易市场的兴起和电子商务交易规模的膨胀；此外，以腾讯、百度及阿里巴巴为代表的互联网公司的崛起，金融行业呈现竞争对手多元化、业务边界模糊化的趋势。互联网给金融行业带来了历史性的机遇和挑战。我们相信，互联网时代，银行将出现两极分化，谁能把握历史机遇，谁将抢占先机而赢得未来，反之将被无情淘汰。

面对复杂的经营环境，银行经营策略纷纷转型，客户重心下沉、大力发展中小微客户已经成为银行对公业务转型的不二选择。而供应链金融业务一直是银行开发中小企业市场的一把利器，更加上升到了企业级战略高度。而传统供应链金融也必须自我革新，借助互联网技术重塑供应链金融服务，才能持续保持生命力，助力银行业务战略转型和升级。本文将从信息技术角度探讨银行如何构建互联网时代的供应链金融平台（以下简称供应链金融网络服务平台）来支持互联网时代供应链金融业务发展创新。

互联网浪潮下供应链金融业务发展趋势

供应链金融业务即银行面向整个产业链，围绕资金流动性、供应稳定性以及降低运营资金成本等产业链核心需求，为处于产业链不同节点企业，包括供应商、生产厂商、销售商以及终端用户的不同生产或经营阶段，提供综合性金融服务。其中如何创新风险缓释手段，如何灵活运用金融工具和产品，如何将金融服务对接产业链商业流程等是供应链金融核心能力的体现。

在传统的供应链金融模式下，银行通过关注、参与以及掌控供应链企业的"三流"，在对信贷业务评估时，由传统的对企业的个体评估转变为对整条供应链的总体评估，并且与核心企业进行责任绑定，以企业真实交易为背景，自偿性封闭式内部还款融资模式，大大降低了对中小企业的授信风险，从而有效解决了传统信贷业务由于中小企业信用差、担保物少造成融资难的问题。所以，供应链金融近年来在我国发展非常迅速，国内各银行纷纷推出各自特色的供应链业务模式和产品体系。

321

随着信息技术在各行各业的深入应用和管理精细化的提升，以及厂、商、银、储等多方协作的不断深入，产业链和金融系统的信息化水平得到空前的发展，互联网时代的供应链金融业务也呈现出新的特点：（1）电子化线上化趋势：新技术的应用催生了供应链业务模式的不断创新，借助互联网技术，传统的线下服务模式纷纷转为线上，实物和纸质权证也逐步被电子化权证替代，业务操作成本大幅下降，可以预见，供应链端到端全流程直通式电子化的线上融资服务成为主流，客户体验全面提升；（2）平台化趋势：供应链各主体的多方合作也日趋紧密，银行服务触角也向产业链内部纵深发展，服务半径逐步扩大，跨界成为必然趋势；（3）数据化趋势：随着大数据技术的深入应用，基于担保和质押的风险缓释手段也逐步向基于大数据分析的风险管理发展，去核心企业、数据化金融服务成为趋势。

构建互联网时代下供应链金融平台

面对互联网带来的机遇和挑战，为支持和推动银行供应链金融业务创新发展，互联网时代的供应链金融平台应当具备以下几方面的支撑能力，简而言之可以概括为"道"、"融"、"合"三层含义：

道，即平台化方法和网络化服务通道

平台化方法：互联网时代下，供应链金融平台应当充分运用信息化技术，本着开放、平等、协作、共享等理念，以产业链中小微客户需求为中心，通过多方合作共同构筑"N＋1＋N"产业链电子化流程化的互联网服务生态环境，重塑智能化供应链业务，有效解决产业链各主体关于经营成本、资金流动性以及供应稳定性等产业链核心问题。

网络化服务通道：供应链金融网络服务平台着力实现端到端的直连通道和实时的交易处理，对内打通行内基础产品系统，对外通过互联网或专线对接供应链中包括核心厂商、电商平台、物流企业以及第三方平台在内各主体的企业内部信息系统，构建全程直通、高效处理的网络化

服务体系。

融，即融合、融入以及融汇

融合：通过供应链金融网络服务平台，实现金融服务和行业服务的融合，将金融服务无缝嵌入产业链的各项经营活动中。面对巨大的互联网生态环境，银行可以依托供应链金融网络服务平台，从银行优势的金融服务为支点进入行业服务体系内部，撬动产业链庞大的中小企业需求，切入互联网金融。

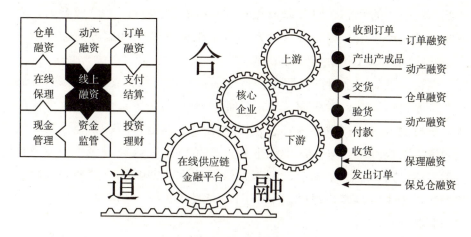

图1 供应链金融网络服务平台

融入：依托产融协同云服务平台，将银行服务融入到企业内部，帮助中小微企业提升自身信息化水平和电子商务服务能力，提升信息的透明度和规范性。依托云计算技术，为产业链生态圈提供企业资金管理、进销存 ERP 管理、企业内部上下游供应链（SCF）管理以及企业电子商务 B2B 等综合化服务，消除产业链中各主体的信息化程度的差异，从源头协助提升产业链的信息化、电子化水平，大大推动厂、商、银、储等多方深度和高效协作，从而促进行业的垂直领域生态圈的信息化发展，在此基础上有效导入银行互联网金融服务，全新的客户体验，实现多方共赢。

融汇：供应链金融网络服务平台融汇产业链更为广泛的数据，通过产业链生态圈多方直连互通和产融协同，以及辅助第三方数据平台，导入了客户的商业信用、交易数据、订单、仓储信息、资金管理信息、应收账款、库存和生产计划等产业链多维度信息，以及供应链网络客户信息及贸易关系，结合银行自身的金融数据信息，形成了非常全面的数据资源并实现了有效整合，为大数据应用，创新服务奠定基础。

合，即合力及整合

合力：供应链金融平台以科技为驱动力，以技术手段推动银行内部跨部门跨条线的产品、服务以及流程的整合，使银行内部形成合力，实现客户的一点接入全程服务，大大提升了银行凝聚力和服务能力，给客户一站式、OneBANK 的全新服务体验。

整合：供应链金融网络服务平台全面整合银行授信工具和金融产品，服务于原材料厂商、供应商、生产厂商、经销商、终端客户等整个供应链上下游网络客户；服务内容包括支付结算、现金管理、资金监管、线上融资以及投资理财等，其中线上融资产品覆盖应收类、存货类以及预付类多产品线。在此基础上，利用大数据技术，创新风险模型和风险管理方法，为供应链客户提供线上信用融资服务，更一步降低客户准入门槛和服务效率。

光大银行供应链金融网络服务平台建设实践

互联网金融风起云涌，大数据时代迎面而至，面对业务竞争的加剧，光大银行站在供应链全局视角，依托技术创新手段，以提供链式专业化服务为理念，于 2013 年开始着手建设和实践融入互联网时代元素的供应链金融网络服务平台。该平台依托光大银行自主研发平台（POIN）技术架构进行独立自主研发，一期已经完成供应链金融网络服务平台内部核心组成部分的搭建（如图 2 所示）。

该平台对内通过企业级总线综合前置系统实现与对公信贷、国际结算、保理、电子票据以及核心等基础产品系统的接入，为银行基础金融

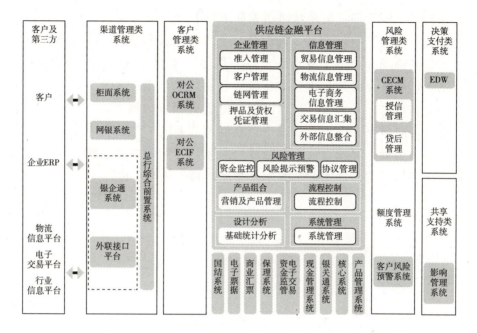

图2 供应链金融网络服务平台内部核心组成部分

产品服务组合、捆绑、业务流程和信息的整合提供支持；该平台对外通过外联接口平台和银企通方式实现与产业链企业应用的直连互通，为银行服务对接商业流程提供支持；该平台还集成了签约企业产业链中上下游的物流、信息流、资金流等多元信息。依托该平台，光大银行未来将实现以下对客户的服务目标：

1. 全链网整体服务：服务于原材料厂商、供应商、生产厂商、经销商、终端客户等整个供应链网络客户；

2. 全程资金融通：服务于供应链上的订货、原材料采购、半成品生产、加工制造、贸易、物流、仓储、经销等全流程贸易环节的金融服务；

3. 全流程在线服务：提供供应链企业在线质押、在线融资、在线放款、在线还款、在线赎货/置换货等全流程在线金融服务；

4. 全链网数据沉淀：采集供应链中的贸易行为数据、物流仓储信息数据、电子商务数据、交易数据等全生产经营活动数据，为将来大数据分析挖掘客户金融需求夯实地基。

当前，依托供应链金融网络服务平台，光大银行已经完成与多家核心企业及电商平台的联网，先后推出汽车经销商预付款线上融资服务、电子交易市场会员电子仓单线上融资服务、零售供应商线上保理业务、家电经销商线上保兑仓业务以及核心企业线上票据融资等多种互联网服务和金融产品。光大银行互联网供应链金融服务的推出，有效提高了客户资金融通效率、极大降低客户资金运营成本，加速信息共享，特别是针对中小企业，可以有效弥补企业资金紧缺，缺乏成本管理经验、信息资源匮乏等问题，这无疑是加速企业发展的催化剂。■

发挥市场基础作用
推动支付清算变革

李仁杰

我们国家的支付清算体系，有人民银行牵头建立的现代支付系统，有商业银行的支付体系，还有跨行的支付系统等，这个体系基本以现代支付系统为核心、以金融机构行内的支付系统为基础、其他的支付系统为重要的组成部分。这个网络有以下几个特点：第一，中央银行通过管理结算账户体系、管理市场的准入以及跨行的清算系统的建设三个方面起到中心和主导的作用。这个体系的快速构建，防范了整个支付体系的风险，也维护了公众的信心。但是，客观上它也存在着系统建设成本高昂、升级周期比较长、运营效率有待改进的问题，比如系统是在正常上班的八点到下午五点运行，没办法做到不间断服务；还有一些小的金融机构没办法接入这些支付体系，比如村镇银行根本没办法接入这些体系。另外，随着实体经济的发展，大家对支付清算的要求越来越高，特别是近些年随着互联网技术的进步以及互联网企业的参与，大家对支付清算的要求越来越高，这也是我们整个体系面临的一些挑战。原来央行主要通过现代支付系统，整个银行账户体系通过业务许可的市场准入、通过整个体系的系统建设来管理，但是，现在这些都遇到挑战。这些年发放了很多第三方支付的牌照，起码 250 多家了；还有技术的进步，比如

作者为兴业银行行长。

NFC、扫码等，移动互联技术的进步带来了很多支付方式的变革。举个例子，2014 年双"十一"时候我们观摩了彭蕾女士领导下的阿里巴巴支付系统。客观上，他们调配支付资源在各行之间的分布。今后，随着技术的进步，参与的单位越来越多，除了原有的银行，还有互联网企业，支付清算与结算的产品属性会越来越突出，而这些产品更多地通过应用场景的丰富、平台的建设、技术的驱动成为一种大的趋势。随着互联网技术的进步，有一种叫做去中心化的趋势已经开始呈现，举个例子，国际上有一种叫做 Ripple 的新的互联网协议。基于这种新协议和新技术基础上的支付体系确实是去中心化、速度快、货币结算方便，相对于传统的支付体系，确实带来了很多变革。因此，在这种大趋势下，我们如何应对？如何去规范？这确实是摆在我们面前的课题。

这些年来，兴业银行也做了一些尝试和探索。中国有很多中小银行，2004 年，我们就在思考这些中小银行如何完善对客户的服务？比如系统建设，每家自己做，岂不是成本很高？每一家要接入现代的支付系统，其实也很困难。因此，我们 2004 年就进行了相应的调研，了解到市场有这种需求；2005 年开始提出联网合作、互为代理的银银平台发展构思；经过十年来的努力，目前银银平台的签约客户已经有五百多家。我们这些年的努力也得到了人民银行、银监会等监管部门的肯定，并在这方面陆续获得一定的奖项，得到云计算工程国家专项资金的支持。

在建设银银平台的过程中，兴业银行坚持了几个理念：第一，普惠的理念。银银平台所联网的金融机构，99% 都是农商行、城商行等农村金融机构。通过联网、互为代理，我们打破了城乡的壁垒，实现了城乡的互通，填补了农村金融服务的空白，而且我们做到了 7×24 小时不间断服务，服务效率得以进一步提高。我们还坚持不向客户收费。大家都知道，银行普遍把客户分成 VIP 和一般客户，比如跨行的服务，对于一般客户要收费的，只有 VIP 客户才可以减免。通过平台，我们坚持不向一般客户收费，而是银行与银行之间自己进行结算、收费，既提高了服务的效率，又填补了城乡原有的支付清算与代理支付结算网络的空白。此外，对于一些小银行，我们还会帮助他们建设他们的 IT 系统，甚至帮他们运营他们的 IT 系统，减少中小金融机构 IT 建设的成本支出，从社会来讲，节约了成本。普惠金融的理念对中国金融、对中国支付清算与结算行业是有益的。第二，"开放、共享、平等、互惠"的理念。十年前，我们提出这个理念的时候，那个时候互联网金融还没有现在这么热，但是，我们那个时候就坚持提出"开放、共享、平等、互惠"的理念，这些理念跟互联网精神是契合的。我们坚持市场化、商业化的原则，各个参与机构都可以自愿加入或者退出，我们没有任何行政手段强制要求，每个成员单位都是平等的一员，鼓励立足共同的平台资源，充分发挥各自的经营优势，我们平台上所有资源对所有参与成员单位都是开放的。另外，这些领域其实也蕴含了风险。这些年来，我们坚持内控制度先行，确保了运营的安全，包括制度的建设、流动性的管理、系统运营、风险隔离等，做到了稳健运营。未来，我们准备逐步使这块业务公司化，而不是简单地作为兴业银行业务的一部分，而是成为共享平台，进行公司化运作。

最后，提两个建议：第一，我国原有的支付清算体系应该已经很健全，对中国经济、对金融服务的需求、对支付结算事业起到了基础的作用，但是，在当前的形势下，确实遇到了挑战。因此，我们建议央行更多地思考制度建设、监管的基本原则，同时，发挥我们协会的作用，让参与这方面业务的各类不同机构都参加协会，通过加强行业自律来实现这些功能监管的要求。第二，支付清算与代理支付结算更多是一个金融产品，它实际上跟贷款、存款、理财等都一样，它都是金融产品，既然是金融产品，为它服务，就应该企业化，这些业务一定要通过市场的竞争来优胜劣汰，通过市场的优胜劣汰来改善服务。最后，使广大的被服务者得到实惠，而不是简单地用指定的办法、行政命令的办法去管理。我相信，通过市场的力量，这些业务今后一定会逐渐形成行业的巨头。在国外来看，也都是如此，比如清算与代理支付结算业务，一定集中在某几家大的金融机构上，这些都是通过市场竞争而形成的，我们也希望今后支付清算与代理支付结算领域的业务有一个更好的优胜劣汰的生态环境。■